BRUTALIDADE JARDIM

FUNDAÇÃO EDITORA DA UNESP

Presidente do Conselho Curador
Mário Sérgio Vasconcelos

Diretor-Presidente
José Castilho Marques Neto

Editor-Executivo
Jézio Hernani Bomfim Gutierre

Conselho Editorial Acadêmico
Alberto Tsuyoshi Ikeda
Áureo Busetto
Célia Aparecida Ferreira Tolentino
Eda Maria Góes
Elisabete Maniglia
Elisabeth Criscuolo Urbinati
Ildeberto Muniz de Almeida
Maria de Lourdes Ortiz Gandini Baldan
Nilson Ghirardello
Vicente Pleitez

Editores-Assistentes
Anderson Nobara
Fabiana Mioto
Jorge Pereira Filho

Christopher Dunn

BRUTALIDADE JARDIM

A Tropicália e o surgimento
da contracultura brasileira

Tradução
Cristina Yamagami

© 2008 Editora Unesp
*Brutality Garden: Tropicalia and the Emergence of a
Brazilian Counterculture* by Christopher Dunn
© 2001 University of North Carolina Press
Publicado em língua portuguesa por acordo
com a University of North Carolina Press,
Chape Hill, North Carolina, 27514 USA
© 2009 da tradução brasileira

Direitos de publicação reservados à:
Fundação Editora da Unesp (FEU)
Praça da Sé, 108
01001-900 – São Paulo – SP
Tel.: (0xx11) 3242-7171
Fax: (0xx11) 3242-7172
www.editoraunesp.com.br
www.livraviaunesp.com.br
feu@editora.unesp.br

CIP – Brasil. Catalogação na fonte
Sindicato Nacional dos Editores de Livros, RJ

D939b

Dunn, Christopher, 1964-
    Brutalidade jardim: a Tropicália e o surgimento da contracultura brasileira/ Christopher Dunn; tradução de Cristina Yamagami. – São Paulo: Editora Unesp, 2009.
    276p. : il.

    Tradução de: Brutality Garden: Tropicalia and the Emergence of a Brazilian Counterculture
    Contém discografia
    Inclui bibliografia
    ISBN 978-85-7139-934-1

    1. Tropicalismo (Movimento musical) – História e crítica. 2. Música popular – Brasil – História e crítica. 3. Contracultura – Brasil – História – Século XX. 4. Brasil – História – 1964-1985. I. Título. II. Título: A Tropicália e o surgimento da contracultura brasileira.

09-2819

CDD: 701.05   CDU: 7.01

Editora afiliada:

Para os meus pais,
John e Gwenn Dunn,
com admiração, gratidão e amor.

SUMÁRIO

Imagens   *8*
Introito   *9*
Agradecimentos   *13*
Abreviaturas   *16*
Introdução   *17*

CAPÍTULO I
Poesia de exportação: modernidade, nacionalidade
e internacionalismo na cultura brasileira   *29*

CAPÍTULO 2
Participação, música pop e o som universal   *57*

CAPÍTULO 3
O momento tropicalista   *95*

CAPÍTULO 4
Na hora adversa: Tropicália na mira da repressão   *145*

CAPÍTULO 5
Tropicália, contracultura e vínculos afrodiaspóricos   *187*

CAPÍTULO 6
Traços da Tropicália   *217*

Bibliografia   *247*
Discografia   *259*
Índice remissivo   *263*

IMAGENS

Gilberto Gil e Caetano Veloso, 1968 *68*

Tom Zé, 1968 *69*

Gilberto Gil e Os Mutantes, 1967 *87*

Cena do filme de Glauber Rocha *Terra em transe,* 1967 *99*

Cena da produção de *O rei da vela,* do Teatro Oficina, 1967 *103*

Caetano Veloso e Gilberto Gil, 1968 *113*

Caetano Veloso apresenta um fogão de brinquedo, 1968 *131*

Artistas brasileiros participam de passeata de protesto, 1968 *133*

Caetano Veloso em programa de TV apresentado pelo Chacrinha, 1968 *149*

Gilberto Gil cantando no Festival Internacional da Canção, 1968 *155*

Caetano Veloso, Os Mutantes e cantor americano
no Festival Internacional da Canção, 1968 *158*

Gal Costa e público no Festival de Música da TV Record, 1968 *162*

Rita Lee, Tom Zé e Júlio Medaglia no Festival de Música da TV Record, 1968 *164*

Os tropicalistas se apresentam no programa de TV "Divino maravilhoso", 1968 *168*

Gilberto Gil e Jimmy Cliff em Salvador, 1980 *213*

Caetano Veloso e Gilberto Gil em Nova York na turnê do *Tropicália duo,* 1994 *221*

Tom Zé e John Herndon da banda Tortoise se apresentam em Chicago, 1999 *225*

Gilberto Gil se apresenta em Nova Orleans, 1999 *234*

Caderno de imagens coloridas a partir da página *126*

INTROITO

Livro caramanchão do jardim

A brutalidade da delicadência das deliícias
Diaspóricas tecnizadas q floriram na
etherna flor tropicália no jardim
amurado brutamelmente do mundo
começando a ruir em 1967.

Se você ler este livro,
vai sacar que a democratização
do mundo se faz por sí
se cai o Bloqueio de Cuba,
Os Muros de Gaza, México,
os recentes da Favela no Rio,
Morro x Cidade
Favela x Classe Média.
Tudo q separa,
o amante x amado
pode-se perceber
como num prato livre
da receitas neste livro
de misturas se misturando
pra se comer bem.

Chris pela interpretação da arte poética
do fim do milênio passado
no brazeiro do Brazyl,
revela a a desescravização
q veio vindo
com a pratica do exemplo
das culturas arcaicas.

fortemente orgânicas
praticamente phoderosas,
inspiradas nos movimentos livre da vida,
nas Artes, sempre xamânicas,
no seu phoder regenerativo
sempre re-criativo,
potencializado na cyberevolução
vem libertando o mundo com seu deus
o Dytirambo o 1º nome de Dionisios,
deus do Ritmo hoje imperando
homícamente misturando Música,
Politica, Poética Pragmática,
e seu destino determinado na Tragédia
das diasporas que viram em sua
miscinenagção, mistura,
entredevoramento, antropofagía:
Komédia y Orgya.

Chris Dunn produziu
uma obra de percepção política do mundo,
não da decadente, ex artistas da presente
falta de arte politica,
dos politicos sem talento
que hoje nos martirizam com guerras
corrupção,
mafias,
muros, manias homofóbicas, patriarcais,
tagarelas speculativas, obscuras.
Percepção sim, pela politica do poder
humano potencializado nas rodas das
macumbas

Reafirmo, dytirambicas,
quer dizer, na Roda Viva de tudo q é
música:
que dá a Politica, a Poesia,
do paradoxal e contraditória
como Eros, inpirando como em Homero
sem distinguir,
canção popular, teat(r)o, cinema, arte
chamada plástica drástica, envolvento,
tirando quadro da parede
vestindo pra dançar,
sim pra sobretudo: Dançar!
Desta matéria misturada
no fim do ultimo milíênio,
já nascida, crecida,
nos modernistas antropofagos
dos anos 20,
Chris saca a deflagracão de um movimento
que no final do século,
misturado como os Cantos de Homero,
sem saber se éra música-cinema-teatro
-ação poltica, ciientifica, poesia, prosa,
erudita, popular, landita, nacional ou
estrangeira, antiga moderna,
ou brasileira,
veio á tona,
comeu de tudo que o mundo oferecía
e fez o eterno retorno ao primitivo,
mas tecnizando-o,
manifestando-se sincronicamente,
sem prévia combinacão,
neste movimento da nova cultura
politico balançando os quadrís chamada
Tropicalia.

Veio a Contra Revolução no AI 5, o
todo Homerico se separaou, foi pro
submarino ficou a tona a arte mais fluida
na tecnologiaq já anunciativa a Internet,
a música,
q assobia a nova revolução:
a pop dos chamados *"tropicalistas"*,

o contrário dos *"istas"*
"funfamentalistas",
tropicakapitalistas
guerreiros dessa guerra cúmplice
antenados e enraizados em rizomas
flutuantes,
da vontade de poder de toda vida-
morte-vida,
na felicide guerreira homérica
q viva nos fundo d'amar,
agora com a revolução digital,
em á tona de novo, no teat(r)o cinema
politica, na vida dos homens e
mulheres da vida,
homosociais, como escreveu Chris
neste mapa da nova política
chamada Etherna Mutante Tropicália.
É o livro fundidor, só,com parável
ao *"Manifesto do Partido Comunista"* de Marx.
Se quizerem antenar-se com a fala desta
lingua que no Brasil veio do retorno
ao Iorubá,
ao Tupy or not Tupy
este livro traz essa *Cosmogonía*. Podes Crer.

Na Grécia ainda desligada
de sua própria mitolorgya,
a ortodoxía
não deixou ainda cair a fixa antropofágia
pra que os gregos retornem á nutrição
de sua mitologia paga
a mais rica de todos os tempos,
mãe de todas as poliíticas, inspiradas em
Éros.
Nós nas ondas aéres e terrestres da
Tropicália vamos Dionisios e Bacantes
pra lá em 2010,
nas pedras esculpidas que estão a nos chamar,
no Teat(r)o de Cura, de Epidauros
de 12.000 lugares, em transmissão pela
Internet comer em MitolOrgya diante
do mundo,

essas pedras brutalidades
dormindo em Jardins carregados
de arquibancadas sertanejas de flores.
Tudo isso aprendi com Chris,
ao saber que na arte
está a politica desta mudança de Eras de Éros

"bananas negras
sob palmeiras
os poetas de meu país são negros
braços de abraços desterrados que
assobiam
brutalidade jardim
aclimatação
um carnaval de verdade,
hospitaleira amizade,
brutalidade Jardim
Martirio Secular da Terra
Hospitaleira Inimizade
Jardim Brutalidade"OA
Serafim PONTE GRANDE!

Chris Pagão
negão lourão
de Tulane New OrLeão
Oswald de Andrade
da foto do Poeta na Mocidade
olhos azues, nas ruga da testa, nas entradas
foi buscar nas veredas mal navegadas
do pais bruto da amnésia, da gramática
dos monólogos d'auto ajuda, da dramática
o Jardim do élo encontrado do movimento
seu antropófago universal nascimento
e acompanhou até hoje, no tempo
cada flor chamada perversa, dita daninha,
crescendo como praga invadindo a
mesquinha
Brutalidade
parte da perfeição da vida em cada idade
Oxímara, rebolando magnífica no cú do
mundo
dos Trópicos do Corpo mais fecundo

Chris da Justiça Justa de Xangô Advogado
dos golpeados
á esquerda e á direita
fez a coisa bem feita
sons, letras, te-atos, q Brutalidade nem
percebía
plantou Jardim sinuoso, Tropicalia
Cosmogonía
livro oiticíca caramanchão
estufa. abrigando todo arco da manifestação
de toda diáspora multidão
de jardineiros
em crise explodindo férteis no Globo,
inteiros
mortais de todas imortais tropicálias
eternas genitálias,
didascálias
sintonitizadas nos percursos
dos musicais discursos
sobretudo Caetanos Gils TomZés,
bahianos
em todos os santos ou diabólicos anos,
nos beats cine-cyber-musos-pernambucanos
cariócas parangolés afro funk americanos
no *Indio que virá* e acabou vindo
Evo na Agripina PánAmérica descaindo
na mudança da Éra q se vê
Cuba-Libre Obama Lula China India Caetê
terceira dentição da antropofagía
sem precisão de utopia, religião ou ideologia
nascimemo de poder como Maysa, só ser

Chris Sagitário
Wisnik concreto, delicado Roberto Piva
vai ler
vai ser comido no uzynauzona de SamPã
dos platadores de Oficinas de Florestas Fãs
de agora em diante também de Chris Dunn
guerreiro da felicidade
na brutalidade,
no fim do "ismo"

do reducion"ismo",
do tropicapitapitalísmo
assassinos da industria de guerra
de anjinhos q vendem o "barato" da terra
marechais da inutil batalha do narco
incendiarios do jardim o mais belo e arcaico
no globo hoje contra-culturas
das rheais éco-agriculturas
necessária á felicidade guerreira
esforço de guerra virando pomar a terra
inteira,
"homosocial" poeta semente plantando
a esmo,
Chris, amando o próximo, como a sí
mesmo
sem cruz, livro de música e letra roteira,
vulgata pra luta bruta mundial brazyleira.

José Celso Martinez Corrêa
13:40 3 de junho 2009-06-03 no mês das
3 Fogueiras :1-a dos namorados
em Santo Antonio 13, *(Cacilda becker faz*
40 anos de ethernidade,)
na do Natal na Terra do Hemisfério Sul na noite
2-a mais fria noite do ano, em que nasce Xangô
Menino Érios Cupído,
dia 24, que vamos ocmerorar com "O Banquete"
,Borí de Pratão pra Éros
3-a do Terreiro, de SamPaedra, q fazemos feitiçaria
para a contrução do Jardim Urbano da
Brutalidade: Anhangabaú da Feliz Cidade

Evoé
Gil, Caetano, GilbertoSão João!
Acendam a fogueira no nosso coracão !

Amor Humor e Tudo Muito e sempre Mais

AGRADECIMENTOS

As longínquas origens deste livro remontam a um momento em 1985, em uma visita à casa de Peter Blasenheim, meu professor de História Latino-Americana no Colorado College. Tínhamos passado a noite escutando as músicas brasileiras preferidas dele, reunidas ao longo de várias viagens de pesquisa, incluindo as sublimes destilações da bossa-nova compostas por João Gilberto, os sucessos do jazz-bossa de Elis Regina, os plangentes sambas de Chico Buarque, as baladas românticas de Roberto Carlos e várias canções de protesto da década de 1960. Na época, eu mal sabia falar espanhol, muito menos português, a maravilhosa e sonora língua que ouvi pela primeira vez naqueles discos em Colorado Springs. Apaixonei-me pelo som da língua combinado com a música e fiquei fascinado com as explicações que ele me dava sobre cada canção. Em determinado momento, Peter escolheu o disco Tropicália, ou panis et circencis, um estranho "álbum conceitual" de 1968, época em que o Brasil entrava na fase mais repressiva do governo militar. Apesar de a maioria dos outros discos que ele tinha tocado naquela noite ter me parecido relativamente compreensível considerando o meu limitado conhecimento do Brasil, aquele álbum me soou ambíguo e totalmente confuso. Seria uma celebração patriótica da vida nos trópicos? Ou uma sátira ferina? Seria uma apologia da modernização sob o governo militar? Ou um álbum de protesto?

Mais tarde descobri que o disco que tinha ouvido naquela noite era o "álbum-manifesto" do movimento tropicalista. Em 1992, tive a oportunidade de entrevistar alguns participantes-chave do movimento – Caetano Veloso, Gilberto Gil e Tom Zé – para um programa da National Public Radio dedicado ao 25º aniversário da Tropicália, produzido por Sean Barlow e Ned Sublette para a Afropop Worldwide. Na época, eu fazia pós-graduação em estudos brasileiros na Brown University e percebi que a Tropicália seria um tema interessante para estudos posteriores. Com a ajuda de uma bolsa de estudos da Fulbright, pude voltar ao Brasil e realizar as pesquisas para minha tese de doutorado, que serviu de base para este livro. Serei eternamente grato a Nelson Vieira, Luiz Valente e Thomas Skidmore, que constituíram minha banca de avaliação. Também gostaria de agradecer a Anani Dzidzienyo, Onésimo Almeida e Neil Lazarus, que tanto enriqueceram a minha experiência intelectual na Brown University.

Gostaria de expressar minha profunda gratidão a todos os artistas brasileiros que generosamente compartilharam comigo suas visões e opiniões, incluindo Caetano Veloso, Gilberto Gil, José Celso Martinez Corrêa, Augusto de Campos, Rogério Duarte, Gilberto Mendes, Júlio Medaglia e Waly Salomão. Meus mais profundos agradecimentos a Tom Zé e Neusa Martins, que foram particularmente atenciosos e generosos.

No Brasil, tive o privilégio de conhecer pesquisadores cujo trabalho tem aprofundado meu conhecimento da Tropicália. Gostaria de agradecer a Carlos Calado, Celso Favaretto, Carla Gallo, Marcelo Ridenti, Hermano Vianna, Durval Muniz de Albuquerque Jr., Roberto Schwarz, Heloísa Buarque de Hollanda, Silviano Santiago, Sérgio Miceli, Renato Ortiz, Evelina Hoisel e Liv Sovik. Também gostaria de mandar "aquele abraço" aos meus amigos no Brasil que me ajudaram de várias formas, antes e depois do desenvolvimento deste projeto: Pedro e Roberto Amaral, Adilea, Helena e Susana de Castro, Denise Cavalcanti, Fernando Velloso, Edgard Magalhães, Eliana Stefani, Fátima e João Farkis, Teresa e Dan Nakagawa, Eulália dos Santos, Ceres Santos, Cícero Antonio, Silvio Humberto, Ismael Mazza, Vitória Aranha, Paul Healey, João José Reis, Armando Almeida, Paulo Miguez e Fred Coelho.

Gostaria de agradecer a vários pesquisadores da cultura brasileira nos Estados Unidos, sobretudo David George, Randal Johnson, Robert Stam e Charles A. Perrone. J. Lorand Matory leu uma das primeiras versões do manuscrito e tem sido uma enorme fonte de incentivo e inspiração desde que comecei a pós-graduação. Meus agradecimentos especiais a Nick Nesbitt, Richard Schuler, Robert Arellano e T. R. Johnson, que, em um estágio ou outro, compartilharam comigo suas opiniões e percepções sobre a Tropicália, a música popular e a década de 1960. Esses amigos e colegas merecem os créditos pelos pontos fortes deste livro, mas não têm nenhuma responsabilidade por suas deficiências.

Durante os últimos anos, a Tulane University me proporcionou um ambiente extremamente propício e estimulante para o desenvolvimento deste projeto. Gostaria de agradecer a meus colegas do Departamento de Espanhol e Português. Sou particularmente grato a meu amigo e colega Idelber Avelar. Ele estudou o "luto" em suas pesquisas, mas também tem me lembrado da importância da alegria com grande afeição e generosidade intelectual. Também sou grato aos meus amigos e colegas do Programa de Estudos da África e Diáspora Africana. Devo agradecimentos especiais a todos os alunos da Tulane University que têm contestado minhas ideias e me inspirado de uma miríade de formas durante os últimos anos.

Sinto-me privilegiado pela oportunidade de lecionar e fazer minhas pesquisas em uma universidade com um programa de estudos latino-americanos de primeira classe. Gostaria de agradecer ao Roger Thayer Stone Center for Latin American Studies da Tulane University e a seu diretor, Thomas Reese, pelos fundos em apoio à produção deste livro. Guillermo Nañez e Paul Bary realizaram um esplêndido trabalho no desenvolvimento da seção brasileira da Biblioteca Latino-Americana da Tulane University e foram extremamente solícitos na pesquisa de materiais relevantes. Hortensia Calvo e Sean Knowlton deram continuidade a este trabalho. Tive o enorme prazer de dirigir o programa de Estudos Brasileiros com Anthony Pereira, que leu uma versão do manuscrito deste livro e me ofereceu ótimas sugestões.

Gostaria de agradecer a Rubens Gerchman, Glauco Rodrigues e Hélio Eichbauer pela gentileza de autorizar a reprodução de suas obras. No Brasil, também recebi grande assistência dos arquivistas de acervos fotográficos Ana Vidotti, Bias Arrudão, Marcos Massolini e Fabiana Dorighello, da Abril Imagens, e Luiz Fernando Brilhante e Tatiana Constant, da Agência JB. Agradeço também a César e Cláudio Oiticica, do Projeto Hélio Oiticica, e Alda Baltazar, da Universal Records, no Rio de Janeiro. Sou especialmente grato a Jézio H. B. Gutierre e Arlete Zebber da Editora da Unesp pela oportunidade de publicar este livro no Brasil.

Este livro é dedicado aos meus pais, John e Gwenn Dunn, que sempre mostraram um grande interesse pelo meu trabalho. Também gostaria de agradecer à minha irmã, Susan Dunn. Por fim, gostaria de mandar beijos grandes para meus filhos, Luango, Isa, e Joaquin, e para minha esposa, Ladee.

ABREVIATURAS

AI-5	Ato Institucional Número 5
CPC	Centro Popular de Cultura
DOPS	Departamento de Ordem Política e Social
FIC	Festival Internacional da Canção
IBGE	Instituto Brasileiro de Geografia e Estatística
IBOPE	Instituto Brasileiro de Opinião Pública e Estatística
ISEB	Instituto Superior de Estudos Brasileiros
MNU	Movimento Negro Unificado
MPB	Música Popular Brasileira
TBC	Teatro Brasileiro de Comédia
TUCA	Teatro da Universidade Católica
UNE	União Nacional dos Estudantes

INTRODUÇÃO

Todo complexo cultural tem formas específicas de consagração e adulação de suas celebridades artísticas. Para o cantor e compositor brasileiro Caetano Veloso, talvez o momento supremo de sua canonização popular e oficial tenha ocorrido no dia 20 de fevereiro de 1998, diante de uma multidão de 5 mil foliões do carnaval em Salvador, Bahia, enquanto ele se apresentava em um trio elétrico. Desde o início da década de 1970, ele tem se apresentado todos os anos como convidado em trios elétricos na manhã da Quarta-Feira de Cinzas para cantar suas músicas, que se incorporaram ao repertório do carnaval da Bahia.

Naquela ocasião, contudo, Caetano estava lá para receber o título de Doutor *Honoris Causa* pela Universidade Federal da Bahia pela "grandiosidade de sua obra e sua renomada sabedoria" (Schivartche, 1998). No passado, a universidade havia concedido o título a artistas baianos famosos como o romancista Jorge Amado, o compositor Dorival Caymmi e o cineasta Glauber Rocha, mas aquela era a primeira vez em que o título era conferido na rua, durante o carnaval. Para Felippe Serpa, o então reitor da universidade, aquele foi um gesto democrático: "Queremos a inserção da universidade na sociedade. Por isso optamos por homenagear Caetano na rua, junto com o povo que está pulando o carnaval". Apesar de alguns resmungos editoriais reclamando que a cerimônia fez a universidade parecer ridícula, o evento foi um sucesso de relações públicas para a instituição e seu agraciado convidado, um artista que esteve na vanguarda musical e da transformação cultural desde o final da década de 1960. Como a cerimônia no carnaval sugeriria, Caetano é um artista que usufrui popularidade entre as massas, bem como a aprovação crítica dos intelectuais.

Caetano conquistou notoriedade nacional junto com Gilberto Gil, seu amigo e colega da Universidade da Bahia, como uma proeminente personalidade da Tropicália, um movimento cultural de curta duração, mas de grande impacto, que se consolidou em 1968. Eles trabalharam em colaboração com outros artistas de Salvador, incluindo a vocalista Gal Costa, o cantor e compositor Tom Zé e os poetas Torquato Neto e José Carlos Capinam. O chamado "grupo baiano" migrou para São Paulo e forjou dinâmicas relações artísticas com vários compositores do cenário musical de vanguarda, com destaque para Rogério Duprat e a inovadora banda de rock Os Mutantes. Essa aliança entre músicos da Bahia – um importante centro de cultura de expressão afro-brasileira – e de São Paulo – a maior e mais industrializada cidade brasileira – comprovou ser uma poderosa combinação e teve um efeito duradouro sobre a música popular brasileira e outras expressões artísticas. Apesar de a Tropicália ter se consolidado como um "movimento" apenas no âmbito da música popular, ela constituiu um fenômeno cultural que também encontrou expressões no cinema, teatro, artes visuais e literatura. O impulso dialógico por trás da Tropicália viria a gerar um extraordinário florescimento da inovação artística durante um período de conflitos políticos e culturais no Brasil.

O ano de 1968 teve ressonância histórica especial para várias nações ao redor do mundo. Não há dúvida de que eventos significativos ocorreram em 1968 – como em qualquer outro ano –, mas, em vários contextos nacionais, aquele ano foi o marco de uma geração. Nos Estados Unidos, 1968 marcou um momento decisivo da mobilização popular contra a Guerra do Vietnã, com amplos protestos estudantis contra a guerra, os assassinatos de Martin Luther King Jr. e Robert Kennedy e o surgimento do movimento Black Power. Na França, trabalhadores e estudantes maoístas forjaram uma breve, mas, no fim, fracassada aliança contra o governo gaullista pós-guerra. Os soviéticos invadiram a Tchecoslováquia, colocando um fim às aspirações democráticas e de liberalização política do movimento da Primavera de Praga. Na Cidade do México, protestos estudantis contra o alto nível de desemprego e a repressão de dissidentes políticos chegaram ao fim quando centenas de manifestantes desarmados foram massacrados por tropas do exército e da polícia.

A densidade simbólica de 1968 foi particularmente evidente no Brasil, especialmente para artistas, intelectuais, estudantes, trabalhadores, políticos civis e ativistas que se opunham ao regime militar de direita no poder a partir de 1964. Em 1968, amplos setores da sociedade civil se uniram na oposição ao regime. Trabalhadores da indústria em São Paulo e Minas Gerais realizaram as primeiras greves desde o início do governo militar. Estudantes de esquerda se envolviam em conflitos com a polícia militar e seus aliados ultraconservadores nas universidades. Enquanto isso, grupos mais radicais da oposição entraram na clandestinidade e deram início a uma luta armada contra o regime. O governo reagiu aos protestos civis e à incipiente resistência armada com o Ato Institucional Número 5 (AI-5), que proibiu a oposição política, expurgou e fechou temporariamente o Congresso, suspendeu o habeas corpus, submeteu a imprensa à censura e pôs fim aos movimentos de protesto. Dessa forma, a oposição ao regime só poderia ser expressa por meio de movimentos isolados de resistência armada, que acabavam sendo rapidamente liquidados. A geração que atingiu a idade adulta naquela época seria subsequentemente chamada de "geração do AI-5", uma referência emblemática ao decreto draconiano que deu início a um período de intensa repressão (Martins, 1979).

Os conflitos culturais também atingiram a máxima efervescência em 1968, principalmente em um contexto urbano e de classe média que se opunha ao governo militar. Artistas e intelectuais começaram a reavaliar os fracassos de projetos políticos e culturais do passado e buscavam transformar o Brasil em uma nação igualitária, justa e economicamente soberana. A Tropicália foi tanto uma crítica desses defeitos quanto uma celebração exuberante, apesar de muitas vezes irônica, da cultura brasileira e suas contínuas permutações. Como o nome sugere, o movimento fazia referência ao clima tropical do Brasil que, ao longo da história, tem sido exaltado por gerar uma exuberante abundância, ou deplorado por impedir o desenvolvimento econômico na linha das sociedades de climas temperados. Os tropicalistas propositadamente evocavam imagens estereotipadas do Brasil como um paraíso tropical só para subvertê-las com referências incisivas à violência política e à miséria social. A justaposição de plenitude tropical e repressão do Estado é mais bem sintetizada/evidenciada pela expressão que dá título a este livro, "Brutalidade jardim", tomada de empréstimo de uma importante canção tropicalista analisada no Capítulo 3.

As manifestações musicais da Tropicália não propunham um novo estilo ou gênero. A música tropicalista envolvia, em vez disso, uma colagem de diversos estilos: novos e antigos, nacionais e internacionais. Em um nível, a música tropicalista pode ser entendida como uma releitura da tradição da música popular brasileira à luz da música pop internacional e da experimentação de vanguarda. No Brasil, os tropicalistas evocavam comparações com seus contemporâneos internacionalmente famosos, os Beatles, um grupo que também criou a música pop por meio do diálogo entre a música artística e as tradições populares locais. Os tropicalistas contribuíram decisivamente para o desgaste das barreiras entre a música erudita, para um público restrito de patronos da elite, e a música popular, para o público geral. A Tropicália foi um caso exemplar de hibridismo cultural que desmantelou a dicotomia responsável pelas distinções formais entre a produção da alta e baixa cultura e da cultura tradicional e moderna, nacional e internacional.[1]

---

1 Na América Latina, a utilização contemporânea do hibridismo se baseia particularmente nas formulações de Néstor García Canclini em seu livro *Culturas híbridas*.

Em um nível discursivo, os tropicalistas propunham ampla crítica à modernidade brasileira, que contestava construções dominantes da cultura nacional. Em vez de exaltar o povo como agente de uma transformação revolucionária, as músicas tendiam a se concentrar nos desejos e frustrações cotidianos das pessoas comuns que viviam nas cidades. Em última instância, os tropicalistas dariam ímpeto a atitudes, estilos e discursos da contracultura emergente no que se referia a raça, sexo, sexualidade e liberdade pessoal. Essas questões vinham ganhando cada vez mais destaque em movimentos da contracultura nos Estados Unidos e Europa, mas foram manifestadas de forma distinta no Brasil durante o período do governo militar.

Como em qualquer prática cultural de contestação, a importância da Tropicália não se baseia unicamente nos artistas. Como demonstrou Pierre Bourdieu, a "produção simbólica" (i.e., a produção de valor e significado) da arte depende de uma ampla variedade de agentes, incluindo agentes artísticos, produtores, críticos e consumidores (Bourdieu, 1993, p.37). Uma considerável literatura jornalística e acadêmica sobre a Tropicália foi elaborada no Brasil nos últimos trinta anos. Críticos culturais na imprensa de São Paulo e do Rio de Janeiro publicavam os primeiros artigos sobre o movimento. O poeta concreto e teórico Augusto de Campos escreveu uma série de artigos entusiastas elogiando Caetano e Gil pelas críticas ao nacionalismo musical.[2] Desde o início, vários jornalistas demonstraram apoio ao movimento, apesar de outros críticos expressarem ansiedade em relação ao entusiasmo da Tropicália pela instrumentação elétrica, pelo rock anglo-americano e pela exposição na mídia de massa.

Em 1970, o crítico literário Roberto Schwarz publicou um ensaio divisor de águas sobre a cultura e a política brasileira contemporânea, que se tornou uma referência fundamental para pesquisadores subsequentes da Tropicália (Schwarz, 1978, p.61-91). Trabalhando na tradição de crítica marxista, Schwarz foi o primeiro crítico a apontar a natureza alegórica da Tropicália, observando suas alusões frequentes a emblemas culturais anacrônicos filtrados através da "luz branca da ultramodernidade", de forma a transmitir as disjunções do desenvolvimento capitalista no Brasil (Schwarz, 1978, p.74). Apesar de reconhecer o importante potencial da alegoria tropicalista, ele se incomodava com sua propensão a elaborar uma "ideia atemporal do Brasil" que parecia negar qualquer potencial de transformação dialética (Schwarz, 1978, p.78). Vários outros críticos voltaram a analisar a questão da alegoria na Tropicália durante a década de 1970, mas com diferentes conclusões. Celso Favaretto, por exemplo, argumentou que a alegoria tropicalista produzia

---

2 Esses artigos foram posteriormente publicados em um volume de ensaios escritos por vários autores sobre a música popular e "erudita" no Brasil e no exterior. Ver Augusto de Campos, 1974.

um efeito crítico justamente por deixar contradições históricas sem solução, gerando, dessa forma, uma imagem indeterminada e fragmentada do Brasil, que poderia então ser ativada para satirizar a cultura oficial (Favaretto, 1996, p.108). Silviano Santiago criticou Schwarz por privilegiar a razão dialética (com base em uma tradição teórica europeia hegeliana-marxista) em detrimento de outras práticas artísticas e teóricas fundamentadas nas especificidades culturais e históricas do Brasil. Santiago não estava tentando delinear um espaço puro de diferenças irredutíveis em relação ao Ocidente, mas sugerir formas nas quais o Brasil e a América Latina em geral destroem modelos de transformação histórica elaborados pelos países dominantes (Santiago, 1977, p.1-13). Heloísa Buarque de Hollanda contribuiu com a crítica ao posicionamento de Schwarz em sua descrição da política cultural durante a década de 1960 e início da de 1970, alegando que a Tropicália propunha uma "nova linguagem crítica" que recusava a argumentação redentora de esquerdistas mais ortodoxos, porém intervinha diretamente em atitudes e comportamentos individuais, abrindo assim o caminho para práticas e discursos da contracultura (Buarque de Hollanda, 1992). Os próprios artistas também contribuíram para os debates sobre a Tropicália com a publicação dos próprios volumes de coletâneas de entrevistas e artigos da mídia impressa popular e underground (Veloso, 1997, e Gil, 1982).

A Tropicália passou a ser tema de um crescente corpo literário sobre a cultura brasileira contemporânea produzida para o público geral. Incluídos nessa categoria estão livros didáticos de bolso, textos de ensino médio e livros de luxo fartamente ilustrados.[3] Na década de 1990, o crítico musical Carlos Calado publicou dois relatos baseados em meticulosas pesquisas sobre a Tropicália – um concentrado na banda de rock Os Mutantes e o outro contando a história do movimento (Calado, 1995 e 1997). Desde o final da década de 1970, a Tropicália tem sido regularmente analisada na imprensa nacional. A onda de celebração cresceu consideravelmente em 1992-1993, quando Caetano e Gil comemoraram o 50º aniversário e gravaram *Tropicália 2*, um álbum que reinterpreta o movimento no contexto contemporâneo.

Uma onda de textos memorialistas sobre a década de 1960 no Brasil também contribuiu para os contínuos debates sobre a experiência tropicalista. A maioria dos primeiros relatos foi escrita por ex-guerrilheiros urbanos e tendia a ignorar os debates culturais.[4] Relatos subsequentes se concentraram de forma mais ampla nas crises existenciais de artistas e ativistas e nas diferenças políticas e conflitos culturais entre eles.

---

3 Exemplos desses três tipos de livros são, respectivamente, Buarque de Hollanda e Gonçalves, 1986; Paiano, 1996 e Lima, 1996.

4 O exemplo mais famoso dessa literatura é *O que é isso, companheiro?*, de Fernando Gabeira. (1980)

Em 1997, Caetano Veloso publicou *Verdade tropical,* um livro volumoso que focava sua experiência pessoal com o movimento tropicalista. Caetano ofereceu um relato fascinante da década de 1960, com seus conflitos culturais e políticos, e da importância perene da Tropicália. Seu livro de memórias provocou uma nova rodada de discussões na imprensa nacional sobre o valor e a importância da Tropicália e, principalmente, como o movimento se relaciona à cultura contemporânea.

O *corpus* de textos em língua inglesa sobre a Tropicália é relativamente pequeno à luz de sua centralidade na cultura brasileira contemporânea. Com base nas primeiras formulações de Augusto de Campos, o etnomusicólogo Gerard Béhague foi o primeiro a apresentar a música tropicalista ao público acadêmico norte-americano. Situando o movimento no contexto da música popular brasileira pós-bossa-nova sob o governo militar, Béhague argumentou que a Tropicália teve o efeito de "liberar a música brasileira de um sistema fechado de preconceitos e lhe dar condições de liberdade de pesquisa e experimentação" (Béhague, 1973; 1980, p.216). No primeiro livro acadêmico publicado nos Estados Unidos sobre a música popular brasileira, Charles Perrone explorou a poética tropicalista de Caetano e Gil, chamando atenção para a "paródia refinada, a alegoria sociocultural e a experimentação estrutural" promovidas pelos dois artistas (Perrone, 1989). Em alguns aspectos, o livro de Perrone complementa o estudo de Randal Johnson sobre o Cinema Novo e o estudo de David George sobre o teatro moderno brasileiro, discutindo como a Tropicália se manifestou nesses dois campos artísticos.[5] Na esteira da nova onda de interesse pela Tropicália no Brasil e no exterior, o periódico *Studies in Latin American Popular Culture* dedicou uma edição inteira ao movimento em 2000.

Para avaliar plenamente a importância da Tropicália, é necessário primeiro examinar os movimentos literários e os fenômenos musicais precedentes que contribuíram para o que se considerava a "cultura nacional". O primeiro capítulo deste livro analisa o Modernismo, um movimento literário e cultural que teve início na década de 1920. Duas tendências básicas orientaram a geração modernista, uma voltada à experimentação literária formal inspirada nas vanguardas europeias e a outra interessada na articulação do que se consideravam elementos distintivos do Brasil. Aqui me concentrarei em dois importantes escritores modernistas, Oswald de Andrade e Mário de Andrade, que esboçaram projetos para a renovação das artes e das letras brasileiras que viriam a ter um impacto prolongado sobre as gerações subsequentes.[6] O trabalho pioneiro

---

5 Johnson, 1984; George, 1992. Outras referências sobre o cinema brasileiro incluem um volume editado por Johnson e Stam, 1995; Stam, 1997; e Xavier, 1993.

6 Oswald de Andrade e Mário de Andrade não eram parentes. Para fins de clareza, refiro-me a eles pelos nomes completos ou prenomes.

de Mário em musicologia é particularmente relevante para este livro, pois constituiu uma expressão fundamental do nacionalismo musical que viria a influenciar profundamente as gerações seguintes de compositores e críticos. Oswald é reconhecido por suas interpretações humorísticas e irônicas da história e da cultura brasileiras, mais notoriamente expressas em dois manifestos. No "Manifesto Pau-Brasil" (1924), ele exortava os colegas a criar uma "poesia de exportação", que não seria subserviente às correntes literárias dos países dominantes, mas também não as ignoraria. Oswald radicalizou ainda mais seu projeto no "Manifesto Antropofágico" (1928), que desenvolveu um modelo para "devorar" de maneira crítica as manifestações culturais vindas do exterior. A antropofagia viria a ser uma influente e controversa metáfora para artistas e críticos das gerações seguintes. Quarenta anos mais tarde, Caetano diria que a Tropicália foi uma forma de "neoantropofagismo" pertinente ao contexto cultural da década de 1960 (Campos, 1974, p.207).

As energias de vanguarda do Modernismo brasileiro se dissiparam nos anos 30 e 40, durante o governo nacionalista, populista e, em última instância, autoritário de Getúlio Vargas. A poesia em versos livres, a prosa experimental e os manifestos provocativos dos anos 20 deram lugar a romances realistas e a histórias sociais orientadas principalmente pela "descoberta" e pela documentação da cultura brasileira. De especial importância foi a articulação de um paradigma mestiço, que exaltava o hibridismo cultural e racial como o fundamento de uma identidade nacional unificada. E, em outros países das Américas, a música popular exerceria um papel central na "invenção", divulgação e projeção internacional da cultura nacional. Carmen Miranda exerceu um papel importante nesse processo e, posteriormente, os tropicalistas iriam se referir a ela com uma afetuosa ironia. A parte final do capítulo analisa o esquecimento a que foram relegadas essa artista e outras celebridades do rádio e o surgimento de uma estética cosmopolita e internacionalista no final da década de 1950, em um período ufanista quanto às perspectivas de modernização democrática e desenvolvimento no Brasil. No âmbito da música popular, a refinada sofisticação da bossa-nova foi emblemática do período.

No início dos anos 60, jovens artistas que aspiravam a ampliar a consciência política das classes de trabalhadores urbanos e rurais estavam cada vez mais insatisfeitos com o sentimentalismo introspectivo do início da bossa-nova. O Capítulo 2 discute a crítica populista e nacionalista da bossa-nova e o desenvolvimento de uma cultura de protesto urbano após o golpe de 1964. Naquela época, artistas identificados com a eclética categoria da pós-bossa-nova, que mais tarde viria a ser chamada de MPB (Música Popular Brasileira), em geral se opunham ao governo militar. Como muitas outras sociedades por todo o mundo, o Brasil também teve o seu movimento de rock, a Jovem Guarda, de forte apelo para o grande público urbano atraído pela "cultura jovem" difundida globalmente pela indústria cultural norte-americana. Muitos brasileiros associavam o rock ao imperialismo cultural dos Estados Unidos e defendiam a MPB como a expressão musical mais apropriada da modernidade brasileira. Os jovens baianos eram devotos de João Gilberto, o inovador musical da bossa-nova, mas se sentiam cada vez mais frustrados com uma comunidade artística que definia as prioridades estéticas segundo as necessidades do nacionalismo cultural. Por isso, Gil e Caetano desenvolveram o que chamaram de "som universal", apresentado pela primeira vez durante um festival de música transmitido pela televisão em 1967.

Esse evento costuma ser considerado o momento inaugural do movimento tropicalista paralelamente às suas manifestações no cinema, teatro, artes visuais e literatura. O Capítulo 3 começa com uma análise das principais produções culturais de outras áreas que convergiram com o projeto musical do grupo baiano e seus aliados em São Paulo. De particular importância foi o filme de Glauber Rocha de 1967, *Terra em transe,* um divisor de águas do movimento do Cinema Novo no Brasil, propondo uma alegoria para o colapso do populismo e a ascensão do governo autoritário no Brasil. Caetano observou que o filme representou um "momento traumático" para artistas da esquerda, criando as condições para o movimento que logo passaria a ser chamado de "tropicalismo" (Veloso, 1997, p.105). O filme dramatizava um momento histórico da crise para artistas e intelectuais progressistas que viviam sob um regime de ditadura militar de direita. Os filmes de Glauber influenciaram diretamente o "teatro de guerrilha" do Teatro Oficina, em São Paulo, subsequentemente identificado com o movimento tropicalista. Mais ou menos na mesma época em que Gil e Caetano apresentaram seu "som universal", o Teatro Oficina levou ao palco *O rei da vela* (1933), a farsa modernista de Oswald de Andrade sobre a elite brasileira, adaptada para o contexto daquele momento. Como demonstram as reproduções neste livro, a Tropicália também encontrou expressão nas artes visuais, incluindo capas de discos, pinturas, cenários teatrais e instalações, a partir do final da década de 1960.

A história do nome do movimento sugere o nível do intercâmbio dialógico de ideias entre várias esferas artísticas. Depois de ouvir uma das composições sem título de Caetano no final de 1967, o cineasta Luis Carlos Barreto detectou afinidades com uma instalação chamada *Tropicália,* do artista visual Hélio Oiticica. Apesar da relutância inicial de Caetano, ele concordou em utilizar "Tropicália" como título para sua música, que mais tarde se tornou uma importante canção-manifesto do movimento. O termo "Tropicália" passaria a ser utilizado para nomear o movimento como um todo, apesar de "Tropicalismo" ter sido mais comumente utilizado durante as décadas de 1960 e 1970. Caetano distanciava-se da designação "tropicalismo", já que o termo parecia reduzir o movimento a um repertório de clichês sobre "a vida nos trópicos" e evocava uma remota afiliação ao "luso-tropicalismo", uma teoria da adaptabilidade colonial portuguesa elaborada por Gilberto Freyre nos anos 40. O termo "tropicália", por outro lado, parecia sugerir uma atitude cosmopolita e vanguardista à qual os baianos aspiravam (Veloso, 1997, p.192). Como o movimento Dadá, da vanguarda europeia da década de 1920, o nome "Tropicália" resiste à associação com uma série de "-ismos". Na época do movimento, um crítico argumentou que a designação Tropicália era melhor, já que "todo -*ismo* é um programa extensivo, carregado de princípios e de normas, e toda -*ália* é um compósito cruzado de elementos díspares e heterogêneos" (Chamie, 1968). Apesar de haver algum mérito na utilização do termo "tropicalismo" para se referir ao movimento como um todo (em oposição à instalação de Oiticica e à canção de Caetano), optei por utilizar "Tropicália", ou "movimento tropicalista", com exceção de citações diretas nas quais "tropicalismo" foi originalmente utilizado.

O restante do Capítulo 3 é dedicado à exploração de vários temas e estratégias de representação, extensivamente desenvolvidos por meio de ações individuais e de um "álbum-conceito" coletivo tropicalista de 1968. A questão da alegoria nacional é analisada em duas canções-manifestos, "Tropicália" e "Geleia geral". Essa discussão é seguida de seções relacionadas à representação da migração urbana, cultura de massa, violência política e marginalidade do Terceiro Mundo nas músicas tropicalistas.

Apesar de os censores em grande medida ignorarem as composições tropicalistas, as apresentações públicas de seus proponentes levantavam suspeitas entre os agentes do regime, que se incomodavam com a atitude cáustica e irreverente em relação à autoridade. O Capítulo 4 se concentra nos conflitos e controvérsias ao redor das apresentações tropicalistas em festivais de música, clubes noturnos e programas de televisão. Logo após a promulgação do AI-5, em dezembro de 1968, Caetano e Gil foram presos e em seguida exilados em Londres. O capítulo também analisa as breves "reverberações" do movimento representadas pelas composições tropicalistas de 1969, após a conclusão formal do movimento. De particular importância são as composições e entrevistas de Gilberto Gil, sugerindo uma orientação para a política cultural negra, que passaria a ser fundamental em sua produção musical na década seguinte.

Após a promulgação do AI-5, muitos artistas brasileiros famosos emigraram para o exterior, tanto por razões políticas como profissionais. Apesar de a maioria dos relatos do movimento tropicalista terminar no final da década de 1960 ou começo da de 1970, estendi minha análise até 1979, quando o regime militar aprovou uma anistia que permitia o retorno dos exilados políticos. O Capítulo 5 acompanha a trajetória artística dos tropicalistas após a conclusão formal do movimento. Gil e Caetano passaram dois anos e meio na Inglaterra, onde participaram do vibrante panorama contracultural da *"swinging London"*, orbitando ao redor do cenário musical do rock, interagindo com a comunidade de imigrantes caribenhos e absorvendo os estilos afrodiaspóricos emergentes, como o reggae. Ao voltar ao Brasil, os líderes do movimento tropicalista foram celebrados como ícones do movimento contracultural brasileiro. No final da década de 1970, Gil e Caetano também se tornaram defensores dos emergentes movimentos culturais afro-brasileiros associados ao soul, ao reggae e ao carnaval afro-baiano em Salvador. Esses fenômenos eram, em vários níveis, relacionados a um movimento mais amplo, que lutava pelo fim do governo militar.

O capítulo final discute as várias análises e homenagens relacionadas à Tropicália desde a restauração do governo civil, em meados da década de 1980. Ao longo da década de 1990, a Tropicália recebeu vários tributos públicos durante o carnaval, tanto no Rio como na Bahia. Em 1992, Caetano e Gil produziram um álbum intitulado *Tropicália 2*, que comemorava o movimento e tentava atualizar seus interesses políticos e estéticos. O capítulo salienta a obra de Tom Zé, um artista que teve sua carreira lançada com a Tropicália, mas que depois saiu do circuito do público mais amplo para continuar a desenvolver uma música mais experimental. Na década de 1990, voltou a ganhar visibilidade com o lançamento internacional de uma compilação de sua obra desde a década de 1970 e dois álbuns inovadores apresentando novo material. Junto com os outros tropicalistas, Tom Zé encontrou novos públicos fora do Brasil, especialmente após uma breve onda tropicalista nos Estados Unidos e na Europa no final dos anos 90. Atraídos pela estética irônica e pelo pastiche descentralizado da Tropicália, cantores e compositores internacionais chamaram atenção para o movimento e suas principais personalidades. O movimento tropicalista tem tido um prolongado impacto sobre a produção da música popular no Brasil. Discutirei o impacto desse legado sobre alguns artistas contemporâneos que mantêm afinidades com o projeto tropicalista.

Este livro apresenta uma análise tanto diacrônica como sincrônica do movimento tropicalista. Os Capítulos 4 e 5 se concentram exclusivamente na produção cultural tropicalista em 1968. Em cada um deles, analiso questões importantes que funcionam como desvios temáticos ou teóricos da narrativa. No entanto, o texto é estruturado cronologicamente de forma a apresentar a evolução histórica da Tropicália e a acompanhar a trajetória de alguns de seus principais nomes após 1968 e, em vez de incluir longas transcrições das letras completas das músicas, salientei as frases e os versos particularmente relevantes aos argumentos e observações.

Mais de trinta anos após o surgimento da Tropicália, a maioria de seus principais participantes continua produzindo em suas respectivas áreas. Os músicos tropicalistas são particularmente ativos e influentes, tendo consolidado o que se considera, em muitos aspectos, um modelo dominante da música popular no Brasil. Na verdade, seria difícil encontrar músicos populares de outros contextos nacionais com uma influência tão duradoura. A importância da obra dos tropicalistas se estende além do campo da música popular, e provocou um impacto também em outras áreas de produção artística. Robert Stam afirmou que a música popular tem tido mais sucesso do que qualquer outra área da cultura brasileira na elaboração de sínteses simultaneamente locais e cosmopolitas, populares e experimentais, agradáveis e políticas. Desse ponto de vista, a música brasileira "tem sido o ramo menos colonizado e mais africanizado da cultura popular brasileira, além de ser a mais bem-sucedida em sua disseminação não apenas no Brasil, mas também ao redor do mundo" (Stam, 1997, p.361-3). Essa combinação específica de qualidades e pontos fortes na música popular brasileira contemporânea tem muito a dever ao projeto tropicalista e seu legado artístico.

1
POESIA DE EXPORTAÇÃO:
MODERNIDADE, NACIONALIDADE E INTERNACIONALISMO NA CULTURA BRASILEIRA

Um dos aspectos mais notáveis do movimento tropicalista foi seu diálogo contínuo com várias tendências da produção literária e cultural brasileira do século XX. O grupo de jovens cantores e compositores e seus interlocutores no cinema, teatro, artes visuais e literatura reagiu a antigas polêmicas em relação à modernidade e à nacionalidade, bem como a dilemas específicos da produção cultural sob o regime militar. A Tropicália interveio em inúmeros debates relativos à cultura popular e à identidade nacional que, como argumentou Renato Ortiz, constituem uma "tradição moderna" em evolução no Brasil (Ortiz, 1988, p.13-4).

O ponto de referência mais proeminente dessa tradição moderna é o Modernismo, um movimento literário e cultural heterogêneo surgido na década de 1920. O Modernismo reuniu artistas em grande parte comprometidos com a renovação estética das artes e letras brasileiras e com a articulação de uma cultura nacional ao mesmo tempo "original" (i.e., enraizada nas culturas populares do Brasil) e "moderna" (i.e., com base nas tendências literárias contemporâneas internacionais). A síntese da originalidade nativa e da técnica cosmopolita criaria, como propôs Oswald de Andrade, uma "poesia de exportação", capaz de causar impacto internacional. O Brasil deixaria de apenas importar e passivamente consumir a cultura dos países dominantes; passaria a ser um exportador de cultura. Na década de 1930, o espírito de rebelião irreverente contra as convenções literárias tinha se acalmado à proporção que o Modernismo era institucionalizado sob a égide de um regime político emergente nacionalista e populista. Durante esse período, artistas e intelectuais proeminentes buscaram explicar a originalidade da civilização brasileira por meio de seu hibridismo racial e cultural, estabelecendo, dessa forma, um paradigma para uma identidade nacional mestiça.

Ao longo do século XX, a música popular brasileira tem sido o veículo mais importante de afirmação dessa identidade nacional mestiça tanto no Brasil como no exterior. Já em meados da década de 1920, vários artistas e intelectuais modernistas consideravam a música popular um dos principais expoentes da autêntica expressão nacional e uma fonte de inspiração para a música artística. Estimuladas pela expansão do rádio nos centros urbanos, músicas de origens africanas – com destaque para o samba – se popularizavam entre brasileiros de todas as raças e classes. O samba viria a ser proclamado a "música nacional" do Brasil e exerceria um papel fundamental na projeção da cultura brasileira no exterior. Nos anos 50, ele também serviria de base para a bossa-nova, um estilo novo que expressava as aspirações cosmopolitas da elite cultural do Brasil durante a fase de modernização democrática e desenvolvimento industrial. Esse período de otimismo e autoconfiança nacional durou pouco, mas produziu realizações culturais duradouras, como a bossa-nova, demonstrando que um país "periférico" era capaz de produzir uma "poesia de exportação" e receber aplausos internacionais.

O MODERNISMO BRASILEIRO

Lançado formalmente em fevereiro de 1922 durante a Semana de Arte Moderna em São Paulo, o Modernismo brasileiro foi um movimento com importantes manifestações em várias áreas de produção cultural.[1] A chamada "fase heroica" do Modernismo (1922-1930) envolveu principalmente um grupo de escritores, artistas visuais e compositores de São Paulo e do Rio de Janeiro. Apesar de ser um grupo heterogêneo, tanto em termos de valores estéticos como de ideologias políticas, os modernistas em geral eram comprometidos com a crítica à estética das *belles lettres,* por sua vez, mais identificada com o parnasianismo, um movimento de origem francesa que exerceu grande influência sobre a geração anterior de literatos brasileiros. No ataque às con-

---

1 O Modernismo foi o correspondente brasileiro de movimentos artísticos similares na América Latina, normalmente chamados de *las vanguardias*. Na América Latina, o Modernismo denota uma estética do final do século XIX, aproximadamente equivalente ao Parnasianismo no Brasil.

venções literárias e artísticas, os modernistas se apropriaram de práticas e técnicas de vanguarda vindas de movimentos europeus como o futurismo, o cubismo, o surrealismo e o dadaísmo. Ao mesmo tempo, denunciavam a imitação acrítica de formas provenientes dos países dominantes e a utilização do português continental. Ainda mais do que outros movimentos latino-americanos de vanguarda, o Modernismo brasileiro se interessava em primeiro lugar pela articulação de um projeto de nacionalismo cultural. O Modernismo sinalizava transformações na vida cultural, política e econômica brasileira que acabaram culminando na Revolução Nacionalista-Populista de 1930.

A Semana de Arte Moderna de São Paulo coincidiu com o centenário da proclamação da independência política do Brasil em relação a Portugal e foi articulada como um evento para anunciar a independência cultural da nação. Apesar de as atividades literárias e artísticas de vanguarda terem sido realizadas ao longo de vários anos antes do evento, a Semana de Arte Moderna marcou o momento no qual diversos intelectuais se reuniram para elaborar e desenvolver um projeto cultural nacional. Personalidades tradicionais e emergentes das esferas literárias e artísticas de São Paulo e do Rio de Janeiro participaram da Semana de Arte Moderna, entre elas os escritores Mário de Andrade, Oswald de Andrade, Menotti del Picchia e Plínio Salgado; os pintores Anita Malfatti e Emilio Di Calvancanti; e o compositor Heitor Villa-Lobos.

Em meados da década de 1920, o Modernismo havia se fragmentado em subgrupos independentes, muitas vezes antagônicos. Alfredo Bosi identificou duas orientações dos movimentos de vanguarda europeus evidenciados no Modernismo brasileiro: o imperativo "futurista" da experimentação formal, a celebração da tecnologia e da experiência urbana; e uma abordagem "primitivista" com ênfase na cultura popular. Os modernistas se dividiam, segundo Bosi, entre uma abordagem futurista visando a acompanhar a modernidade e uma orientação primitivista para expressar "as raízes brasileiras" (Bosi, 1970, p.385-6). Essa dicotomia pode ser compreendida, em um nível, por uma tensão entre as orientações simultaneamente locais e cosmopolitas dos modernistas brasileiros. Vale notar que essa dicotomia muitas vezes subestimava a modernidade daquilo entendido como "primitivo" e ignorava o descompasso histórico daquilo visto como "futurista".

O vanguardismo internacional, a urbanidade e a industrialização constituíam os pilares da tendência futurista. Um interesse renovado pela experiência colonial, os mitos de bases nacionais, os vernáculos linguísticos e as práticas culturais do povo, especialmente os afro-brasileiros e os indígenas, orientava os interesses primitivistas. Ao interpretar o "primitivo" no quadro de referências da poética vanguardista, os modernistas buscavam delinear tanto a especificidade como a universalidade da cultura brasileira. A produção artística igualmente autóctone e cosmopolita poderia ser prontamente "exportável" como intervenção original na cena internacional.

No Brasil, como na América Latina em geral, contextos e interesses locais mediavam essas duas tendências. O entusiasmo pelo futurismo franco-italiano, por exemplo, já havia enfraquecido em 1922, quando o Modernismo foi formalmente apresentado. Mais tarde naquela década, os modernistas brasileiros também viriam a expressar opiniões conflitantes em relação à moda primitivista, na qual detectavam o fascínio dos colonizadores pelo exótico. O primitivismo foi frequentemente uma expressão das fantasias e ansiedades do Ocidente em relação aos "outros" raciais (Torgovnick, 1990, p.8). Essas duas tendências vanguardistas surgiram como esboços na prática estética e não como diretrizes programáticas. No Modernismo, tal dicotomia – que não era mutuamente exclusiva nem necessariamente servia de base para todos os escritores e artistas da geração modernista – provocou, no entanto, uma tensão dominante na produção artística brasileira e nos debates culturais ao longo do século XX.

A FLORESTA E A ESCOLA

De todos os modernistas, o poeta, romancista, dramaturgo e provocador literário Oswald de Andrade foi quem exerceu o maior impacto sobre o movimento tropicalista. Ele foi o autor das ações mais radicais do Modernismo, incluindo dois de seus mais celebrados e citados manifestos. Publicado em 1924, o "Manifesto da Poesia Pau-Brasil" exigia uma "poesia de exportação", influenciada pelas vanguardas literárias internacionais, e também pelo contexto cultural do Brasil. Como primeiro produto de extração para exportação internacional no início do domínio colonial português, o pau-brasil constituía uma metáfora sugestiva para um projeto cultural "nativo" influenciado por tendências internacionais contemporâneas. Alguns críticos argumentaram que a noção de uma "poesia de exportação" com base na metáfora do pau-brasil apenas reafirmava o papel histórico do Brasil como exportador de matérias-primas aos colonizadores (veja, por exemplo, Johnson, 1987, p.46). No entanto, há uma dose de ironia na metáfora do pau-brasil, já que o manifesto se refere, em última instância, à subversão do legado colonial europeu ao mesmo tempo em que se fomentava uma cultura brasileira moderna, com influências tecnológicas. Depois de uma visita a Paris em 1912, Oswald de Andrade voltou para São Paulo com o "Manifesto Futurista" (1909) de Felippo Tomaso Marinetti, uma defesa da destruição radical da arte e de instituições do passado e a elaboração de um novo projeto exaltando a velocidade e a tecnologia. No "Manifesto Pau-Brasil", Oswald propunha que o futurismo servisse para "acertar o relógio imperial da literatura nacional" e que era o momento de "ser regional e puro em sua época".[2]

O "Manifesto Pau-Brasil", de Oswald de Andrade, se estrutura ao redor da tensão binária entre "a floresta e a escola" na gênese da cultura brasileira. Do ponto de vista do escritor, a escola denota a sociedade letrada, com suas instituições formais e recursos tecnológicos, e a floresta atua como uma metáfora natural do que foi excluído ou marginalizado dos centros econômicos, políticos e culturais de poder e prestígio. Oswald denuncia o duplo legado da exploração colonial e da dissimulação acadêmica representado pelas figuras do *profiteur,* com seu desejo de dominar a natureza para fins comerciais, e do doutor, com sua erudição moralizadora cuja única utilidade é marcar e reproduzir as distinções sociais. Como antídoto para esses tipos históricos, Oswald exige mais inventores e engenheiros para produzir e implantar novas formas de tecnologia moderna, além de novos artistas para criar uma poesia "ágil e cândida" – utilizando o linguajar das ruas brasileiras "sem arcaísmos, sem erudição". Contra quaisquer normas programáticas para a produção artística, ele simplesmente exorta o público a "ver com olhos livres".

Oswald de Andrade colocou a cultura popular no centro de sua poesia de exportação: "O carnaval no Rio é o acontecimento religioso da raça. Pau-Brasil. Wagner submerge ante os cordões de Botafogo. Bárbaro e nosso. A formação étnica rica. Riqueza vegetal. O minério. A cozinha. O vatapá, o ouro e a dança". Como preciosos produtos do patrimônio nacional, as práticas culturais locais – a culinária e a dança – são colocadas lado a lado com o minério, o ouro e o esplendor botânico do Brasil. Durante o carnaval, os blocos e cordões chegam a eclipsar as óperas de Wagner, epítome da alta cultura europeia consumida pela elite local. Essas manifestações populares, que ofuscam a cultura importada dos países dominantes com uma exaltação insurgente, são aclamadas como emblemas da nacionalidade.

Implícita nessa formulação estava a celebração da diversidade racial e cultural, que proporcionava as condições necessárias ao surgimento de uma cultura original distinta nos trópicos. Compositores, artistas e escritores românticos de meados do século XIX exaltavam o índio brasileiro como símbolo da nacionalidade, um tema literário comum a muitas novas nações das Américas. Na maioria dos casos, a celebração dos índios foi possível somente depois que eles foram exterminados em grande número, geograficamente isolados ou socialmente marginalizados. Oswald evitava a nostalgia

---

2 Oswald de Andrade, Manifesto da Poesia Pau-Brasil. In: Teles, 1982, p.326-31.

bucólica pelas vítimas da colonização, enfatizando, em vez disso, o papel delas na criação do Brasil moderno. Sua referência ao vatapá, um prato tradicional afro-baiano, salientava a importância dos afro-brasileiros na formação da cultura nacional. Em uma crítica à eurofilia nas letras brasileiras, satirizava Rui Barbosa, um famoso diplomata e acadêmico branco da Bahia, rotulando-o de "uma cartola na Senegâmbia". Para Oswald de Andrade, a formalidade conservadora de Barbosa parecia absolutamente fora de lugar naquele exuberante Novo Mundo profundamente influenciado por culturas indígenas e africanas.

No "Manifesto Pau-Brasil", coexistem a floresta e a escola, o primitivismo e o futurismo, o natural e o tecnológico, o local e o cosmopolita, o passado e o presente. Silviano Santiago notou a presença abundante da conjunção "e", por meio da qual fenômenos contraditórios ou opostos citados no manifesto "contaminam" uns aos outros (Santiago, 1977, p.6). No horizonte é possível vislumbrar a sugestão da síntese em que as qualidades afetivas do povo brasileiro se fundiriam com a racionalidade moderna: "Um misto de 'dorme nenê que o bicho vem pegá' e equações". A tensão entre os dois extremos nunca chega a atingir uma resolução dialética, gerando uma poética de lúdica contradição. O "Manifesto Pau-Brasil" evoca uma multiplicidade de referências culturais que promete a síntese futura capaz de servir de base para uma "poesia de exportação" original.

⊙ GESTO ANTROPÓFAGO

O projeto de Oswald foi ainda mais radicalizado com uma segunda declaração de princípios, o "Manifesto Antropófago", originalmente publicado na *Revista de Antropofagia* em 1928 (Teles, 1982, p.353-60). Um grupo de simpatizantes se reuniu ao redor do Oswald, incluindo a segunda mulher dele, Tarsila do Amaral, que deu expressão visual à antropofagia em suas pinturas surrealistas tropicais. Naquele ponto, o Modernismo tinha se fragmentado em vários projetos e movimentos concorrentes.

A interação mais combativa envolveu o grupo antropofágico e o movimento ultranacionalista, o verde-amarelismo, mais tarde constituído como Anta, liderado por Menotti del Picchia, Cassiano Ricardo e Plínio Salgado. Originalmente articulado como reação crítica ao "Manifesto Pau-Brasil", o projeto nacionalista se baseava na história mítica dos brasileiros nativos pré-coloniais. Em seu manifesto de 1929, o grupo Anta exaltava os índios tupis, forçados, por um grupo rival *(os tapuias)*, a descer do planalto continental para o litoral "para serem absorvidos" pelos colonizadores portugueses.[3] Essa foi uma "fatalidade histórica" na qual os tupis "desapareceram objetivamente" para "viver subjetivamente e transformar numa prodigiosa força a bondade do brasileiro e seu grande sentimento de humanidade". O grupo Anta aclamava os tupis como "a raça transformadora das raças" justamente pela suposta falta de resistência aos invasores estrangeiros, o que abriu caminho para a gênese de uma nação pacífica. Segundo o manifesto do grupo Anta, não havia preconceito racial entre os brasileiros graças a um substrato inconsciente de "nacionalismo tupi". O grupo Anta reconhecia a heterogeneidade cultural do Brasil, mas sustentava que o "nacionalismo tupi" poderia ser reduzido a uma "essência do sentimento" imutável, impermeável à influência externa.

Em um nítido contraste com o manifesto do Anta, o "Manifesto Antropófago" de Oswald de Andrade propunha a figura de um índio desafiador e agressivo, que resiste violentamente às incursões coloniais. Para Oswald, não existia uma "essência" nacional, mas apenas um processo de apropriação dinâmica e repleta de conflitos, ou de "deglutição" de várias culturas. O manifesto é estruturado em uma série de aforismos curtos, telegráficos, que se referem à história do Brasil, à filosofia do Iluminismo, às religiões indígenas, à psicologia e à antropologia. Sua brevidade e humor fizeram do manifesto um dos textos mais mencionados da literatura brasileira, frequentemente citado em letras de músicas, poemas e epígrafes. Quarenta anos após sua publicação, acabaria sendo um texto fundamental para os tropicalistas.

Enquanto o "Manifesto Pau-Brasil" sugeria a possibilidade de síntese – por mais incompatível ou contraditória – entre "a floresta e a escola", o "Manifesto Antropófago" refutava a fusão harmoniosa entre os elementos cosmopolitas e os nativos. A metáfora orientadora para o manifesto de Oswald foi o nativo brasileiro antropófago, a antítese do bom selvagem exaltado com nostalgia pelos indianistas românticos do século XIX, como José de Alencar, e posteriormente pelos modernistas do Anta. Em um aforismo, Oswald satirizava a invenção literária do índio subserviente, "figurando nas óperas de Alencar, cheio de bons sentimentos portugueses".[4] A ideia foi inspirada nos tupinambás e em outros grupos indígenas do litoral que canibalizavam em rituais os inimigos derrotados para absorver seus poderes físicos e espirituais. Tratava-se de uma metáfora poderosa para intelectuais da elite brasileira simpáticos às tendências literárias europeias ao mesmo tempo em que também buscava sua autonomia cultural ancorada na realidade

---

3 Veja Nhengaçu Verde Amarelo (Manifesto do Verde-Amarelismo, ou da Escola da Anta). In: Teles, 1982, p.361-7.

4 O primeiro romance indianista de Alencar, *O guarani* (1857), inspirou uma ópera composta pelo compositor brasileiro Carlos Gomes, calorosamente ovacionada na estreia no Teatro Scala em Milão, em 1870.

nacional (Johnson, 1999, p.204). Para Oswald, a antropofagia servia como uma importante alegoria para o projeto anticolonialista de absorver de forma crítica e seletiva tecnologias e produtos culturais do exterior. Ele protestava veementemente "contra todos os importadores de consciência enlatada", apesar de também aplaudir "a idade de ouro" do cinema americano moderno. As culturas colonizadoras não deveriam ser submissamente imitadas nem xenofobicamente rejeitadas, mas simplesmente "devoradas", visando elaborar um projeto cultural autônomo no Brasil.

Em seu manifesto, Oswald inverteu a relação de dependência, observando que a descrição do bom selvagem, elaborada no século XVII por Montaigne, inspirou o discurso do Iluminismo referente ao direito natural: "Sem nós, a Europa não teria sequer a sua pobre Declaração dos Direitos do Homem". O projeto colonial português foi despido de seu status tradicional de empreendedor e civilizador: "Mas não foram cruzados que vieram. Foram fugitivos de uma civilização que estamos comendo, porque somos fortes e vingativos como o Jabuti".[5] Benedito Nunes observou que a antropofagia cultural atua simultaneamente em diversos registros: como metáfora orgânica que liga a antropologia ritual dos nativos brasileiros à busca modernista de autonomia intelectual em relação à Europa; como diagnóstico de uma sociedade traumatizada pelo colonialismo; e como terapia para combater o legado desse trauma por meio da sátira e do humor (Nunes, 1990, p.15-6).

Oswald introduziu um novo conjunto de opostos relacionados, mas não completamente coextensivos com a floresta e a escola. Adotando os termos edipianos de totem e tabu de Freud, Oswald descreve a gênese da civilização brasileira como uma luta para subverter o legado colonial do catolicismo e o poder patriarcal para restaurar um utópico "matriarcado de Pindorama".[6] No entanto, o manifesto não era um apelo nostálgico ao retorno de um Brasil pré-moderno, não contaminado pelo contato colonial. A restauração do matriarcado seria consumada pelo "bárbaro tecnizado", que utiliza os instrumentos da modernidade para estabelecer uma sociedade social e psicologicamente baseada em uma cosmologia "primitiva".

Como metáfora cultural alinhada às mudanças e contingências históricas, a antropofagia propunha uma alegoria do Brasil, uma estratégia retomada pelos tropicalistas no final da década de 1960. Na crítica moderna, a alegoria se distingue do símbolo, uma modalidade de representação preferida pelos românticos do século XIX como um ideal

---

5 O jabuti é uma espécie de tartaruga do Norte do Brasil que surge como uma personagem malandra e ardilosa em contos indígenas.

6 Pindorama é a designação em tupi para o Brasil e significa "região de palmeiras". Ver Bary, "Oswald de Andrade's Cannibalist Manifesto", 47, n.28.

estético mais apropriado para representar o universal (i.e., a ideia) e o específico (i.e., o objeto) como uma totalidade unificada. As representações alegóricas, por outro lado, reconhecem os efeitos do tempo em um processo inevitável de decadência, fragmentação e perda de significado. Lucia Helena detectou um "comportamento alegórico" no projeto antropofágico devido ao fato de ele desestruturar "a versão 'oficial' da cultura brasileira que procura passar uma imagem de unidade na coesão de nossos elementos formadores" (Helena, 1985, p.164-5). Em contraste com as representações românticas dos índios como símbolo de coesão e identidade nacional – que mais tarde foram recicladas pelo grupo Anta –, o manifesto de Oswald retrata o índio como uma alegoria do que se perdeu na violenta imposição da civilização europeia. O índio deixa de representar uma "essência" nacional idealizada e imutável. Qualquer senso de unidade nacional pode ser produzido historicamente somente por meio da prática coletiva, conforme a primeira linha do manifesto: "Só a Antropofagia nos une. Socialmente. Economicamente. Filosoficamente". Em outras palavras, os brasileiros não são definidos por quem são em termos essenciais, mas pelo que fazem ao longo da história, o que, segundo Oswald, consiste em "digerir" um leque de variedade de culturas.

A antropofagia cultural de Oswald de Andrade provocou um amplo debate entre os críticos, especialmente a partir do final da década de 1960, quando artistas e acadêmicos elaboraram uma revisão de sua obra. Um dos pontos centrais de muitas dessas discussões é a formação da cultura nacional em relação a culturas da Europa colonizadora e, posteriormente, dos Estados Unidos. Um desses posicionamentos críticos celebra o projeto antropofágico como uma ruptura radical em relação à dependência cultural dos modelos importados, criando, em vez disso, "uma relação dialógica e dialética com o universal", nas palavras de Haroldo de Campos (1986, p.44). Desse ponto de vista, Oswald subverteu os pares opostos eurocêntricos (i.e., civilização *versus* barbárie, moderno *versus* primitivo, original *versus* cópia) e suas premissas implícitas sobre o progresso linear no qual o mundo colonizado conseguirá, na melhor das hipóteses, produzir uma imitação inferior da Europa.

Os adversários dizem que o modelo antropofágico apenas evita o complexo problema da dependência econômica e cultural (Bary, 1991, p.98-9). Roberto Schwarz afirmou que a destruição filosófica dos pares opostos original/derivativo, em termos práticos, não ajuda quase nada a resolução desse dilema. Para Schwarz, a antropofagia cultural foi uma solução imaginária para intelectuais de elite que obscureceu a percepção das classes trabalhadoras em relação à alienação social desses intelectuais: "Como não notar que o sujeito da Antropofagia [...] é o brasileiro em geral, sem especificação de classe?" (Schwarz, 1987, p.101). Desse ponto de vista, a antropofagia cultural funciona como uma espécie de ideologia de identidade nacional, que omite a desigualdade de classes e ignora as diferenças de poder entre os centros dominantes e as periferias.

O "Manifesto Antropófago", de Oswald de Andrade, continua sendo um dos textos mais provocativos e sugestivos da literatura brasileira. A contínua reciclagem da metáfora antropofágica sugere que ela continua sendo um modelo viável, apesar de dificilmente livre de controvérsias, para a conciliação de interesses locais e cosmopolitas na produção cultural brasileira.

MACUNAÍMA E A MÚSICA

Mário de Andrade foi um prolífico poeta, romancista, crítico literário, musicólogo, folclorista, professor e ensaísta. Enquanto Oswald produzia os gestos mais radicais do Modernismo, Mário é reconhecido pelo papel central por trás da canonização e da institucionalização do programa modernista. No âmbito internacional, Mário de Andrade é mais conhecido como o autor da "rapsódia" em prosa experimental *Macunaíma: um herói sem nenhum caráter* (1928). Como demonstrou Gilda de Mello e Souza (Mello e Souza, 1979, p.10-6. Ver também Reily, 1994, p.71-2), *Macunaíma* é uma colagem de mitos, canções, rituais e textos de origens indígenas, africanas, portuguesas e brasileiras. Como em uma rapsódia, eles constituem uma série de fragmentos narrativos baseados em um princípio ou tema unificador. Apesar de Mário ter permanecido afastado do grupo antropofágico, *Macunaíma* foi aclamado pelo grupo como uma obra antropofágica na ficção em prosa. Quarenta anos mais tarde, a obra também seria reinterpretada em filme por Joaquim Pedro de Andrade, considerado uma importante expressão do cinema tropicalista.[7] A obra conta a história de um malandro preguiçoso e mentiroso, nascido na Floresta Amazônica. O enredo central envolve a expedição de Macunaíma para recuperar seu muiraquitã, um amuleto sagrado representativo de seus vínculos afetivos e culturais com suas tradições, das mãos de um monstruoso vilão burguês em São Paulo. Diferentemente das lendas medievais arturianas nas quais um herói normalmente aprofunda seu autoconhecimento ao longo da busca pelo Santo Graal, a história de Macunaíma termina em um tom pessimista quando o herói brasileiro é devorado por uma sereia em um lago, depois de voltar à

---

7 Para uma análise detalhada da versão para o cinema de *Macunaíma,* ver Johnson, 1984, p.25-34; Stam, 1997, p.239-47; e Xavier, 1993, p.139-158,

mata com o amuleto. A preguiça, a malandragem, a ganância e o fascínio ingênuo de Macunaíma pela metrópole moderna contribuem para seu fim, alegorizando a busca frustrada do Brasil pela autonomia cultural naquela época (Ver Mello e Souza, 1979, p.74-5). Como no "Manifesto Antropófago" de Oswald, a cultura brasileira, representada na figura de Macunaíma, não constitui uma totalidade coerente. Ele é um personagem alegórico sem identidade racial ou cultural fixa. Macunaíma nasceu negro de mãe índia, mas, depois de se banhar em águas encantadas, fica branco. Muitos intelectuais da elite consideravam o "branqueamento" racial e cultural um processo necessário e desejado para a modernização do Brasil. Porém, Macunaíma fica ainda mais irresponsável e mulherengo depois de sua transformação racial, tornando-se um "herói sem nenhum caráter", com pouca confiabilidade e virtude.

Macunaíma carece de caráter também em um outro sentido: suas origens são vagas e impossíveis de ser reduzidas à nacionalidade brasileira. A rapsódia de Mário se baseou em lendas coletadas por um etnólogo alemão na região fronteiriça entre o Brasil e a Venezuela. O vínculo orgânico de Macunaíma com o Brasil é, na melhor das hipóteses, tênue. Nesse sentido, *Macunaíma* pode ser interpretado como uma paródia de obras de fundação nacional, como os romances indianistas de Alencar *O guarani* (1857) e *Iracema* (1865), que retratam encontros míticos entre índios e colonizadores portugueses visando explicar as origens da nacionalidade brasileira. O caráter formativo da história é ainda mais prejudicado porque os eventos foram contados ao narrador, anônimo e pouco digno de crédito, por um papagaio que escutou a história de Macunaíma antes de morrer (Unruh, 1994, p.146-7). Ao jogar com a falta de "caráter" do herói, ele ironicamente subverte noções de identidade e originalidade.

A representação elaborada por Mário de Andrade de uma identidade brasileira polimorfa e mal definida em *Macunaíma* contrasta acentuadamente com os interesses nacionalistas programáticos desenvolvidos em suas análises musicais. Ele abre seu *Ensaio sobre a música brasileira,* também publicado em 1928, com uma afirmação notável: "Até há pouco a música artística brasileira viveu divorciada da nossa entidade racial. Isso tinha mesmo que suceder. A nação brasileira é anterior à nossa raça".[8] Se, em *Macunaíma,* a ideia de uma "raça" brasileira unitária e estável se confunde pelas constantes mutações do herói, no *Ensaio* ela denota uma identidade fixa e essencial. De acordo com Mário, a nacionalidade precedeu a formação de uma "raça brasileira" unificada. Em termos de identidade cultural, durante o primeiro século de soberania nacional, não existiam brasileiros, mas apenas índios, negros e europeus, todos, na

---

8 Mário de Andrade, 1928. Essa citação e citações subsequentes são das páginas 13 a 29 da primeira seção do livro.

análise de Mário, "muito puros ainda". Em outras palavras, o Brasil existia como entidade política, mas não como unidade cultural coesa. Cabia aos artistas e intelectuais da geração modernista dar expressão a essa "raça" nacional emergente, supostamente um híbrido dos elementos citados acima.

Para desenvolver esse projeto, Mário de Andrade exortava os compositores brasileiros a se basear em elementos populares para criar uma música artística nacional distinta: "O período atual do Brasil, especialmente nas artes, é o de nacionalização. Estamos procurando conformar a produção humana do país com a realidade nacional". Para isso, ele tentou estabelecer orientações para a produção e a crítica musical visando definir o que era e o que não era autenticamente brasileiro. Ele rejeitava a abordagem reducionista de que a verdadeira música brasileira só poderia ter raízes nas expressões musicais da ameríndia e também protestava contra visitantes europeus em busca de um "exotismo divertido" e que se compraziam escutando um "batuque quente", enquanto depreciavam a modinha como mera "música italiana", portanto, não autenticamente brasileira. Esse tipo de pensamento reducionista, segundo Mário de Andrade, empobrecia a música brasileira.

No entanto, no mesmo ensaio, ele também denunciava a "música da tal chamada de universal" como "antinacional", "individualista" e "desinteressada" e, dessa forma, inadequada para o projeto de construção nacionalista. Em sua análise, o critério para a definição da música brasileira deveria ter fundamentação social, não filosófica, um "critério de combate" que desmascara uma "força antinacional e falsificadora" na cultura brasileira. Em uma tentativa de consolidar esse padrão de autenticidade, Mário propôs a esfera na qual ele deveria ser produzido: "O critério histórico atual da música brasileira é o da manifestação musical que, sendo feita por brasileiro ou indivíduo nacionalizado, reflete as características musicais da raça. Onde elas estão? Na música popular" .

A ideia de utilizar conteúdos populares na composição da música artística não era uma proposta radical. No final da década de 1920, quando Mário de Andrade escreveu esse ensaio, o conceito já tinha sido adotado como prática comum pelos compositores modernistas nas Américas em geral.[9] No Brasil, o consagrado compositor Heitor Villa-Lobos vinha pesquisando a música popular para suas composições desde o início da década de 1910. A novidade do *Ensaio* está em exprimir suas intenções ideológicas e programáticas que fazem com que o texto pareça um manifesto musical (Reily, 1994, p.74). A outra característica notável desse texto é sua constante menção a uma "raça" homogênea, cujos limites coincidem com os da nação. Apesar das va-

---

9 Para um caso análogo de utilização da música popular pela elite em Cuba, ver Moore, 1997.

riações regionais, o Brasil, segundo Mário, era uma "totalidade racial" cujo atributo mais distintivo era sua música: "A música popular brasileira é a mais completa, mais totalmente nacional e mais forte criação da nossa raça até agora".

José Miguel Wisnik (1983, p.131) observou a tendência de Mário de privilegiar o folclore rural em sua concepção de música popular. Apesar de Mário reconhecer a existência de formas urbanas autênticas, ele expressava certa ansiedade em relação à música popular brasileira que evidenciava as "deletérias influências do urbanismo". Portanto, no estudo do folclore urbano, seria necessário distinguir a música "tradicionalmente nacional" da música "influenciada pelas modas internacionais" (Mário de Andrade, 1962, p.166-7). Mário de Andrade e outros intelectuais modernistas consideravam as formas emergentes de música popular urbana meras banalidades comerciais que impediam o projeto didático do nacionalismo cultural. Na elaboração de um projeto cultural nacionalista, dois fenômenos musicais eram considerados obstáculos: a música popular comercial e a música internacional de vanguarda (Wisnik; Squeff, 1983, p.134).

Mário de Andrade consolidou um discurso de base moderno para o nacionalismo musical. As questões levantadas em seu *Ensaio sobre a música brasileira* foram revistas com frequência em discussões sobre o direcionamento da música brasileira, tanto artística como popular, durante o século XX. No âmbito da música artística, abordagens nacionalistas continuariam dominantes por várias décadas, apesar do surgimento, na década de 1940, de compositores associados ao grupo Música Viva, que realizavam experimentos com a técnica dodecafônica e defendiam o internacionalismo musical. Nas décadas seguintes, as polêmicas ao redor do nacionalismo e do cosmopolitanismo na música artística encontrariam curiosos paralelos nas discussões referentes à música popular.

A MÚSICA POPULAR E O PARADIGMA MESTIÇO

À semelhança de um manifesto, a declaração de Mário de Andrade em seu *Ensaio* sugere a centralidade da raça na formulação modernista da cultura brasileira. O que ele quer dizer com "nossa raça", contudo, acaba não sendo esclarecido no texto. Porém, em sua elaboração do nacionalismo cultural está implícita a centralidade do híbrido racial e cultural: o mestiço. O próprio Mário de Andrade era descendente de europeus, africanos e índios, ao passo que a maioria de seus colegas modernistas pertencia à elite branca tradicional. Outro jovem intelectual da geração modernista, Gilberto Freyre, vinculava de modo ainda mais explícito a nacionalidade à mestiçagem.

Freyre ocupava uma posição distinta no Modernismo brasileiro. Ele vinha do Nordeste do Brasil, uma região econômica e politicamente marginalizada que era considerada o cadinho colonial da civilização brasileira. Seu primeiro e mais influente livro, *Casa-grande & senzala,* publicado em 1933, é em grande parte dedicado às circunstâncias e consequências do contato inter-racial cultural, social e sexual, principalmente entre os colonizadores portugueses e os escravos africanos. Freyre argumentou que os vínculos íntimos entre a casa-grande e a senzala nas grandes plantações de cana do período colonial no Nordeste constituíram as bases para a civilização brasileira em geral. Apesar de reconhecer a natureza coerciva e muitas vezes sádica desses relacionamentos, ele também indicou que envolviam a afeição sincera e a reciprocidade que terminariam gerando uma sociedade racial e culturalmente miscigenada. Em última instância, Freyre se interessava principalmente pela confirmação da centralidade dos afro-brasileiros na formação de uma cultura nacional mestiça.

Na época, a celebração de um Brasil mestiço representou um ponto de vista ousado e relativamente progressista. Muitos intelectuais da elite se baseavam nas teorias racistas de determinismo biológico que situavam os africanos na base de uma hierarquia racial. Alguns estudiosos se afligiam com os efeitos supostamente degenerativos da mistura racial. Outros acreditavam que a mistura racial aos poucos levaria ao "embranquecimento" do Brasil.[10] De todo modo, a população afro-brasileira era, em geral, considerada um impedimento à modernização e ao progresso. Contra esse pessimismo racial, Freyre elaborou a ideia de que a formação multirracial do Brasil representava um de seus pontos fortes e que os africanos, em particular, tinham realizado contribuições indispensáveis ao desenvolvimento de uma civilização tropical peculiar.

Hermano Vianna sugeriu que a visão exuberante de Freyre em relação ao hibridismo racial e cultural no Brasil pode ter sido em parte inspirada pelo encontro de Freyre com sambistas afro-brasileiros, durante uma visita ao Rio de Janeiro em 1926. Ele documenta uma noite memorável de samba, com Pixinguinha, Donga e Patrício Teixeira, do grupo seminal Os Oito Batutas, e membros da elite cultural, incluindo Freyre e Villa-Lobos. Freyre posteriormente escreveu um artigo entusiasmado, exaltando os músicos negros por revelar "o grande Brasil que cresce meio tapado pelo Brasil oficial e postiço e ridículo de mulatos a quererem ser helenos" (Vianna, 1995, p.27). O surgimento do samba urbano como um estilo distinto coincidiu aproximadamente com as primeiras transmissões de rádio no Rio de Janeiro. Pelo rádio, artistas brancos como Francisco Alves e Carmen Miranda popularizaram sambas estilizados e

---

10 Para uma descrição da ideologia racial da elite no Brasil, ver Skidmore, 1993.

orquestrados. Enquanto isso, as escolas de samba surgiam em bairros da classe baixa e favelas no Rio de Janeiro e rapidamente se tornavam a força dominante no carnaval. Outrora estigmatizado e até mesmo sujeito à repressão oficial, o samba urbano aos poucos se consagrou como a expressão musical mais exemplar da nação.

Segundo Vianna, esse processo dependia em grande parte de "mediadores transculturais", nos quais se incluíam músicos, intelectuais e políticos de variadas origens sociais. Na opinião de alguns compositores e músicos, a ascensão do samba os beneficiou com um significativo prestígio em suas comunidades e também fora delas, além de lhes ter proporcionado oportunidades de ganhar dinheiro. Para intelectuais e artistas modernistas, o samba poderia ser adorado como uma vibrante expressão popular que validava o projeto cultural nacionalista deles e lhes proporcionava a "matéria-prima" para seus próprios esforços criativos. Para os líderes políticos, o samba era particularmente útil como meio de expressar os interesses de um regime nacionalista e populista emergente.

A fase vanguardista do Modernismo e o surgimento do samba como modalidade musical popular nas cidades ocorreram nos últimos anos da Primeira República, um sistema político estabelecido em 1889, depois que Dom Pedro II foi deposto. O sistema político descentralizado que se consolidou durante a Primeira República favoreceu os interesses de uma pequena – porém economicamente poderosa – elite de produtores de café do Estado de São Paulo e seus aliados oligárquicos em outros estados, com destaque para Minas Gerais. Uma classe média urbana nascente e alguns setores militares se mostravam cada vez mais insatisfeitos com os acordos políticos favoráveis aos interesses agrários regionais. O final da década de 1910 e o início da década de 1920 testemunharam uma onda de greves de trabalhadores nas cidades e uma série de rebeliões militares lideradas por tenentes reformistas e nacionalistas do exército brasileiro. Em 1930, o ex-governador do Rio Grande do Sul Getúlio Vargas liderou uma última rebelião de tenentes que conseguiu derrubar o debilitado governo republicano de Washington Luís.

O regime nacionalista-populista de Vargas buscou centralizar a autoridade federal, integrar novos grupos sociais urbanos ao processo político, desenvolver a base industrial da nação e fomentar um senso de coesão social. A chamada Revolução de 1930 exemplificou o que Gramsci chamou de "revolução passiva", por ter sido executada de cima, com pouca participação popular (ver Coutinho, 1988, p.108-10), mas promoveu transformações radicais, instituindo direitos básicos para os trabalhadores e firmando alianças populistas com trabalhadores urbanos. Como promoção oficial da brasilidade pelo regime, atuou para mitigar tensões e conflitos baseados em diferenças sociais, raciais, étnicas e regionais. O regime nacionalista-populista de Vargas também precisava administrar o ambiente político beligerante do início da década de 1930, no qual comunistas, integralistas fascistas e constitucionalistas liberais competiam pelo poder. Diante do fantasma do caos político e da fragmentação nacional, Vargas e seus aliados militares aboliram os partidos políticos em 1937 e instituíram o regime autoritário do Estado Novo, que durou até 1945, quando Vargas foi deposto.[11]

A revolução nacionalista de 1930 criou novas oportunidades profissionais para artistas e intelectuais comprometidos com o nacionalismo cultural, dando início à institucionalização do Modernismo (Johnson, 1990, p.8-9). Nos anos do governo Vargas, a onda vanguardista da "fase heroica" recuou, à medida que os intelectuais modernistas se envolviam cada vez mais em atividades políticas e institucionais. Oswald de Andrade entrou no Partido Comunista em 1931, renunciando ao vanguardismo da antropofagia e alegando ser um "casaca-de-ferro da Revolução proletária".[12] Plínio Salgado, do grupo Anta, surgiu como líder dos Integralistas. Mário de Andrade ajudou a fundar uma instituição patrocinada pelo governo para promover a cultura brasileira e preservar o patrimônio nacional. Heitor Villa-Lobos regeu enormes corais cívicos organizados para enaltecer a nação por meio da música (ver Wisnik; Squeff, 1983, p.179-90). Após a implementação do Estado Novo, vários intelectuais modernistas foram trabalhar para a máquina de propaganda do governo ou servir nos corpos diplomáticos.

O movimento que havia começado principalmente como um projeto artístico se estendeu a outros campos da produção intelectual na década de 1930. Uma nova geração de historiadores e cientistas sociais, incluindo Gilberto Freyre, Sérgio Buarque de Hollanda e Caio Prado Junior, envolveu-se na "redescoberta do Brasil" (Mota, 1977, p.27-33). Esses intelectuais se interessavam principalmente pela vida social, econômica e cultural durante o período colonial e o significado desse legado para a sociedade brasileira moderna. Essa nova geração de acadêmicos estudou em particular o impacto social e cultural da escravidão e da economia das plantações sobre a formação nacional.

A "redescoberta do Brasil" demandava novas definições de identidade nacional. Freyre representou a linha de frente de uma tendência geral de contestar o determinis-

---

11 Getúlio Vargas mais tarde se reinventou como um populista democrata e foi eleito presidente com uma grande margem de votos, em 1950. Amargos conflitos políticos e escândalos marcaram seu mandato e, em 1954, ele se suicidou no palácio presidencial.

12 Para um texto autocrítico exemplar, veja o prefácio de 1933 de Oswald de Andrade a seu romance experimental *Serafim Ponte Grande,* 1990, p.37-39.

mo biológico, com suas implicações racistas, e celebrar a inigualável cultura mestiça do Brasil. Durante esse período, as práticas culturais – antes difamadas – dos negros urbanos pobres foram legitimadas como expressões autênticas de nacionalidade. Diferenças raciais e sociais foram agrupadas em um conceito unificado de cultura nacional baseado na mestiçagem. Renato Ortiz resumiu o processo nos seguintes termos: "A ideologia da mestiçagem estava aprisionada nas ambiguidades das teorias racistas. Ao ser elaborada pôde difundir-se socialmente e se tornar senso comum, celebrado ritualmente nas relações do cotidiano, ou nos grandes eventos como o carnaval e o futebol. O que era mestiço torna-se nacional" (Ortiz, 1985, p.41). A articulação de uma nacionalidade mestiça coincidiu com a construção do povo como categoria social e política. No Estado Novo, esse processo implicou a institucionalização do trabalhador urbano por meio de sindicatos controlados pelo Estado, e a apropriação simbólica de culturas de expressão popular como emblemas da nacionalidade. Nos anos 30, a confluência de mestiçagem e populismo nacionalista gerou um novo paradigma para a cultura brasileira.

Durante o autoritário Estado Novo de Vargas, músicos e compositores de samba se mobilizaram para enaltecer uma nação trabalhadora e unida. Temas de harmonia racial e exuberância natural eram especialmente destacados em canções associadas a um subgênero conhecido como "samba-exaltação", que enaltecia a nação brasileira. O exemplo mais famoso desse subgênero foi "Aquarela do Brasil", de Ary Barroso, um samba que celebrava a sensualidade e a beleza natural do Brasil. Em 1943, foi popularizado internacionalmente como a música-tema de "Saludos Amigos", o primeiro desenho animado latino-americano de Walt Disney, apresentando o malandro-papagaio brasileiro Zé Carioca ao público norte-americano. Sob a égide da "política da boa vizinhança", esse desenho animado fez parte de uma tentativa norte-americana de fomentar a solidariedade pan-americana visando desenvolver mercados lucrativos de exportação e atrair a América Latina para o grupo dos aliados durante a Segunda Guerra Mundial. O governo do Estado percebeu que a música popular brasileira representava não somente um veículo útil para incentivar o patriotismo no país, mas também uma forma potencialmente eficaz de projetar uma imagem nacional positiva no exterior.

POESIA DE EXPORTAÇÃO: DE CARMEN MIRANDA A TOM JOBIM

Em 1924, Oswald de Andrade exigiu uma "poesia de exportação", que fosse ao mesmo tempo enraizada nas culturas populares locais e engajada nas tendências internacionais modernas. Apesar de Oswald estar se referindo especificamente à produção literária, esse clamor também pode ser interpretado como uma sinédoque para todas as formas de produção cultural. A música popular se destacava como a forma mais exemplar de "poesia de exportação" do Brasil no século XX.[13] Isso não significa sugerir que o valor estético e social da música popular brasileira seja apenas uma função de sua capacidade de exportação e aprovação internacional. Na verdade, a aplicação do argumento de Oswald, como vários outros críticos a esse contexto, reconhece as credenciais literárias da música popular brasileira, sua significativa contribuição para a articulação da identidade cultural e seu papel central na projeção do discurso nacional brasileiro na esfera internacional.

Apesar de não ter sido a primeira artista que representou o Brasil a se apresentar no exterior e a conquistar reconhecimento internacional, Carmen Miranda foi a primeira artista a ter uma repercussão duradoura. Tendo iniciado a carreira no rádio e no cinema como cantora de sambas urbanos estilizados, foi contratada para ir aos Estados Unidos apresentar-se na Broadway em 1939 e mais tarde se tornou a mulher mais bem paga de Hollywood, graças ao seu dinâmico estilo performático, vocabulário gestual exuberante e figurino extravagante. Os turbantes, os acessórios compostos de vários tipos de frutas e os balangandãs eram estilizações das vestimentas utilizadas pelas baianas. Apesar de ter nascido em Portugal, ela incorporou simbolicamente a imagem de um Brasil mestiço.

Carmen Miranda foi adorada no Brasil, mas também foi fonte de constrangimento para alguns brasileiros porque sua *persona* hollywoodiana tipificava a natureza desigual dos fluxos culturais entre o Brasil e os Estados Unidos. Quando voltou ao Rio de Janeiro para uma breve visita em 1940, Carmen Miranda foi friamente recebida pelo público mais sofisticado, que considerava seu estilo "americanizado" demais.[14] Apesar de Carmen Miranda ter se tornado o mais famoso produto cultural brasileiro no exterior, seu repertório e estilo de apresentação figuravam como anacrônicos e estereotipados demais aos olhos de muitos músicos e críticos culturais. No ano de sua morte, 1955, a bossa-nova, um novo estilo musical, estava pronta para surgir na zona sul do Rio de Janeiro, predominantemente de classe média. A importância da bossa-nova para a elite e para a classe média brasileira – que a perceberam e dela se apropriaram – não pode ser superestimada (Mammí, 1992, p.64). É possível até

---

13 Para uma ampla visão da música popular brasileira e internacionalização, veja a introdução do livro de Perrone e Dunn, 2001.

14 Carmen Miranda mais tarde gravou um samba, "Disseram que voltei americanizada" (Luis Peixoto-Vicente Paiva), no qual ela respondia às críticas. Caetano Veloso gravou essa música em seu álbum ao vivo em 1992, *Circulado ao vivo*.

mesmo argumentar que a bossa-nova foi o primeiro movimento musical a produzir a cultura brasileira "de exportação" que Oswald de Andrade havia imaginado.

Os artistas que criaram a bossa-nova não se interessavam particularmente pelos temas do nacionalismo e da autenticidade que haviam definido as prioridades culturais dos anos 30 e 40. Eram todos ávidos apreciadores dos vocalistas norte-americanos, em especial Frank Sinatra, Billy Eckstine e Sarah Vaughn, e dos artistas de jazz da costa oeste dos Estados Unidos, como Chet Baker, Stan Getz e Gerry Mulligan, além de Miles Davis. A bossa-nova é muitas vezes considerada uma simples fusão de samba com jazz, apesar de muitos observadores também terem constatado a influência de cantores sentimentais brasileiros do passado, como Mário Reis e Orlando Silva.[15] Comparada com o samba-canção – um estilo vocal melodramático influenciado pelo bolero cubano –, a bossa-nova apresentava um estilo vocal sofisticado e contido, no qual as palavras eram quase sussurradas. A criação da bossa-nova envolveu dezenas de jovens músicos, mas as personalidades mais aclamadas foram o compositor e pianista Antônio Carlos Jobim (1927-1994), o poeta e diplomata Vinicius de Moraes (1913-1980) e o cantor e violonista João Gilberto (nascido em 1932), que inventou a batida e a vocalização distintivas desse estilo. A interpretação de 1958 de João Gilberto para a composição de Jobim-Moraes "Chega de saudade" marcou o início do movimento e provocou um enorme impacto sobre a música popular brasileira. Em sua história do movimento da bossa-nova, Ruy Castro se refere à canção como "um minuto e 59 segundos que mudaram tudo".[16]

As letras da bossa-nova da primeira fase (1958-1962) se concentravam na vida subjetiva, privada e individual, ao passo que referências à esfera pública (i.e., festivais populares, conflitos sociais e crises políticas) se faziam quase completamente ausentes. Essas canções normalmente apresentam um alto grau de integração lírica e musical no qual os interesses existenciais do artista ou protagonista imaginário correspondem à lógica harmônica da composição. David Treece caracterizou essa tendência das composições da fase inicial da bossa-nova como uma forma de "racionalidade ecológica", na qual os protagonistas e seu ambiente natural "convergem na direção de um equilíbrio de íntima comunhão e compreensão" (Treece, 1997, p.7). Esse efeito estético é evidenciado em "Desafinado" (Tom Jobim-Newton Mendonça) e foi adotado como uma espécie de manifesto musical da bossa-nova. Na composição, as discórdias

---

15 Júlio Medaglia, Balanço da bossa-nova. In: Augusto de Campos, 1974, p.81; Veloso, 1997, p.226.
16 Castro, 1990, p.175. Para relatos sobre a extensão do impacto da bossa-nova, ver o capítulo intitulado Vidas. In: Homem de Melo, 1976, p.13-62.

entre dois amantes encontram sua correspondência musical em acordes dissonantes. A fonte do conflito é então transferida para o âmbito da polêmica musical, quando a amante classifica o comportamento do protagonista como "antimusical", o que o leva a pedir compreensão: "Isso é bossa-nova / isso é muito natural".

No final da década de 1950 e início da de 1960, os músicos da bossa-nova se beneficiaram do apoio oficial dos governos de Juscelino Kubitschek e seus sucessores, Jânio Quadros e João Goulart. O Itamaraty pagou as passagens e hospedagem da primeira incursão da bossa-nova aos Estados Unidos, em 1962. Um grupo de músicos – incluindo Tom Jobim, João Gilberto, Carlos Lyra, Carmen Costa e Sérgio Mendes – apresentou um show histórico no Carnegie Hall, que consolidou o crescente sucesso e prestígio da bossa-nova nos Estados Unidos. Na época, o saxofonista tenor Stan Getz e o violonista Charlie Byrd já haviam popularizado a bossa-nova com o álbum *Jazz Samba*. Tom Jobim, João Gilberto e Stan Getz mais tarde gravaram *Getz/ Gilberto,* apresentando uma versão em inglês de "Garota de Ipanema", que, em 1964, se manteve nas listas de sucessos durante vários meses. Dezenas de composições da bossa-nova, com destaque para as canções de Tom Jobim, foram canonizadas como estandartes do jazz. Com o advento da bossa-nova, a música popular brasileira foi recebida no exterior primordialmente como uma expressão relacionada ao jazz.

O movimento da bossa-nova pode ser considerado uma expressão cultural do que Thomas Skidmore (1967, p.164-7) chamou de "anos de confiança". O estilo surgiu durante o governo de Juscelino Kubitschek (1956-1960), que prometeu "cinquenta anos [de progresso] em cinco" e, para demonstrar isso, promoveu a construção de Brasília, uma capital futurista e utópica localizada no Planalto Central. O governo seguia uma política de nacionalismo desenvolvimentista, abrindo uma nova fase de substituição das importações para atrair investimentos internacionais e locais de capital, promover a modernização da infraestrutura e reduzir as desigualdades sociais e regionais (Skidmore, 1967, p.164-70).

Antes de retornar à bossa-nova, cabe analisar resumidamente as importantes tendências intelectuais e literárias relacionadas à ideologia desenvolvimentista no Brasil. Ao longo da década de 1950, a base institucional mais influente para o desenvolvimento da teoria social e cultural era o Instituto Superior de Estudos Brasileiros (ISEB), cujos membros eram ideologicamente diversificados, mas em grande parte comprometidos com a promoção do desenvolvimento da infraestrutura e da consciência nacional. Um intelectual do ISEB, Roland Corbisier, argumentou que o Brasil era vítima de uma "situação colonial" já que se subordinava aos interesses imperialistas de nações dominantes como os Estados Unidos. Corbisier evocou o conceito de "alienação" para descrever a falta de consciência histórica necessária para o desenvolvimento de uma cultura nacional autônoma. Segundo ele, "em um contexto social globalmente alienado, a cultura está inevitavelmente condenada à inautenticidade" (Corbisier, 1960, p.78). Corbisier via a relação entre o colonizador e a colônia em termos da dialética hegeliana entre senhor e escravo.[17] Na proposta de Hegel, o escravo só podia compreender sua realidade como reflexo do desejo do senhor e, dessa forma, era desprovido de representação ou subjetividade histórica. Ao interpretar essa relação de forma dialética, Corbisier e seus colegas do ISEB sugeriam que a alienação cultural poderia ser superada pelo desenvolvimento de uma consciência nacional anti-imperialista.

O grupo do ISEB se mostrava particularmente comprometido com a ideia de uma revolução burguesa nacionalista que derrubaria o poder econômico e político da elite mercantilista, uma classe latifundiária ligada às exportações, que perpetuava a dependência neocolonial do Brasil em relação ao capital internacional. Nelson Werneck Sodré, outro intelectual do ISEB, argumentou que a "revolução brasileira" seria realizada pelo povo, que, de seu ponto de vista, era um grupo heterogêneo composto do proletariado urbano e de camponeses, além dos setores progressistas e nacionalistas da burguesia (Sodré, 1963, p.226). O grupo do ISEB interpretava dialeticamente o dilema do Brasil, mas sem o tipo de análise de classes que se esperaria de uma perspectiva histórica dessa natureza. Essa crítica anti-imperialista levava em consideração os interesses conflitantes entre os diversos grupos que teoricamente constituíam o povo. No início da década de 1960, o ISEB seria criticado por subestimar o conflito de classes, mas os principais conceitos do seu projeto, como a "consciência nacional" e a "alienação", continuariam relevantes para projetos culturais mais radicais, que serão discutidos no Capítulo 2.

Em muitos aspectos, a expressão suprema da ideologia desenvolvimentista foi a construção de Brasília, projetada pelo urbanista Lúcio Costa e pelo arquiteto Oscar Niemeyer. Um ousado monumento à alta arquitetura modernista, Brasília sinalizava o advento de um futuro otimista para o Brasil. Brasília era mais do que um mero símbolo da modernização; a nova capital da nação era considerada uma forma de transformar a sociedade e atingir a modernidade. Brasília integraria a vasta extensão territorial do país e se tornaria um "polo de desenvolvimento" para a nação (Holston, 1989, p.18). Costa e Niemeyer eram politicamente progressistas (o último pertencia ao Partido Comunista Brasileiro) e procuraram construir uma cidade que produzisse

---

17 Para uma discussão detalhada sobre a obra de Corbisier e a dialética hegeliana, veja Ortiz, 1995, p.58.

igualdade e harmonia, projetando áreas residenciais padronizadas nas quais pessoas de diversas classes sociais pudessem interagir. No início da construção, Kubitschek proclamou: "Deste Planalto Central, desta solidão que em breve se transformará em cérebro das mais altas decisões nacionais, lanço os olhos mais uma vez sobre o amanhã do meu país e antevejo esta alvorada, com fé inquebrantável e uma confiança sem limites no seu grande destino". O plano-piloto de Lúcio Costa para a cidade se assemelhava a um aeroplano: dois setores residenciais principais eram divididos em asas, os órgãos burocráticos governamentais formavam a fuselagem e a Praça dos Três Poderes (Executivo, Legislativo e Judiciário) se localizava na ponta da fuselagem. O Brasil, pelo que parecia, estava pronto para decolar.

A arquitetura modernista de Brasília apresentava claras afinidades com os poetas concretos, membros da vanguarda literária emergente de São Paulo. Em 1958, eles publicaram um manifesto literário na revista do movimento, a *Noigandres,* intitulado "Plano-piloto da poesia concreta", em uma referência direta ao plano-piloto de Lúcio Costa para Brasília. Os militantes da poesia concreta, Augusto de Campos, Haroldo de Campos e Décio Pignatari, situavam-se no vértice de uma tradição experimental elaborada por Stéphane Mallarmé, Ezra Pound, James Joyce e e. e. cummings. No âmbito literário nacional, a poesia concreta representava uma crítica aos poetas associados à Geração de 1945, uma reação neoparnasiana à utilização do verso livre, aos coloquialismos e à temática popular pela geração modernista anterior (Perrone, 1996, p.18). Na esfera internacional, a poesia concreta foi articulada como a vanguarda de meados do século proveniente de uma nação periférica. Não havia necessidade de "acertar o relógio" da literatura nacional para se manter atualizado em relação às tendências dos países dominantes. A vanguarda de São Paulo estava na linha de frente da experimentação formal e, portanto, constituía uma forma de "poesia de exportação". Nos anos que se seguiram, a poesia concreta ainda atrairia discípulos do mundo inteiro, mas também provocaria críticas incisivas de observadores brasileiros que a consideravam formalista demais e impermeável às "exigências nacionais" de países subdesenvolvidos como o Brasil (Gullar, 1969, p.35).

O projeto da poesia concreta foi uma intervenção crítica, teórica e estética multidimensional que passou por diversas fases. Utilizando uma linguagem livre da sintaxe convencional, os poetas concretos propunham a utilização de "palavras-coisas" funcionais que transmitissem instantaneamente o significado. Eles buscavam criar um "poema-produto" que, diferentemente da poesia lírica, pudesse ser um "objeto útil". Ao utilizar as tecnologias de comunicação da sociedade industrial, por exemplo imagens de propagandas, tencionavam revolucionar a linguagem poética. Tinham um interesse particular pela rápida comunicação possibilitada pela mídia de massa. Décio Pignatari explicou essa ideia em "nova poesia: concreta" (1956):

arte geral da linguagem. propaganda, imprensa, rádio, televisão, cinema. uma arte popular
a importância do olho na comunicação mais rápida: desde os anúncios luminosos até as histórias em quadrinhos. a necessidade do movimento. a estrutura dinâmica. O ideograma como ideia básica.

O diálogo dos poetas concretos com as artes visuais abriu novas possibilidades semânticas fora do âmbito da expressão discursiva ou metafórica. Ao vincular a experimentação de vanguarda aos avanços da mídia de massa, os poetas concretos tentaram reestruturar a relação entre a arte "erudita" e a arte "popular". Eles viam a indústria cultural não como uma intrusão indesejável, mas como um meio de produzir e disseminar a produção artística.

Os três principais fomentadores do movimento se faziam amplamente presentes na vida cultural brasileira como poetas experimentais, críticos musicais, teóricos literários e tradutores. Nos anos 60 e 70, eles foram fundamentais para a revisão crítica de Oswald de Andrade. Augusto de Campos foi um ativo acadêmico e crítico musical, que produziu numerosos artigos sobre a música popular e experimental. Sua vigorosa promoção e defesa da bossa-nova (e mais tarde da Tropicália) geraram importantes reflexões sobre a relação entre a poesia experimental, a música popular e a cultura nacional.

<><><><><><><><><><><><>

A BOSSA-NOVA E O DESENVOLVIMENTO

No final da década de 1950, as tendências conflitantes entre o nacionalismo econômico – considerado fundamental para o progresso social e a soberania nacional – e o desenvolvimento industrial – que dependia de grandes investimentos estrangeiros – se mostravam cada vez mais difíceis de ser reconciliadas. O efeito colateral negativo, resultante das estratégias desenvolvimentistas de Kubitschek (uma crise inflacionária), encontrou um curioso paralelo nos debates subsequentes sobre a bossa-nova. Nacionalistas argumentavam que a bossa-nova era excessivamente dependente da música estrangeira (especialmente do jazz), da mesma forma que a modernização industrial – que contava em grande parte com investimentos e empréstimos estrangeiros. Seu crítico mais cáustico, José Ramos Tinhorão, argumentava que a bossa-nova "constituía um novo exemplo (não conscientemente desejado) de alienação das elites brasileiras, sujeitas às ilusões do rápido processo de desenvolvimento com base no pagamento de *royalties* à tecnologia estrangeira" (Tinhorão, 1969, p.37-8). Desse ponto de vista, a bossa-nova não passava de um novo tipo de jazz que espelhava as relações econômicas desiguais entre a periferia e o centro. A bossa-nova era uma expressão musical na qual "a matéria-prima era brasileira e a forma, norte-americana".[18]

Segundo Tinhorão, a burguesia e a classe média brancas residentes na zona sul do Rio de Janeiro se alienaram da classe operária predominantemente negra que morava nas favelas do morro e na zona norte da cidade. A distância social levou ao desenvolvimento de um contexto jovem e de classe média desvinculado do samba, a tradição musical dos pobres urbanos. Para Tinhorão, a nova música de Tom Jobim, João Gilberto e outros representava uma traição à tradição, não uma inovação criativa ou um comentário baseado na tradição. Ele denunciava a "incapacidade dos jovens, desvinculados dos segredos da percussão popular, de sentir na própria pele os impulsos do ritmo negro" (Tinhorão, 1991, p.244). Antes da bossa-nova, os artistas da classe média mantinham o contato com a música popular das favelas para aprender os "segredos do ritmo negro". O distanciamento desse veículo de autenticidade os desencaminhou para o mundo estrangeiro do jazz. Em um artigo, Tinhorão descreve essa transgressão como uma crise familiar: "Filha de aventuras secretas de apartamento com a música americana – que é, inegavelmente, sua mãe –, a bossa-nova, no que se refere à paternidade, vive até hoje o mesmo drama de tantas crianças de Copacabana, o bairro em que nasceu: não sabe quem é seu pai".[19]

Tinhorão chegou a um posicionamento estagnado e até mesmo paternalista em relação à música popular brasileira. Ele lamentava o fluxo contínuo da cultura de massa consumida pela classe média, mas se encorajava com o fato de os pobres continuarem sendo os valentes guardiões da autenticidade cultural: "Enquanto isso, o povo, tranquilo na sua permanente unidade cultural, estabelecida pelo semianalfabetismo, e social, determinada pela pobreza e pela falta de perspectivas de ascensão, continua a criar e a cantar alegremente os seus sambas de carnaval, malhando no bumbo em seu vigoroso compasso 2/4" (Tinhorão, 1991, p.245). Em meados da década de 1960, essas críticas contra a bossa-nova viriam a provocar uma irônica réplica de Caetano Veloso: "A julgar pelo livro de artigos histéricos do sr. José Ramos Tinhorão [...] só a preservação do analfabetismo asseguraria a possibilidade de fazer música no Brasil".[20]

---

18 Veja a crítica de Tinhorão em Confronto música popular brasileira. *Revista Civilização Brasileira*, 3, 1965, p.307.

19 José Ramos Tinhorão, Bossa-nova vive um drama: não sabe quem é o pai. *Senhor*, abril-maio, 1963.

20 Caetano Veloso, Primeira feira de balanço, 1997, p.1. Esse artigo foi originalmente publicado na resenha cultural baiana *Ângulos*.

A crítica nacionalista da bossa-nova estava longe de ser hegemônica. O novo estilo usufruía o sucesso popular, e a elite cultural o recebeu de braços abertos como uma expressão da modernidade cultural. Os primeiros entusiastas da bossa-nova incluíram os poetas e compositores concretos associados à vanguarda musical de São Paulo. Como Tinhorão, Augusto de Campos também utilizou metáforas do comércio internacional e da economia global para analisar a bossa-nova, mas chegou a conclusões muito diferentes: "A bossa-nova deu a virada sensacional na música brasileira, fazendo com que ela passasse, logo mais, de influenciada a influenciadora do jazz, conseguindo que o Brasil passasse a exportar para o mundo produtos acabados e não mais matéria-prima musical (ritmos exóticos), 'macumba para turistas', segundo a expressão de Oswald de Andrade" (Campos, 1974, p.143).

De acordo com a "teoria da dependência", os países pobres sofrem de uma desvantagem estrutural em relação às nações desenvolvidas (ver Cardoso e Faletto, 1970, p.25-30). O Brasil dependia das nações do Primeiro Mundo para fornecimento de capital, tecnologia e "produtos acabados", incluindo maquinário industrial e bens de consumo. Em troca, o país só podia vender "matérias-primas" (produtos agrícolas e recursos minerais), sujeitas às vicissitudes do mercado internacional. Como o preço das matérias-primas subia em uma velocidade menor que o dos produtos acabados, o Brasil inevitavelmente seria deixado para trás, apesar de participar do comércio internacional. Em termos culturais, a dependência implicava que o Brasil consumiria produtos culturais "acabados" (i.e., refinados e complexos) do exterior, mas exportaria "matérias-primas" culturais (i.e., exóticas e pitorescas) para o consumo dos países dominantes. Augusto de Campos exaltava a bossa-nova por produzir um "produto acabado" tanto para consumo local como internacional.

Quarenta anos após o advento da bossa-nova, a análise desenvolvimentista de Augusto de Campos reapareceria em uma música do cantor e compositor tropicalista Tom Zé.[21] A canção começa observando que, no início de 1958, "o Brasil só exportava matéria-prima / essa tisana / isto é o grau mais baixo da capacidade humana". No final do mesmo ano, o Brasil tinha dado um enorme salto adiante: "Com a bossa-nova, exportava arte / o grau mais alto da capacidade humana". Como uma hipérbole calculada, a canção argumenta que o gênero teve um papel fundamental, propondo no refrão que "a bossa-nova inventou o Brasil". De fato, para o meio social e cultural de Tom Zé, que

---

21 A música de Tom Zé "Vaia de bêbado não vale" foi gravada em resposta a um incidente ocorrido em outubro de 1999 no qual João Gilberto foi vaiado por uma plateia da elite durante o show de inauguração do Credicard Hall em São Paulo.

começou a amadurecer no final da década de 1950, o advento da bossa-nova teve um enorme impacto. Muitos artistas que conquistaram reconhecimento nacional nos anos 60, com destaque para os tropicalistas, lembram a primeira vez em que ouviram pelo rádio a versão de João Gilberto para "Chega de saudade" como uma espécie de epifania.

Para a geração de artistas e intelectuais que atingiu a idade adulta no final da década de 1950 e começo da de 1960, a era da bossa-nova é sempre lembrada com carinho e nostalgia. A bossa-nova ainda é identificada com os "anos dourados" ou uma época de "inocência", especialmente no imaginário da classe média. Ronaldo Bôscoli, compositor de vários clássicos da bossa-nova, mais tarde iria se referir à época da bossa-nova como "um grande feriado nacional" (Castro, 1990, p.273). A associação do movimento com uma época de democracia, prosperidade e orgulho nacional se tornou mais pronunciada nas décadas seguintes à repressão política sob o governo militar. A bossa-nova também passou a simbolizar o prestígio cultural da música popular brasileira no contexto internacional. Após a morte de Tom Jobim, em 1994, um jornalista publicou este eloquente elogio: "Ele é o grande artista brasileiro. Ele é o Borges, o Picasso, o Beethoven daqui. Nossa suprema vingança. Na música popular, a Espanha, a Argentina, a Alemanha nunca tiveram um Tom Jobim".[22]

Em um artigo publicado no *New York Times,* Caetano Veloso contou a história de um show beneficente no Carnegie Hall em 1989, em prol de uma ação ambiental na Floresta Amazônica, com a participação de Elton John, Sting e Tom Jobim.[23] Antes da apresentação, corriam rumores de que, quando Tom Jobim e sua banda começassem a tocar "Garota de Ipanema", Elton John subiria ao palco travestido de Carmen Miranda. Por respeito a Jobim, o plano aparentemente foi cancelado por temor de que o público norte-americano se fixasse na identidade que relacionava Jobim e Miranda, sem compreender as significativas diferenças entre eles. Para os brasileiros cosmopolitas, a bossa-nova era uma sofisticada expressão musical merecedora de respeito internacional, ao passo que Carmen Miranda evocava um exotismo vulgar que se curvava aos estereótipos de sensualidade "latina". Para Caetano, a simples ideia dessa atuação improvisada naquele contexto específico era altamente sugestiva porque indicava a presença de Carmen Miranda pairando como um fantasma ao redor dos músicos brasileiros, sempre que se apresentavam no exterior.[24] Ele não estava sugerindo que a

---

22 Triste é viver sem Tom Jobim, *Veja,* 14 dez. 1994, p.116-25.

23 Ver Veloso, Carmen Miranda Dada, *Folha de São Paulo,* 22 out. 1991, resumido e traduzido para o inglês com o título Caricature and Conqueror, Pride and Shame, *New York Times,* 20 out. 1991. Uma tradução completa do artigo original foi reproduzida em Perrone e Dunn, 2001.

24 Veja o comentário de Veloso sobre Carmen Miranda em Dunn, The Tropicalist Rebellion, p.131-5. A mesma entrevista foi publicada originalmente em português, Caetano Veloso: Tropicalismo Revisitado, na revista *Brasil/Brazil.*

música brasileira contemporânea se pareça com os sambas de Carmen Miranda, nem que os estrangeiros necessariamente pensam nela quando ouvem a música brasileira. Em vez disso, ele buscava apontar caminhos nos quais a diversidade cultural brasileira muitas vezes foi empobrecida e transformada em estereótipos para o consumo estrangeiro. No entanto, foi justamente a iconografia vulgar de Carmen Miranda que, mais tarde, iria inspirar os irreverentes ataques de Caetano, no movimento tropicalista, contra a civilidade e o decoro musical.

A prescrição de Oswald de Andrade para que se produzisse uma "poesia de exportação" brasileira foi consumada com mais sucesso na esfera da música popular. Ficou claro, porém, que o prestígio cultural internacional não anunciava necessariamente a modernização econômica e social. Ao mesmo tempo em que a bossa-nova alcançava sucesso popular e de crítica no exterior, os artistas no Brasil estavam, mais uma vez, se voltando para as contradições sociais do país, em uma tentativa de mobilizar as massas a serviço de transformações revolucionárias.

2
PARTICIPAÇÃO, MÚSICA POP E O SOM UNIVERSAL

O movimento tropicalista se consolidou perto do fim de uma década tumultuada, marcada pela intensificação do ativismo de esquerda e pelo golpe militar reacionário de 1964, que visava ocupar o lugar de qualquer movimento de transformação social radical. Discussões sobre o papel que cabia ao artista em relação a movimentos políticos e sociais progressistas orientaram grande parte da produção cultural durante esse período. Os anos 60 também testemunharam a consolidação de uma indústria cultural nacional que buscava atingir os mercados de consumo, principalmente nas áreas urbanas. Com o golpe militar, o Estado investiu significativamente em tecnologias da mídia de massa, tentando exercer influência ideológica sobre todo o território nacional.

Essas transformações produziram percepções e definições conflitantes em relação às "massas" na sociedade brasileira. Ativistas políticos e culturais da esquerda muitas vezes identificavam essa maioria explorada e oprimida como "o povo", uma designação de ressonâncias tanto populistas como revolucionárias baseada na convicção de que as massas representavam agentes potenciais de transformação social. Por outro lado, tecnocratas da indústria cultural tendiam a considerar as massas "o público", uma designação que focava o potencial do grupo como consumidor de cultura. Essas definições conflitantes salientavam uma tensão dentro da comunidade artística: alguns artistas se posicionavam como profissionais trabalhando em indústrias culturais cada vez mais competitivas e outros se definiam, em primeiro lugar, como ativistas políticos. Renato Ortiz resumiu essa tensão como "uma dicotomia entre trabalho cultural e expressão política" (Ortiz, 1988, p.164).

Essa dicotomia não foi exclusividade do Brasil durante a década de 1960. Néstor García Canclini descreveu uma espécie de dupla consciência entre artistas de toda a América Latina que trabalhavam na indústria cultural na época:

> Estabeleceu-se um confronto entre a lógica socioeconômica do crescimento do mercado e a lógica voluntarista do culturalismo político, particularmente dramático quando produzido dentro de determinado movimento ou mesmo entre as mesmas pessoas. As pessoas que promoviam a racionalidade expansiva e renovadora do sistema sociocultural eram as mesmas que queriam democratizar a produção artística. Ao mesmo tempo em que levavam ao extremo as práticas da diferenciação simbólica – experimentação formal, a ruptura com o senso comum –, elas buscavam se fundir com as massas. (Garcia Canclini, 1990, p.83)

Duas tensões básicas, frequentemente convergentes, orientaram a obra dos produtores culturais latino-americanos engajados com a comunicação de massa: entre a racionalidade do mercado e o comprometimento político e entre a experimentação formal e o apelo às massas. As motivações profissionais e políticas, é claro, nem sempre eram mutuamente exclusivas. Muitos dos artistas, cujas ideias serão discutidas neste capítulo, pensavam simultaneamente em progresso na carreira, ativismo político e inovação formal. Os músicos tropicalistas foram únicos, contudo, ao explicitar as tendências conflitantes da participação voltada aos interesses cívicos, do sucesso profissional e do experimentalismo estético em um mercado emergente para a música pop. Essa tensão foi fundamental também para a abordagem estética da música popular brasileira promovida pelos tropicalistas. O músico e crítico Luiz Tatit demonstrou que, entre 1967 e 1968, Caetano Veloso tinha um projeto duplo, comprometido simultaneamente com a inovação estética radical e com o legado dos grandes cantores de rádio da pré-bossa nova, como Orlando Silva e Nelson Gonçalves, que se incluem entre as primeiras celebridades da mídia moderna no Brasil. De acordo com Tatit, Caetano tinha, por um lado, "um projeto explícito e ruidoso comprometido com a ruptura e dessacralização de padrões coercitivos que imperavam na MPB da época e, por outro, um projeto "implícito e em tom mais paciente que buscava reaver, na nova era, o *ethos* da canção de rádio" (Tatit, 1996, p.83). Esse duplo projeto precisaria necessariamente confrontar outra tensão produzida entre o nacionalismo e o cosmopolitismo na cultura brasileira. Em uma tentativa de sintetizar essas tendências conflitantes e muitas vezes contraditórias, Caetano Veloso e Gilberto Gil propuseram o que chamaram de "som universal", que representou o prelúdio da Tropicália.

✕✕✕✕✕✕✕✕✕✕✕✕✕✕✕✕

CULTURA E AÇÃO SOCIAL NO INÍCIO DOS ANOS 60

Em uma das várias biografias escritas por intelectuais brasileiros, Luiz Carlos Maciel afirmou que a principal crença da juventude de sua geração era "a atribuição à arte de uma função transformadora da sociedade" (Maciel, 1996, p.73). É importante manter em mente que Maciel entende por "sua geração" aquela que se restringe à sua classe social, formação educacional e, até certo ponto, localização geográfica. A geração à qual Maciel se refere inclui estudantes da classe média urbana e jovens profissionais, em especial aqueles envolvidos na produção cultural ou no ativismo político, como músicos, cineastas, dramaturgos, atores, artistas visuais, educadores, jornalistas, líderes estudantis e organizadores trabalhistas. Esse segmento da população constituía uma minoria na geração do próprio Maciel, mas foi uma minoria com acesso desproporcional à mídia eletrônica e impressa e outras redes institucionais, como universidades, museus, centros culturais e órgãos públicos.

O projeto desenvolvimentista levou a resultados ambíguos. O desenvolvimento da infraestrutura e da indústria viu consideráveis progressos, movimentos artísticos, como a bossa-nova e a poesia concreta, conquistou reconhecimento internacional e a nação ganhou uma nova capital federal, que simbolizou, para muitos, o advento da modernidade no Brasil. Ao mesmo tempo, o Brasil continuou a ser um país de grandes disparidades regionais e desigualdades sociais. As prioridades modernizadoras, características do governo Kubitschek, empalideciam cada vez mais diante de exigências de transformações sociais mais profundas. A Revolução Cubana de 1959, com seus objetivos nacionalistas e socialistas, inspirou profundamente artistas e intelectuais progressistas em toda a América Latina. No Brasil, o exemplo cubano contribuiu para novos projetos culturais enfatizando a arte "participativa", que envolveria diretamente as massas. Com base nas categorias conceituais esboçadas por Michael Lowy e Robert Sayre, Marcelo Ridenti argumentou que a maioria dos artistas de esquerda no Brasil, durante a década de 1960, adotou o espírito do "romantismo revolucionário" caracterizado por uma busca pelas "raízes" nacionais e uma crítica radical da modernidade capitalista (Ridenti, 2000, p.55-7).

No Brasil daquela época, costumava-se referir coletivamente aos partidos políticos de esquerda ou progressistas, aos movimentos sociais e aos grupos culturais como "as esquerdas". O termo mostra que as forças progressistas no Brasil são divididas em grupos com frequência antagônicos e que, além disso, de alguma forma elas são relativamente imaginadas como uma força coletiva que tem adversários em comum e metas similares. Na política da década de 1950, o Partido Trabalhista Brasileiro (PTB) atuava como uma organização nacionalista e populista apoiada por uma parcela significativa de eleitores da classe trabalhadora. Apesar de oficialmente proscrito, o Partido Comunista Brasileiro (PCB) surgiu como o partido dominante de esquerda, defendendo uma revolução burguesa nacionalista como um cauteloso primeiro passo na direção de transformações mais radicais. Além de vários partidos de esquerda menores, como o Partido Socialista Brasileiro (PSB) e o Partido Comunista do Brasil (PC do B), diversas organizações progressistas não partidárias, incluindo sindicatos de trabalhadores, ligas camponesas, grupos católicos progressistas e o movimento estudantil, atuavam na política local, regional e nacional.[1]

Os primeiros anos da década pareciam acenar com uma grande promessa para aqueles que desejavam a transformação progressista da sociedade brasileira ou estavam ativamente envolvidos em tentativas de transformá-la. Na linha de frente dessa luta estava o Centro Popular de Cultura (CPC), uma organização cultural de esquerda com foco nacional, fundada em 1962 sob a égide da União Nacional dos Estudantes (UNE). Estruturado, em parte, com base no Movimento de Cultura Popular (MCP), um programa de alfabetização patrocinado pelo governo de Pernambuco, utilizava os métodos do renomado educador brasileiro Paulo Freire. Artistas proeminentes participaram do CPC, entre eles o dramaturgo Oduvaldo Vianna Filho, o cineasta Carlos Diegues, o poeta Ferreira Gullar e os músicos Carlos Lyra, Sérgio Ricardo e Geraldo Vandré. Como os teóricos do ISEB, os líderes intelectuais do CPC denunciavam a dependência do Brasil em relação ao capital estrangeiro e defendiam uma política econômica mais nacionalista. Criticavam a ampla presença e distribuição de produtos culturais de nações desenvolvidas, particularmente dos Estados Unidos, como uma causa da alienação política. Em geral, os ativistas do CPC se viam como uma vanguarda cultural e política capaz de conduzir as massas rurais e urbanas em direção à revolução social. O CPC foi fundado durante o governo de João Goulart, um defensor dos direitos dos trabalhadores e, por isso, alvo de profunda desconfiança por parte dos líderes conservadores civis e militares. Durante o mandato de Goulart, o momento histórico parecia se inclinar para a esquerda e o presidente se voltava cada

---

1 Para uma discussão detalhada da esquerda no Brasil na década de 1960, ver Ridenti, 1994, p.25-9, e Skidmore, 1967, p.224-8.

vez mais para as organizações populares radicais, a fim de obter o apoio político delas (Skidmore, 1967, p.284-93).

Cabe analisar a teoria e a prática do CPC durante esse breve período sob o mandato de Goulart, quando as forças progressistas ganhavam impulso. O CPC tinha como missão aumentar a consciência política por meio de atividades educativas e culturais voltadas para as massas, ao mesmo tempo em que buscava forjar uma ampla aliança de trabalhadores, camponeses, intelectuais, artistas e nacionalistas radicais entre os militares. Atuando em várias frentes, o CPC encenava peças teatrais *agitprop* (de agitação e propaganda) diante de portões de fábricas e em bairros operários, produzia filmes e discos, além de publicar livros pedagógicos para consumo popular. O projeto do CPC se baseava na ideia de que a revolução não poderia ser atingida apenas por meio de ativismo sindical e política eleitoral. As transformações sociais e políticas só poderiam ser a consequência de uma mudança revolucionária na mentalidade do povo, e a cultura popular seria o veículo para essa luta. Walnice Galvão caracterizou o experimento do CPC como um "ensaio geral de socialização da cultura", que buscava montar o palco para uma transformação social coletiva (Galvão, 1994, p.186). Contra as concepções folclóricas da cultura popular como práticas atemporais tradicionais que deveriam ser preservadas e protegidas, o CPC elaborou a concepção a proposta de que a cultura popular poderia ser um agente para aumentar a consciência e resistir aos efeitos alienantes do imperialismo cultural. Recorrendo ao programa cultural do Partido Comunista Brasileiro, os artistas e intelectuais do CPC defendiam um paradigma nacional-popular para a produção cultural com base na convicção de que só o "popular" era autenticamente nacional.[2]

A definição de "popular" passou a ter um interesse central para artistas e intelectuais do CPC. Um dos principais teóricos, Carlos Estevam, distinguia três categorias gerais de cultura não elitista ou popular: arte do povo, arte popular e arte popular revolucionária.[3] A "arte do povo" denotava que as práticas culturais eram organicamente ligadas à vida material cotidiana das comunidades, como a música folclórica, as danças tradicionais, o artesanato e a religião popular. Do ponto de vista de Estevam, a arte do povo nunca ia além de uma "tentativa tosca e desajeitada de exprimir fatos triviais", sem "outra função que não a de satisfazer necessidades lúdicas e de ornamento".

---

2 Ver Ortiz, 1985, p.75. Ortiz observa que o entendimento do CPC em relação ao "nacional-popular" não era coextensivo com a formulação de Gramsci em *Cadernos do Cárcere*, que via a cultura como uma luta por hegemonia e não uma questão de alienação da expressão nacional "autêntica".

3 Estevam, 1962, p.90-4. Uma tradução resumida bastante útil da declaração de princípios de Estevam foi publicada em Johnson; Stam, 1995, p.58-63.

Ele desdenhava igualmente a arte popular, criada e distribuída por profissionais da indústria cultural, como a música de rádio, novelas e filmes baseados em romances, aventuras e comédias leves. Estevam rejeitava a arte popular como uma "distração", uma forma de entretenimento "escapista" para as massas.

Segundo Estevam, essas duas categorias de expressão artística, em última instância, não eram verdadeiramente populares, como ele sugere em sua máxima: "Fora da arte política não há arte popular" (Johnson; Stam, 1995, p.93). De acordo com essa análise, "popular" não se refere à cultura produzida pelo povo, mas sim à cultura voltada ao ativismo social e político. A única manifestação autêntica de cultura popular era a arte popular revolucionária capaz de mobilizar as massas. Estevam acreditava que as massas brasileiras eram incapazes de produzir arte popular revolucionária por serem política e culturalmente alienadas da realidade nacional. Uma vanguarda revolucionária de intelectuais era necessária para desenvolver a conscientização das massas e incitá-las à ação. A orientação neoleninista do CPC provou ter sérias limitações por se basear em critérios paternalistas e etnocêntricos no que se refere à categoria do "popular". A premissa básica de que a cultura popular deveria ser gerada por uma elite cultural "esclarecida" e depois levada às massas contradizia as próprias pretensões democráticas do CPC.

Em seu programa para o CPC, Estevam também criticava as vanguardas artísticas, representadas principalmente pelos poetas concretos, apesar de reconhecer que as vanguardas artísticas – como os poetas concretos – produziam arte "desalienada" ou não conformista, confrontando a estética burguesa tradicional. Elas não eram consideradas revolucionárias porque não conseguiam se comunicar com o público em geral. Nessa perspectiva, os artistas sempre devem privilegiar a comunicação antes da experimentação formal; caso contrário, as massas nunca serão capazes de compreender suas obras. A veia comunicativa do CPC se fez mais presente em "Cadernos do povo", uma série de livretos didáticos que incluiu uma antologia em três volumes de poesia engajada intitulada *Violão de rua.* Defendendo a necessidade de uma poesia centrada no conteúdo, os escritores filiados ao CPC se posicionavam contra os poetas concretos, a vanguarda literária dominante no Brasil (Perrone, 1996, p.75). Para os poetas concretos, a experimentação formal com a sintaxe não verbal e a nova mídia não excluíam a comunicação de massa, ao passo que, para os poetas do CPC, a comunicação com o povo era necessariamente baseada na clareza discursiva.

Valores artísticos similares orientaram a produção do LP *O povo canta,* que evitava o sentimentalismo e a sofisticação musical da bossa-nova para dar lugar a canções populares mais simples, que abordavam a experiência do povo trabalhador. O texto de capa do LP afirma que as canções representam uma "nova experiência em música popular", na qual "os elementos autênticos da expressão coletiva são utilizados para atingir uma forma eficaz de comunicação com o povo [para] esclarecê-lo" (Berlinck, 1984, p.35). Essa abordagem programática e paternalista reduzia as possibilidades de sucesso do projeto do CPC e, consequentemente, muitos de seus eventos não conseguiram atrair a atenção da classe operária. A maioria dos críticos, incluindo ex-líderes do CPC, mais tarde admitiria que as produções do CPC eram politicamente ingênuas, esteticamente retrógradas e, em alguns casos, condescendentes em relação ao público-alvo.[4]

Apesar dessas limitações, o projeto do CPC foi um experimento ousado no ativismo cultural, pois levantou importantes questões quanto ao papel dos intelectuais na transformação da sociedade, à eficácia da arte na mobilização política e ao valor da experimentação formal. Em grande parte, não se tratava meramente de uma iniciativa demagógica, mas de um esforço coordenado para superar barreiras sociais e produzir coletivamente uma arte politizada. Alguns observadores se lembram afetuosamente do início dos anos 60 como um período de grandes promessas de transformação social. Ainda naquela década, durante o auge da repressão militar, Roberto Schwarz se lembraria: "O vento pré-revolucionário descompartimentava a consciência nacional e enchia os jornais de reforma agrária, agitação camponesa, movimento operário, nacionalização de empresas americanas etc. O país estava irreconhecivelmente inteligente" (Schwarz, 1978, p.69). O país podia ter ficado mais "inteligente" em alguns aspectos, mas não se apresentava suficientemente mobilizado para apoiar o governo Goulart e resistir efetivamente a um golpe militar da direita. Os conspiradores militares que acionaram um movimento armado contra o governo no dia 1º de abril de 1964 encontraram pouca resistência popular. O golpe levou a um regime militar autoritário e pró-capitalista, marcando o fim do experimento democrático do Brasil entre 1945 e 1964. A cultura de populismo de esquerda, contudo, mostrou-se mais resistente do que o sistema político do qual surgiu. As energias utópicas do experimento do CPC foram transferidas para novas arenas.

MODERNIZAÇÃO CONSERVADORA E PRODUÇÃO CULTURAL

Longe de ser um mero hiato na luta popular pelo poder político, o golpe militar de 1964 deu início a um prolongado período de governo autoritário. Os Estados Unidos atuaram como o mais importante aliado estrangeiro do regime, reconhecendo

---

4 O dramaturgo Oduvaldo Vianna Filho, por exemplo, criticou as pretensões românticas dos eventos de conscientização e exigiu mais complexidade estética nas produções que buscavam atrair as massas. Veja Damasceno, 1996, p.106-8.

imediatamente sua legitimidade e ajudando o novo governo a assegurar empréstimos com o Fundo Monetário Internacional e o Banco Mundial. Ao mesmo tempo, o novo governo militar do general Humberto Castelo Branco implantou medidas austeras elaboradas para controlar a inflação e atrair investimentos externos. Sob os governos civis precedentes, a modernização era em grande parte concebida como um processo de duas frentes: o desenvolvimento da infraestrutura e a transformação social. O regime militar buscava uma política de modernização conservadora dependente de investimentos estrangeiros, que intensificava a primeira e suprimia a última.

Com o golpe militar, valores sociais e culturais arcaicos e reacionários ganharam ascendência. Demonstrações públicas iniciais de apoio aos militares sugeriam uma reafirmação do patriotismo raso, do catolicismo tradicional, de valores familiares patriarcais e de um vigoroso anticomunismo. As ações mais prementes para o regime que sucederam de imediato ao golpe foram a supressão da esquerda radical e a desmobilização dos movimentos sociais e culturais populares nas cidades e no campo. Para artistas e intelectuais progressistas, uma das mais sérias consequências do golpe foi a interdição da UNE e do CPC. Enquanto isso, movimentos de trabalhadores e camponeses foram rapidamente suprimidos e seus líderes, detidos, torturados e, em alguns casos, executados. O regime deu início a uma série de remoções no serviço público, nas forças armadas e em cargos eleitos, mas, ao mesmo tempo, tentava manter uma fachada de governo democrático, permitindo, em 1966, a formação de dois partidos políticos civis, a Aliança Nacional Renovadora (ARENA), pró-governo, e a oposição, o Movimento Democrático Brasileiro (MDB).

Durante os primeiros anos de governo militar houve relativa liberdade artística e a cultura de protesto floresceu nos principais centros urbanos. Isso levou a uma curiosa situação na cultura brasileira, que Roberto Schwarz mais tarde descreveu nos seguintes termos: "Apesar da ditadura de direita, há uma relativa hegemonia cultural da esquerda no país" (Schwarz, 1978, p.62). É necessário ter em mente que a hegemonia cultural da esquerda se restringia aos limites de um meio social urbano relativamente pequeno. Se os artistas da esquerda tivessem ocupado uma posição hegemônica na sociedade brasileira como um todo, a resistência ao golpe teria sido mais intensa.[5] O regime tolerava a cultura de protesto, contanto que fosse produzida para um público limitado de progressistas das classes média e alta. A violência do Estado e a repressão legal também foram mitigadas por questões de classe social, refletindo o que Anthony Pereira chamou

---

5 Ridenti criticou a análise de Schwarz, argumentando que "esboçou-se a geração de uma hegemonia alternativa, ou contra-hegemonia, que acabou sendo quase totalmente abortada e incorporada desfiguradamente pela ordem vigente". Ver Ridenti, 1994, p.91-2.

de "elitismo liberal" do regime militar (Pereira, 1998, p.55). Enquanto o experimento do CPC buscava minimizar as diferenças culturais entre os intelectuais progressistas e os trabalhadores, o período pós-golpe foi caracterizado por uma conspícua separação das classes sociais. A cultura de protesto, durante esse período, foi produzida principalmente para um público relativamente pequeno, mas bastante conectado com a mídia.

O governo de Castelo Branco promovia um retorno aos valores sociais arcaicos e conservadores, embora também se comprometesse com a modernização capitalista sob a orientação dos tecnocratas. As autoridades militares incentivavam o setor privado a desenvolver a indústria das comunicações, mas a submetia ao controle do Estado. A expansão e modernização das redes de comunicação, especialmente o rádio e a televisão, fizeram parte de uma iniciativa mais ampla para atingir a "integração nacional" e o controle ideológico sobre a sociedade civil, uma estratégia codificada na Lei de Segurança Nacional, de 1967 (Ortiz, 1988, p.114-5). As autoridades militares consideravam as redes de comunicação de massa uma ferramenta essencial para fomentar o patriotismo e promover o apoio ao regime. Sob a égide do regime militar e com o apoio financeiro e técnico do conglomerado de mídia American Time- Life, uma nova estação de televisão, a TV Globo, foi lançada em 1965. Até o final da década, a Globo tinha se tornado a maior estação de televisão do Brasil e a primeira a montar uma rede nacional.

Os avanços sociais não acompanharam a modernização tecnocrática. Dados do Instituto Brasileiro de Geografia e Estatística (IBGE) demonstram que índices de desenvolvimento social não acompanharam a modernização da indústria de comunicação.[6] Os dados do IBGE sugerem avanços relativamente modestos no nível de alfabetização e infraestrutura (i.e., acesso a água encanada e eletricidade), além de um aumento significativo no número de residências com eletrodomésticos culturais, como rádios e televisores. O número de estações de rádio cresceu rapidamente na década de 1950 (um aumento de quase 225%) para desacelerar consideravelmente nos anos 60 (um aumento de cerca de 37%). Durante a década de 1960, o número de estações de televisão aumentou de 15 para 52, o que representa 250%. Durante o mesmo período, o número de aparelhos de televisão nos lares brasileiros cresceu exponencialmente. Segundo uma estimativa, havia 4,5 milhões de televisores no Brasil em 1970 contra os meros 78 mil em 1958 (Mattos, 1982, p.32). O processo de modernização evidenciou nítidas assimetrias regionais no que se refere ao desenvolvimento humano, à infraestrutura e à tecnologia. Em 1970, a taxa de alfabetização da Bahia permaneceu um pouco acima dos 40%, ao passo que mais de 75% da população do Estado de São Paulo sabia ler e

---

6 Os dados foram coletados do Sétimo e Oitavo Censos Gerais de 1960 e 1970, conduzidos pelo IBGE.

escrever. Apenas 12,8% de todas as residências baianas tinham água encanada, 22,8% tinham eletricidade e 36,65% tinham rádios, ao passo que os mesmos índices para São Paulo eram de 58,5%, 80,4% e 80,5%, respectivamente. Em 1970, praticamente a metade de todas as residências paulistas tinha televisores, contra apenas 3,3% na Bahia. A infraestrutura do Brasil se desenvolvia rapidamente, mas de forma desigual. O regime abandonou a doutrina do desenvolvimentismo, com seu interesse pelo progresso social, e adotou um programa de modernização conservadora, que privilegiava a concentração de capital e os avanços tecnológicos (Ianni, 1994, p.151).

O NORDESTE, A BAHIA E A MODERNIDADE

Os dados estatísticos citados são expressivos, sobretudo ao considerar que os artistas – que mais tarde articulariam o movimento tropicalista – nasceram em pequenas cidades da Bahia, no Nordeste do Brasil. Por ter abrigado as maiores plantações de cana-de-açúcar da era colonial, o litoral nordestino foi o privilegiado cenário de *Casa-grande & senzala,* de Gilberto Freyre, que defendia a compreensão das relações sociais entre a casa-grande e a senzala como um modelo trans-histórico para a cultura e a sociedade brasileiras. Os moradores das cidades litorâneas costumavam perceber o sertão como um fim de mundo empobrecido, terra de fanáticos religiosos messiânicos, bandidos sem lei, coronéis implacáveis e uma classe de camponeses miseravelmente explorados. Na década de 1930, vários escritores modernistas com interesses regionalistas e social-realistas representaram o Nordeste rural como um local de nostalgia por um mundo patrimonial perdido para a modernização e a urbanização, ou como um local de abjeta pobreza e injustiça levando à revolta social. Artistas e intelectuais progressistas do início dos anos 60 – especialmente aqueles filiados ao CPC e às ligas de camponeses – evocavam o Nordeste rural como um símbolo dos problemas sociais endêmicos do Brasil e das disparidades sociais, além de um local de autênticas culturas populares que poderiam ser úteis para um projeto cultural nacional-popular anti-imperialista.[7]

O grupo de músicos baianos, que mais tarde lançaria o movimento tropicalista, mantinha um vínculo ambíguo com o Nordeste em relação a como a região era vista nas cidades mais desenvolvidas no Sul. Eles se sensibilizavam com as condições materiais nas quais as pessoas eram forçadas a viver e sentiam-se motivados pelo projeto do CPC e de

---

7 Para uma crítica sobre a construção do Nordeste do Brasil no imaginário nacional, ver Albuquerque, 1999.

outros movimentos sociais e culturais progressistas. Cosmopolitas, liam revistas do Rio de Janeiro, acompanhavam o cinema nacional e internacional, escutavam as rádios e se inspiravam na bossa-nova, Enfim, também estavam ansiosos para participar da "modernidade" e suas várias manifestações no Brasil.[8] Depois de se mudarem para o Sul do país em meados dos anos 60, ocasionalmente expressavam irritação com as percepções estereotipadas do Nordeste como uma região uniformemente rústica e empobrecida.

Os futuros tropicalistas vinham de diversos contextos sociais e culturais. Tom Zé (nascido em 1936) descreveu Irará, sua cidade natal no sertão da Bahia, como uma cidade "pré-Gutemberg", já que lá a troca de informações e a transmissão de conhecimento dependiam primariamente da comunicação oral. O pai tinha uma loja de tecidos em que Tom Zé passava o tempo aprendendo com as conversas entre os clientes locais: "O balcão da loja do meu pai foi a universidade mais sofisticada que já frequentei" (Dunn, 1994, p.116-8). Caetano Veloso (nascido em 1942) e sua irmã Maria Bethânia (nascida em 1946) cresceram em uma família da classe média baixa em Santo Amaro da Purificação, na região litorânea conhecida como Recôncavo Baiano, ao redor da Bahia de Todos os Santos. Ao contrário da evocação que Tom Zé faz de Irará, Caetano descreve sua pequena cidade natal como um lugar onde os jovens ouviam bossa-nova, rock 'n' roll norte-americano e os últimos boleros de Cuba e do México. Era possível se manter atualizado com as tendências do cinema francês e italiano. Como diz em sua biografia, Santo Amaro parecia oferecer praticamente de tudo para o adolescente Caetano Veloso: "Ali descobri o sexo genital, vi *La strada,* me apaixonei pela primeira vez (...) li Clarice Lispector e – o que é o mais importante – ouvi João Gilberto" (Veloso, 1997, p.28). Gilberto Gil (nascido em 1942) é de uma família negra relativamente privilegiada da classe média (o pai era médico) e passou a infância na pequena cidade rural de Ituaçu antes de se mudar para Salvador, capital do Estado da Bahia, no início dos anos 50, para estudar. Na década de 1970, já envolvido no movimento da consciência negra, Gil descreveu nos seguintes termos para o *Jornegro* sua vida familiar: "Sou filho de uma família mulata em todos os sentidos. Meus pais são mulatos de cor, de consciência e de cultura, puxando pro lado branco. Quer dizer, buscando emancipação da família e dos filhos através de toda uma padronagem branca da sociedade".[9] A família de Gil ocupava uma posição relativamente confortável na ordem sociorracial personalista e não confrontadora evocada pelo famoso samba de Dorival

---

8 Veja, por exemplo, o relato do próprio Veloso sobre sua formação intelectual na entrevista "Conversa com Caetano Veloso". In: Augusto de Campos, 1974, p.201.

9 Ver Gilberto Gil, *Jornegro* 2, n.7, 1979.

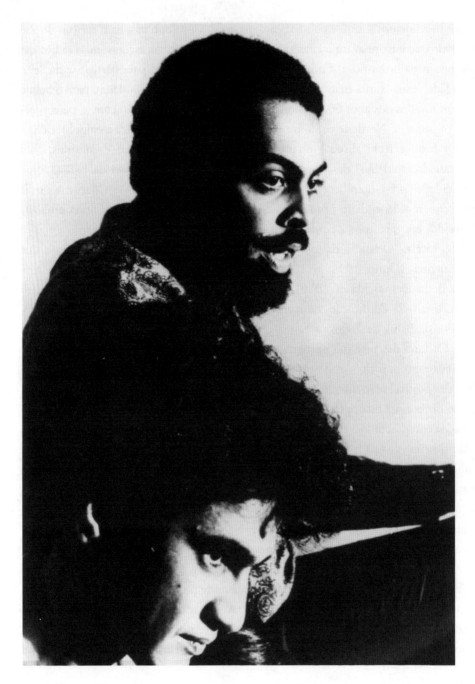

Gilberto Gil (acima) e Caetano Veloso, 1968. (Paulo Salomão/Abril Imagens)

Tom Zé, 1968. (J. Ferreira da Silva/Abril Imagens)

Caymmi, "São Salvador" (1960), que idealizava a Bahia como "a terra do branco mulato / a terra do preto doutor". José Carlos Capinam (nascido em 1941) é proveniente da cidade baiana de Esplanada, e Torquato Neto (1944-72) cresceu em Teresina, capital do Piauí, antes de se mudar para Salvador para estudar na Universidade da Bahia. Do grupo baiano que mais tarde elaboraria o projeto tropicalista, somente Gal Costa (Maria da Graça, nascida em 1945) nasceu e cresceu em Salvador.

Como a identidade regional representa uma importante dimensão do projeto tropicalista, cabe discutir a especificidade da Bahia em relação ao resto da nação, bem como o contexto cultural do Estado durante o período em que esses jovens músicos e compositores atingiram a maturidade. Salvador da Bahia foi a capital colonial do Brasil de 1549 a 1763, quando a Coroa Portuguesa transferiu a capital para o Rio de Janeiro. Sua economia colonial se baseava principalmente na produção de cana-de-açúcar e dependia de uma enorme força de trabalho composta de escravos africanos. Quando o Brasil conquistou a independência, em 1822, a cana-de-açúcar tinha deixado de ser o centro da economia nacional e a Bahia entrou em um período de lento declínio, tornando-se cada vez mais marginalizada em relação aos centros de poder político, cultural e de prestígio do Sul do país. Ao longo da primeira metade do século XX, a Bahia foi uma periferia provinciana, permanecendo à margem da modernização urbana e industrial promovida por Vargas. Com a descoberta de reservas de petróleo na Baía de Todos os Santos na década de 1950, a economia baiana voltou a se recuperar, contribuindo com a urbanização e a modernização de Salvador. Em sua maior parte, contudo, a cidade continuou sendo uma das capitais estaduais mais pobres do Brasil, com marcadas desigualdades entre uma elite minoritária, composta principalmente de brancos, e uma maioria pobre, quase toda negra.

No imaginário nacional, a Bahia é vista de forma contraditória. Entre os moradores do Sul, mais desenvolvido, estereótipos racistas muitas vezes representam os baianos como preguiçosos e incapazes de lidar com as demandas da vida moderna. Ao mesmo tempo, a Bahia é romantizada como o local de fundação da civilização tropical brasileira com magníficos exemplos de arquitetura colonial, praias maravilhosas e cultura popular exuberante. Acima de tudo, a Bahia é considerada o epicentro da vida cultural afro-brasileira, onde surgiram o candomblé, a capoeira e o samba. A vida cultural da Bahia, particularmente na capital do Estado, ganhou reconhecimento nacional e internacional com os voluptuosos romances de Jorge Amado, as aquarelas e esculturas de Carybé, a fotografia de Pierre Verger e os sambas e modinhas de Dorival Caymmi. Dezenas de sucessos do rádio das décadas de 1930 e 1940, de Dorival Caymmi, Ary Barroso, entre outros, exaltavam a beleza natural, as delícias culinárias e os poderes místicos da Bahia.

À medida que a Bahia entrava em um período de modernização industrial, Salvador desenvolvia um dinâmico cenário cultural, orbitando ao redor da universidade local e produzindo o que Antonio Risério chamou de uma "avant-garde na Bahia".[10] A Universidade da Bahia foi fundada em 1946 sob a direção de Edgard Santos, que atuou como reitor até 1961. Um humanista tradicional comprometido com o desenvolvimento nacional e regional, Santos acreditava que a universidade deveria assumir um papel de liderança na modernização da Bahia, tanto no desenvolvimento urbano-industrial quanto na "desprovincialização cultural" do Estado (Risério, 1995, p.35). Para atingir essas metas, o reitor investiu substancialmente na área de ciências humanas e recrutou artistas e educadores da Europa e de outras regiões do Brasil para abrir faculdades de música, teatro, dança e artes visuais.

Caetano identificou dois eventos emblemáticos da vibrante vida cultural da universidade quando estudou lá, no início da década de 1960. O primeiro foi a inovadora produção de *A ópera dos três vinténs,* de Bertolt Brecht, dirigida por Eros Martim Gonçalves, recrutado por Edgard Santos para elaborar um programa teatral em 1955. A produção foi encenada nas ruínas do Teatro Castro Alves, um teatro moderno que pegou fogo um dia após sua inauguração, em 1959. Gonçalves transformou a tragédia em uma ocasião para encenar a inovadora produção entre os destroços sombrios e queimados da construção. O outro evento memorável envolveu a apresentação, por David Tutor, da música aleatória de John Cage para piano adaptado e um rádio, que era tocada assim que um locutor dizia "Rádio Bahia, cidade de Salvador". A identificação diária da estação de rádio era incluída aleatoriamente na composição, o que simbolicamente situava a cidade na vanguarda musical internacional (Veloso, 1997, p.59-60).

Esses eventos possibilitaram o estabelecimento de inovadoras faculdades de teatro e música na Universidade da Bahia, em meados dos anos 50. Essas instituições reuniram e treinaram jovens artistas que futuramente seriam importantes personalidades da vida cultural brasileira. Vários alunos de Gonçalves, por exemplo, mais tarde dirigiam filmes do Cinema Novo. Glauber Rocha (1938-81), nascido em Vitória da Conquista, no sul da Bahia, tornou-se uma importante personalidade nos círculos do teatro e do cinema em Salvador no fim da década de 1950. Em 1957, fundou a revista cultural *Mapa,* com contribuições de João Ubaldo Ribeiro e Sonia Coutinho, que mais tarde viriam a ser aclamados escritores de ficção. Em resumo, durante a década de 1950 e início da

---

10 Para uma história cultural de Salvador durante as décadas de 1950 e 1960, ver Risério, 1995. Ver também Maciel, 1996, e Capinam, 1998.

de 1960, Salvador usufruía uma vida cultural extraordinariamente ativa e produzia alguns dos artistas e intelectuais mais importantes daquela geração.[11]

Em 1955, a Universidade da Bahia fundou uma escola de música sob a direção de Hans Joachim Koellreutter. Refugiado da Alemanha nazista, Koellreutter foi para o Rio de Janeiro em 1937 onde criou o grupo Música Viva, dedicado a técnicas de composição dodecafônica (sistema dos doze tons) de Arnold Schoenberg. Na Bahia, treinou um grupo de compositores antes de ceder a posição em 1963 a Ernst Widmer, que fundou o Grupo de Compositores da Bahia, incumbido de realizar experiências com a música de vanguarda e formas locais afro-brasileiras (Appleby, 1983, p.163-4). Tom Zé foi um dos fundadores do Grupo de Compositores da Bahia enquanto fazia pós-graduação em música entre 1962 e 1967, antes de se mudar para São Paulo e direcionar a carreira para a música popular. Nessa fase, Tom Zé também estudou com Walter Smetak, um iconoclasta imigrante suíço que montou uma oficina na universidade para construir instrumentos-esculturas com materiais locais (Campos, 1998, p.85-9).

Caetano Veloso estudava Filosofia na universidade e circulava no meio teatral, acompanhado da irmã, Maria Bethânia. Gilberto Gil estudava Administração de Empresas e cantava bossa-nova em bares e festas. Tom Zé passou a ser conhecido localmente como cantor de baladas satíricas desde que se apresentou em 1960 em um show de talentos locais, "Escada para o sucesso", transmitido pela TV Itapuã, a única estação de televisão de Salvador na época. Ele parodiou o programa com uma música chamada "Rampa para o fracasso", uma referência bem-humorada à rampa que dá acesso ao palácio presidencial em Brasília (ver Dunn, 1994, p.112).

Em comparação com a região centro-sul do Brasil, mais industrializada, a Bahia era pobre e "atrasada", mas não estava completamente isolada dos avanços culturais nacionais e internacionais. Uma das primeiras composições de Caetano Veloso, "Clever Boy Samba", sugere que Salvador estava se transformando em uma cidade cosmopolita com muito a oferecer a um aspirante a artista.[12] Na canção, Caetano não considera com ansiedade, mas sim com ironia e humor, a localização periférica da Bahia, como sugere nas referências a um filme de Fellini e à música popular norte-americana: "Mes-

---

11 Outras importantes instituições acadêmicas e públicas foram estabelecidas durante esse período, incluindo uma escola de dança moderna e o Centro de Estudos Afro-Orientais (CEAO), dedicado ao estudo de relações históricas e contemporâneas entre a África e a Bahia. Mais ou menos na mesma época, o governo do Estado convidou Lina Bo Bardi, uma arquiteta italiana e designer industrial de São Paulo, para fundar e dirigir o Museu de Arte Moderna da Bahia. Veja Risério, 1995, e Rubim et al., 1990, p.33.

12 A música "Clever Boy Samba" nunca foi gravada, mas Veloso a apresentou em um programa da TV Manchete na comemoração de seu 50º aniversário, em 1992. Para a letra da música, ver Caetano Veloso completa hoje 50 anos, *Folha de São Paulo,* Ilustrada, 7 ago. 1992. Uma versão ligeiramente diferente foi publicada em Calado, 1997, p.119-20.

mo subdesenvolvido / vou fazendo a 'Dolce Vita' [...] adoro Ray Charles / ou 'Stella by Starlight' / mas o meu inglês / não sai do 'good night'". O emblema supremo da modernidade cultural em "Clever Boy Samba", contudo, não é estrangeiro. Caetano conclui a canção com um tributo ao baiano João Gilberto, dizendo: "Se não é bossa--nova / não está pra mim".

Naquela época, a bossa-nova tinha inspirado uma geração inteira de novos músicos por todo o Brasil. Os jovens baianos se reuniram a princípio como um grupo de artistas dedicados às inovações de João Gilberto. Em agosto de 1964, Caetano, Gil, Bethânia e Gal participaram do espetáculo musical *Nós, por exemplo,* no Teatro Vila Velha, um palco alternativo em Salvador fundado por estudantes universitários. Com o sucesso do show, fizeram uma segunda apresentação um mês depois, dessa vez com a participação de Tom Zé. Em novembro, o grupo produziu outro espetáculo, o *Nova bossa velha, velha bossa-nova,* uma releitura da tradição da música brasileira à luz da bossa-nova (Calado, 1997, p.52-3). Em todos os shows, o repertório se dividia entre clássicos da bossa-nova, composições originais e sambas clássicos dos anos 30 e 40, de compositores como Pixinguinha, Noel Rosa e Ary Barroso. Esses espetáculos lançaram a carreira profissional do grupo de artistas, consolidando-o na liderança do cenário musical local. O crítico baiano Carlos Coqueijo exultou: "Pela primeira vez houvera contato direto do grande público com cantores e músicos que criavam um estilo novo, ao sabor da época, é verdade, mas impregnado de baianidade [...] havia o aspecto cênico, a correção da iluminação, o *mise-en-scene,* tudo conjugado para dar uma impressão de conjunto, fruto de um acurado trabalho de equipe" (Coqueijo, 1964, p.6-7). Vários meses mais tarde, Maria Bethânia foi convidada para participar de um importante evento cultural no Rio de Janeiro e os planos para outros shows foram suspensos indefinidamente.

O GRUPO OPINIÃO E O CENÁRIO CULTURAL DA ESQUERDA

No Rio de Janeiro e em São Paulo, o teatro musical assumiu um importante papel na cultura de protesto imediatamente após o golpe militar. Depois da supressão do CPC, vários de seus principais dramaturgos formaram o Grupo Opinião, um fórum para articular publicamente uma "opinião" em um contexto de repressão política. O debate inspirou uma exibição de arte, a mostra *Opinião 65,* que apresentou o trabalho de jovens artistas esteticamente influenciados pela arte pop, mas definitivamente comprometidos com a crítica social e política. A primeira produção do grupo, o *Show Opinião*, foi um musical dirigido por Augusto Boal no Teatro de Arena, apresentando Nara Leão, reconhecida vocalista da bossa-nova, João do Vale, cantor e compositor do Maranhão, e Zé Keti, sambista das favelas do Rio de Janeiro. O *Show Opinião* deu início a uma série de apresentações dirigidas por Boal baseadas em um formato similar, combinando a música popular e a narrativa dramática. Bethânia, Gil, Caetano e Tom Zé participaram na produção do *Arena conta Bahia*, de 1965, apresentando tradições musicais do Nordeste.[13] Essas produções encenadas se alinhavam ao interesse da classe média pela música tradicional, principalmente do sertão, e aos sambas das favelas do Rio de Janeiro. Na época, os estudantes e artistas da classe média do Rio se reuniam no centro da cidade, no Zicartola, bar-restaurante do Cartola – venerado sambista da chamada Velha-Guarda – e de sua esposa, Zica. Com a supressão do CPC, artistas e ativistas buscavam, dessa forma, manter o contato com a cultura popular da classe operária.

O *Show Opinião* foi estruturado ao redor das narrativas pessoais dos artistas e de suas opiniões sobre a cultura e a política no Brasil contemporâneo. Na estreia, no dia 11 de dezembro de 1964, o espetáculo foi aclamado como a primeira reação cultural de impacto ao golpe militar e marcou a transformação de Nara Leão, até esse momento uma discreta "musa da bossa-nova", na nova voz da música de protesto, sinalizando esforço consciente dos artistas de esquerda de reafirmar aliança com o povo. Ao unir sofisticado grupo urbano da burguesia carioca com músicos de origens humildes, o *Opinião* buscava retomar o espírito do CPC. O programa do show anunciava: "A música popular é tanto mais expressiva quanto mais tem uma opinião, quando se alia ao povo na captação de novos sentimentos e valores necessários para a evolução social, quando mantém vivas as tradições de unidade e integração nacionais. A música popular não pode ver o público como simples consumidor de música; ele é fonte e razão de música" (Buarque de Hollanda, 1992, p.32; Damasceno, 1996, p.135). Os protagonistas do *Opinião* eram representados como a voz popular da nação, colocando implicitamente em primeiro plano a unidade do povo contra o regime militar, ao mesmo tempo em que ignorava as diferenças entre as classes (Damasceno, 1996, p.136). Em um ponto do roteiro do show, as desconfortáveis diferenças sociais – que separavam os artistas da classe média de seu público-alvo, as massas – vêm à tona. Depois, quando Nara Leão explica com fervor seu recém-descoberto comprometimento

---

13 Augusto Boal mais tarde dirigiu dois outros dramas musicais, *Arena conta Zumbi*, sobre a comunidade de escravos foragidos do século XVII, ou quilombo, liderada pelo herói afro-brasileiro Zumbi, e *Arena conta Tiradentes*, que apresentava a história de um fracassado movimento pela independência nacional no final do século XVIII sob a liderança de Tiradentes. Ver Campos, 1988, e Anderson, 1996.

com as apresentações públicas como uma forma de confrontar o regime, uma voz em *off* sarcasticamente questiona sua sinceridade, lembrando seu *pedigree* burguês, sua residência em Copacabana e seus vínculos com a bossa-nova. As ambiguidades e complexidades do momento são rapidamente solucionadas, contudo, quando Nara Leão começa a cantar "Marcha da quarta-feira de cinzas" (Carlos Lyra-Vinícius de Moraes), um hino antirregime que proclama a necessidade coletiva de cantar (Damasceno, 1996, p.131-2).

A música mais aclamada do *Show Opinião* foi "Carcara" (João do Vale – José Candido), que compara a ave de rapina ao Nordeste do Brasil. Ela ficou particularmente famosa depois que Maria Bethânia foi convidada para substituir Nara Leão em 1965:

> Carcará, pega, mata e come
> Carcará não vai morrer de fome
> Carcará, mais coragem do que homem

A ave de rapina serve de metáfora para os camponeses nordestinos que precisam lutar constantemente para sobreviver no sertão. Não conseguindo lá sobreviver, são forçados a migrar para as cidades. A interpretação de Bethânia, incluída em seu primeiro LP, *Maria Bethânia* (1965), termina em um crescendo dramático com uma declamação indignada das porcentagens de migrantes forçados a sair dos estados nordestinos mais pobres. Apesar de a canção não se referir diretamente ao regime no poder, ela representava uma crítica contundente à pobreza rural. Como Bethânia é baiana e tem uma voz potente e grave, sua interpretação tornou-se muito mais eficaz que a de Nara Leão. A irmã de Caetano era considerada uma rústica cantora tradicional e não uma suave cantora de bossa-nova. "carcara" consagrou um novo paradigma para a música de protesto, mas depois se tornaria um fardo quando Bethânia optou por seguir novos rumos artísticos (Veloso, 1997, p. 74).

Vários críticos observaram que o *Show Opinião* tinha limitações políticas e estéticas, pois apresentava ao público representações romantizadas, celebrando o povo engajado na luta revolucionária, ao mesmo tempo em que ignorava a verdadeira crise da política progressista. Heloísa Buarque de Hollanda oferece uma reveladora reflexão pessoal sobre o show: "Lembro-me de ter assistido ao show de pé várias vezes, arrepiada de emoção cívica. Era um rito coletivo, um programa festivo, uma ação entre amigos. A plateia fechava com o palco. Um encontro ritual, todos em 'casa', sintonizados secretamente com o fracasso de 64, vivido como um incidente passageiro, um erro informulado e corrigível, uma falência ocasional cuja consciência o rito superava"

(Buarque de Hollanda, 1992, p.35). Outro crítico mais tarde descreveu o evento como um "rito religioso" no qual estavam o "palco e a plateia irmandados na mesma fé" (Mostaço, 1982, p.77). Ritos alegres e redentores, como os do *Show Opinião,* aliviavam a decepção coletiva das plateias progressistas.

Eventos como o *Show Opinião* costumavam atrair um público social e cultural urbano algumas vezes chamado de "esquerda festiva", composto em sua maior parte de jovens estudantes, professores, jornalistas e outros artistas. Esse público também passou a ser conhecido como "geração Paissandu", uma referência ao cinema perto do centro do Rio de Janeiro, um dos principais pontos de encontro da esquerda festiva. Em alguns aspectos, esse grupo é comparável aos círculos da nova esquerda surgida nos Estados Unidos no início da década de 1960. Apesar das enormes diferenças de contexto, a política de esquerda nos dois países era em grande parte centrada nos jovens e extremamente crítica em relação às organizações esquerdistas tradicionais. No Brasil, muitos ativistas pós-1964 romperam com o Partido Comunista Brasileiro, percebido como cauteloso e reformista demais. Suprimida pelo regime militar, a jovem esquerda se voltou para o protesto simbólico por meio de eventos culturais. A esquerda festiva era sintomática das crises políticas e existenciais de um setor jovem e relativamente privilegiado.

No fim da década, à medida que o regime militar se mostrava cada vez mais arraigado e repressivo, um sentimento de angústia substituiu o otimismo redentor de meados dos anos 60. Em 1968, Ruy Castro publicou um longo texto autocrítico sobre a "geração Paissandu" no *Correio da Manhã*: "O que me faz ter certeza da agonia dessa geração é o esvaziamento de seus mitos. Aqueles papos intermináveis depois do filme, que varavam madrugadas, acabaram se convertendo numa meia dúzia de expressões que, de tanto usadas, perdiam o sentido [...] Era como passar o tempo todo enquadrando a realidade dentro das fórmulas aprendidas na faculdade. É preciso fazer alguma coisa, mas fazer o quê? Como fazer? Enquanto a gente não responder a essas indagações vamos ficar nos masturbando em mesa de chope: protestando, protestando, protestando e nada mais" (Castro, 1968). Em 1965, quando o *Show Opinião* atraía grandes e entusiasmadas plateias, o golpe ainda era em grande parte percebido por muitos esquerdistas como uma aberração passageira ou até mesmo uma tentativa desesperada de impedir a revolução iminente. A história ainda parecia estar do lado das forças progressistas. As angustiadas observações de Castro sugerem que três anos mais tarde a confusão e a desilusão começavam a se manifestar à medida que o regime militar intensificava a pressão sobre a sociedade civil.

LINHA EVOLUTIVA: DA BOSSA-NOVA À MPB

No início da década de 1960, os artistas da bossa-nova desenvolveram duas tendências distintas, porém nem sempre mutuamente exclusivas: uma orientada para o samba urbano de raiz e vários gêneros "folclóricos" rurais e outra que acentuava os elementos urbanos e jazzísticos da bossa-nova. Artistas como Carlos Lyra, Sérgio Ricardo e Geraldo Vandré admiravam a bossa-nova, mas sentiam que seu conteúdo lírico e formato musical eram distantes demais da vida cotidiana e da cultura do povo brasileiro. Esses músicos desenvolveram novas tendências baseadas em tradições musicais do Brasil rural, especialmente do Nordeste. Devido à constante preocupação com a injustiça social, a pobreza e a autenticidade cultural, essa tendência musical costumava ser chamada de música "nacionalista participante". Depois do golpe militar, essa tendência proporcionou um modelo para a música de protesto. Outros jovens intérpretes, como Elis Regina, Jair Rodrigues e Wilson Simonal, e grupos instrumentais como Tamba Trio e Zimbo Trio desenvolveram uma bossa-nova mais jazzística. Juntos, os músicos de protesto e do jazz-bossa constituíam uma "segunda geração" da bossa-nova. Chico Buarque de Hollanda surgiu como o mais aclamado cantor e compositor da bossa-nova da segunda geração, com composições bem elaboradas que incluíam tanto o lirismo romântico como a crítica social. Apesar de ecléticos e heterogêneos, esses artistas tinham em comum o compromisso de defender as tradições musicais brasileiras dos efeitos da música popular importada, em especial o rock 'n' roll. Essas novas estilizações da bossa-nova evoluíram para formar uma categoria musical conhecida como Moderna Música Popular Brasileira. No final da década de 1960, essa música passou a ser conhecida simplesmente como Música Popular Brasileira, ou MPB.[14]

Quando Maria Bethânia foi convidada para substituir Nara Leão no *Show Opinião*, ela foi ao Rio de Janeiro acompanhada de Caetano Veloso. Gilberto Gil recebeu o diploma pela Universidade da Bahia e foi trabalhar em São Paulo para a Gessy Lever. Os três continuaram a desenvolver a carreira artística no Rio de Janeiro e em São Paulo, onde mais tarde foram acompanhados pelos colegas músicos de Salvador Gal Costa e Tom Zé e pelos poetas Torquato Neto e José Carlos Capinam. Esse jovem grupo, conhecido como "grupo baiano", se identificava com os artistas da MPB, apesar de

---

14 MPB não é um estilo ou gênero de música. É antes uma categoria sociocultural que se refere à música popular urbana de classe média.

Caetano Veloso e Gal Costa se mostrarem menos entusiasmados com as estilizações do jazz-bossa e a música de protesto. Outros membros do grupo baiano tinham mais afinidade com a música de protesto socialmente orientada. Gil, Capinam e Tom Zé tinham participado das produções musicais e dramáticas do CPC em Salvador e eles trabalhavam com formas musicais e temas líricos do sertão – o que havia se tornado uma prática-padrão na cultura de protesto.

Do grupo baiano, Gilberto Gil era o mais envolvido com a música de protesto e com as tradições regionais nordestinas. Tendo crescido no interior da Bahia, sua primeira influência musical foi Luiz Gonzaga, o grande cantor, compositor e sanfonista que conquistou fama no Brasil inteiro nos anos 40 e 50 com o baião. Em uma entrevista em 1968, Gil disse considerar Gonzaga "o primeiro porta-voz da cultura marginalizada do Nordeste" (ver Augusto de Campos, 1974, p.191; Gil, 1982, p.25). O primeiro LP de Gil, lançado em 1967, apresentava canções sobre a vida social, cultural e religiosa do Nordeste rural, com foco nas desigualdades e injustiças perpetuadas pelos grandes proprietários rurais. Sua canção "Viramundo" (Gil-Capinam) fez parte da trilha sonora do filme de mesmo nome de Geraldo Sarno, que retratava as dificuldades de um migrante nordestino em São Paulo. A canção de protesto mais estridente do álbum, "Roda", alerta enfaticamente: "Seu moço, tenha cuidado / com sua exploração / senão lhe dou de presente / a sua cova no chão". A canção "Procissão" celebra e questiona a fé religiosa dos camponeses, ao mesmo tempo: "Eu também tô do lado de Jesus / só que acho que ele se esqueceu / de dizer que na Terra / a gente tem de arranjar um jeitinho pra viver". A maioria das músicas desse LP exalta o povo rural como agente ativo da transformação histórica.

Enquanto Gil reagia às necessidades sociais, Caetano compunha canções em sua maioria sobre dilemas existenciais. A experiência do CPC, o golpe militar e a cultura de protesto estavam completamente ausentes do álbum. Caetano acreditava que a segunda geração da bossa-nova tinha apenas acrescentado slogans políticos a uma versão diluída da bossa-nova misturada à música popular do Nordeste rural. Seu primeiro álbum, *Domingo* (1967), gravado com Gal Costa, era em certos aspectos uma releitura melancólica da bossa-nova da primeira fase, com sua ênfase na natureza, no amor, na angústia pessoal e na nostalgia pelo passado. No entanto, Caetano também indicava que sua afirmação da bossa-nova ortodoxa era um prelúdio para experimentações mais radicais. Na capa desse álbum ele afirmava: "A minha inspiração não quer mais viver apenas de nostalgia de tempos e lugares, ao contrário, quer incorporar essa saudade num projeto de futuro".

Em uma mesa-redonda intitulada "Que caminho seguir na música popular brasileira?", publicada na *Revista Civilização Brasileira,* Caetano criticou o que considerava ser uma utilização esteticamente retrógrada da "tradição" musical, em especial o samba, na música popular brasileira. Citava o exemplo de João Gilberto como um artista que utilizou as "informações da modernidade musical" para renovar a tradição da música brasileira. Caetano não defendia um retorno estilístico ao som da bossa-nova da primeira fase, mas um retorno à linha evolutiva da música popular brasileira: "Se temos uma tradição e queremos fazer algo de novo dentro dela não só teremos de senti-la, mas conhecê-la [...] Só a retomada da linha evolutiva pode nos dar uma organicidade para selecionar e ter um julgamento de criação. Dizer que samba só se faz com frigideira, tamborim e um violão sem sétimas e nonas não resolve o problema" (Barbosa, 1966, p.378). Anos mais tarde, Caetano se distanciaria desse apelo teleológico e programático à "evolução" na música popular brasileira (Fonseca, 1993, p.29). Na época, contudo, ele invocou a "linha evolutiva" para criticar a bossa-nova da segunda geração, porque considerava folclorista demais (i.e., a música de protesto) ou pretensiosa demais (i.e., o jazz-bossa). A intervenção atraiu a atenção do poeta concreto Augusto de Campos, que mais tarde escreveu um artigo de jornal elogiando o jovem músico baiano.[15] Considerando que os poetas concretos haviam apresentado seu projeto literário de vanguarda como uma "evolução crítica de formas", não surpreende que Augusto de Campos tenha identificado afinidades com a crítica de Caetano.

JOVEM GUARDA: O ROCK BRASILEIRO DOS ANOS 60

Quando Caetano esboçou sua crítica à MPB em 1966, a música popular urbana vinha sendo acometida por conflitos entre duas correntes adversárias. Artistas da segunda geração da bossa-nova se posicionavam como guardiões da cultura nacional contra artistas que tinham enorme sucesso comercial com o rock 'n' roll abrasileirado, conhecido como iê-iê-iê (uma referência ao refrão do grande sucesso dos Beatles, "She Loves You"). Para muitos jovens que cresceram com a bossa-nova, o rock 'n' roll parecia comparativamente não sofisticado. Eles consideravam os roqueiros brasileiros imitadores patéticos e equivocados, sob a insidiosa influência da hegemonia cultural norte-americana.

Em 1965, Roberto Carlos – rapaz da classe trabalhadora do Estado do Espírito Santo, mas que cresceu na zona norte do Rio – tinha se tornado o incontestável "rei do iê-iê-iê" e

---

15 Augusto de Campos, Boa Palavra sobre a música popular. In: *Balanço da bossa,* p.59-65. Os artigos de Campos sobre a música popular brasileira durante o final da década de 1960 foram originalmente publicados em *O Estado de São Paulo* e *Correio da Manhã.*

o líder da Jovem Guarda. Augusto de Campos argumentou que o movimento constituía uma nova forma de "folclore urbano" que se apropriava "sem vergonha" das tecnologias modernas de comunicação para ter apelo popular (Campos, 1974, p.62). A música da Jovem Guarda se baseava no rock britânico e norte-americano, mas também tinha raízes na tradição das baladas românticas remontando às modinhas brasileiras do século XIX. A trajetória de Roberto Carlos – de roqueiro rebelde em meados dos anos 60 a rei da música romântica na década de 1970 – pode ser situada na tradição da música brasileira. No entanto, os defensores da MPB denunciavam a Jovem Guarda como inautêntica e politicamente alienada. Alguns fãs e críticos musicais chegavam a perceber Roberto Carlos e seu grupo como agentes ativos do regime militar (Napolitano, 1998, p.99). Entre 1965 e 1967, os roqueiros brasileiros se tornaram alvos da crítica nacionalista.

Em meados dos anos 60, a televisão tinha se tornado a principal arena das batalhas culturais na música popular brasileira. Estações de televisão em São Paulo e no Rio de Janeiro competiam entre si para atrair os espectadores com programas musicais periódicos e festivais anuais. A TV Record, de São Paulo, era a estação mais popular e seus índices dependiam em grande parte do sucesso de vários programas musicais. Caetano Veloso obteve destaque nacional pela primeira vez em "Esta noite se improvisa", um programa no qual os participantes competiam entre si por prêmios, cantando músicas brasileiras contendo uma palavra ou frase escolhida (Calado, 1997, p.114-5; Veloso, 1997, p.139). O grupo da MPB se uniu ao redor do programa da TV Record "O fino da bossa", que começou a ser transmitido em maio de 1965. Apresentado por Elis Regina, o programa trazia convidados que cantavam acompanhados pelo Zimbo Trio ou outros grupos do jazz-bossa.[16] O programa de Elis Regina, mais tarde chamado simplesmente de "O fino", ajudou a lançar várias carreiras, inclusive a de Gilberto Gil, que nele se apresentou em junho de 1966 para cantar "Eu vim da Bahia", uma afirmação da cultura regional alinhada com a tradição de Dorival Caymmi.[17]

No mesmo período, Roberto Carlos comandava o próprio programa na TV Record, o "Jovem Guarda", que apresentava estrelas em ascensão do rock brasileiro. A Jovem Guarda e o grupo da MPB competiam pelos primeiros lugares nos índices de audiência apurados pelo Instituto Brasileiro de Opinião Pública e Estatística (IBOPE). Para o desespero dos artistas da MPB, a Jovem Guarda era um fenômeno popular, que atraía um número enorme de fãs entre a classe baixa e a classe média urbanas. A imagem de

---

16 Gravações originais desse programa foram compiladas na coleção de CDs *Elis Regina no Fino da Bossa*.

17 Mais tarde, naquele ano, Gil apresentou o próprio programa, de vida curta, "Ensaio Geral", na TV Excelsior, em uma tentativa fracassada de concorrer com os programas musicais da TV Record. Ver Calado, 1997, p.100.

uma rebeldia jovem, porém apolítica, projetada pela Jovem Guarda se tornou extremamente útil para gravadoras e outros fabricantes de itens de consumo, que buscaram se beneficiar do crescente mercado da "cultura jovem". Uma agência de publicidade de São Paulo, a Magaldi, Maia & Prosperi, comercializava uma linha completa de vestuário inspirada na personalidade dos ídolos da Jovem Guarda (Motta, 2000, p.95, 100).

Os principais proponentes do rock brasileiro vinham de famílias da classe operária e poucos tinham nível universitário. Em uma análise perspicaz das distinções de classe na música popular brasileira, Martha Carvalho observou que Roberto Carlos se voltou para o rock depois de fracassar como cantor de bossa-nova. Ele aparentemente não tinha a "sofisticação e a educação" da maioria dos cantores de bossa-nova da zona sul do Rio (Carvalho, 1995, p.167). O grupo da Jovem Guarda também incluía jovens cantores e compositores negros como Tim Maia, que surgiu como cantor do rhythm and blues (R&B) e do soul depois de passar um período nos Estados Unidos no início da década de 1960. Outro artista negro, Jorge Ben – que conquistou sucesso e aprovação com suas fusões *sui generis* de samba, bossa-nova e R&B –, foi inicialmente recebido pela bossa-nova de segunda geração, chegando a se apresentar no programa musical de Elis Regina. Depois de aparecer no programa da Jovem Guarda, contudo, foi barrado em "O fino" e afastado do campo da MPB. As canções da Jovem Guarda tendiam a evitar críticas políticas e sociais, privilegiando a abordagem dos temas do cotidiano e das aspirações românticas de jovens urbanos das classes operária e média (Medeiros, 1984, p.48). Bravatas masculinas, liberação sexual, roupas da moda, carros extravagantes e festas animadas eram temas típicos das músicas da Jovem Guarda. Apesar de os roqueiros cultivarem uma imagem de rebeldia contra as convenções sociais conservadoras, eles também viam a música como um paliativo ao conflito político e às disputas entre gerações. O produtor Carlos Imperial declarou: "Nas nossas canções, não falamos jamais de tristeza, de dor de cotovelo, de desespero, de fome, de seca, de guerra. Somos sempre uma mensagem de alegria para o povo... O iê-iê-iê aproximou os filhos dos pais, tornando o diálogo mais possível" (Leite et al., 1967, p.86). O maior sucesso de Roberto Carlos durante esse período, "Quero que vá tudo pro inferno", é um bom exemplo das músicas da Jovem Guarda. Parte do apelo da música estava na expressão de dependência emocional e empolgação que se aproximava das referências mais conhecidas das bravatas masculinas: "De que vale a minha boa vida de *playboy* / se entro no meu carro e a solidão me dói?". Conduzida por um órgão e uma guitarra elétrica, a música revela um lado sensível e vulnerável do herói masculino, que se tornaria a marca registrada das baladas românticas de Roberto Carlos na década subsequente (Wisnik, 1980, p.21).

Apesar de os músicos populares nem sempre se encaixarem plenamente em dicotomias, houve um considerável conflito entre os que adotavam o rock e os que defendiam a MPB. Um rápido olhar pelos índices de audiência do IBOPE de 1966 a 1968 mostra que os músicos da MPB ocasionalmente chegavam à lista dos dez maiores sucessos normalmente depois de festivais de música televisionados, mas normalmente eram superados por cantores pop estrangeiros e estrelas da Jovem Guarda.[18] Havia um senso de urgência por programas televisionados de MPB devido ao extraordinário sucesso da Jovem Guarda. Em 1967, quando "O fino" começou a perder audiência, a TV Record lançou um novo programa, "Frente única: noite da Música Popular Brasileira", apresentado coletivamente por vários convidados, incluindo Elis Regina, Geraldo Vandré, Chico Buarque e Gilberto Gil. Essa "frente única" da MPB foi inaugurada com uma demonstração pública em São Paulo contra a influência da música pop estrangeira (Calado, 1997, p.107-8). O evento serviu como um exemplo notável de como os termos da resistência política tinham sido transferidos para a luta cultural. Mas o gesto anti-imperialista imbuído de ideais elevados também eclipsou motivações mais rasas e comerciais relativas à concorrência no mercado do entretenimento televisionado. O maior beneficiário do conflito foi Paulo Machado de Carvalho, o proprietário da TV Record, que lucrava com a rivalidade entre as duas facções de sua estação.

A prescrição de Caetano de "retomar a linha evolutiva" na música popular brasileira foi em parte uma reação ao surgimento de um movimento de rock brasileiro com tamanho apelo às massas. Apesar de se identificar com a bossa-nova e a MPB, ele era atraído pela Jovem Guarda como um fenômeno pop. Enquanto muitos artistas da MPB consideravam a Jovem Guarda uma aberração, uma suspensão da memória popular e uma traição à cultura nacional, Caetano a percebia como uma expressão de modernidade urbana, apesar de não apresentar a sofisticação musical e poética da MPB. Os jovens artistas podiam absorver e transformar o rock, da mesma forma como os inventores da bossa-nova se apropriaram criativamente do jazz. Na qualidade de ídolo da juventude e fenômeno da mídia nacional, Roberto Carlos também lembrava os cantores de rádio dos anos dourados dos quais Caetano tanto gostava, quando era um garoto em Santo Amaro. Desenvolver a linha evolutiva significava retomar o histórico musical brasileiro, mas também se reconciliar com uma manifestação cultural vital de enorme apelo popular.

---

18 As listas semanais do IBOPE incluíram repetidamente sucessos dos Beatles, Rolling Stones, Herb Alpert, Frank Sinatra, Jerry Adriani, The Mamas and the Papas, The Monkees, Johnny Rivers, Lovin' Spoonful, Miriam Makeba, Otis Redding e Johnny Mathis, ao lado das celebridades da música pop brasileira, como Roberto Carlos, Agnaldo Timóteo, Wilson Simonal e Wanderléa.

VIVA VAIA: OS FESTIVAIS DE MÚSICA TELEVISIONADOS

Na batalha pela exposição na mídia, a MPB recebeu um enorme impulso de uma série de festivais de música televisionados que cativaram um grande público de meados ao final da década de 1960. Os festivais brasileiros eram inspirados no festival de San Remo, da Itália, e no festival do Mercado Internacional do Disco e da Edição Musical (MIDEM), da França. Diferentemente dos festivais europeus – ainda que também tenham sido concebidos primariamente para apresentar novos talentos aos profissionais da indústria musical –, os festivais brasileiros eram estruturados como competições de músicas, com prêmios em dinheiro para as melhores composições, letras, interpretações e arranjos (Tinhorão, 1981, p.175-6). No clima tenso do Brasil pós-golpe, os festivais televisionados se tornaram o meio mais importante para que os músicos da MPB promovessem sua música e, em alguns casos, registrassem alguma forma de protesto. Para a plateia que assistia ao vivo aos eventos e que era formada, em grande parte, por estudantes de classe média e profissionais urbanos, os festivais também proporcionavam oportunidades de expressar preferências, muitas vezes com matizes políticos. No estúdio, a plateia se organizava em torcidas para apoiar os artistas preferidos. O público dos festivais geralmente se opunha à Jovem Guarda e à utilização de instrumentos elétricos. Os festivais eram percebidos como um meio para a promoção da "autêntica" música brasileira mediada pelas massas e eram também extremamente lucrativos para as estações de televisão, que, durante as transmissões, registravam regularmente altos índices de audiência do IBOPE, e para as gravadoras (especialmente a Philips, uma multinacional holandesa), que produziam compilações de vários volumes dos finalistas do festival. Esses eventos também tiveram uma significativa influência sobre a formação da MPB, levando à consolidação de fórmulas para a "música de festival", que um jornalista caracterizou como "uma estrutura na forma de uma ária (um *andante* seguido por *allegro* até o climax final) apoiando-se em orquestrações pomposas".[19]

O primeiro festival televisionado foi patrocinado pela TV Excelsior do Rio de Janeiro em 1965. O evento apresentou uma geração de músicos da MPB a um público espectador que ultrapassava o restrito circuito universitário, o de clubes noturnos e o de teatros. Elis Regina foi a grande atração do festival, pois ganhou o primeiro prêmio

---

19 Francisco António Doria, De vaias, festivais e revoluções, *Correio da Manhã*, 6 out. 1968. Ver também Miller, 1968, p.236-7.

pela interpretação de "Arrastão" (Vinícius de Moraes-Edu Lobo) – uma música sobre a vida material e espiritual de pescadores do litoral baiano, com referências ao candomblé e ao catolicismo popular. Na esteira do sucesso do concurso da Excelsior, estações maiores e mais poderosas também organizaram seus festivais televisionados. Os dois concursos mais importantes de 1966 a 1969 foram o Festival de Música Popular Brasileira da TV Record, que apresentava apenas artistas brasileiros, e o Festival Internacional da Canção (FIC), transmitido pela TV Globo no Rio, dividido em competições nacionais e internacionais.

Em 1966, a TV Record patrocinou o II Festival de Música Popular Brasileira, promovendo-o como o sucessor do Festival da Excelsior.[20] O evento consolidou Chico Buarque como o principal cantor e compositor da nova geração e também impulsionou Geraldo Vandré, o maior proponente da música de protesto, que se tornou conhecido no cenário nacional. Os dois jovens cantores e compositores empataram em primeiro lugar, apresentando, respectivamente, "A banda" e "Disparada", exemplos complementares das primeiras composições da MPB. O Festival foi um enorme sucesso e relativamente livre de controvérsias. Os principais divulgadores da MPB se beneficiaram nitidamente do evento, como evidenciam os índices de audiência do IBOPE de outubro de 1966.[21] Mais de 100 mil cópias do *single* "A banda" foram vendidas na semana que se seguiu ao Festival e Chico Buarque se tornou um ídolo nacional praticamente da noite para o dia (Motta, 2000, p.113).

A composição de Chico era, como observou Walnice Galvão, uma "metamúsica" com comentários sobre a música popular na vida cotidiana de pessoas comuns (Galvão, 1976, p.113). Nessa canção, a música se torna uma força lúdica para aliviar o peso da existência: "A minha gente sofrida / despediu-se da dor / pra ver a banda passar / cantando coisas de amor". Uma simples marcha, "A banda" evocava a simplicidade de uma cidade brasileira do interior, bucólica e pré-moderna. A banda marchando cria um espaço utópico no qual as pessoas podem sentir por um momento um prazer coletivo. Apesar de "A banda" não ser uma música de protesto, ela implicitamente se refere a uma ordem social opressiva, interrompida pela alegria efêmera da música popular.

---

20 A TV Excelsior também levou ao ar o próprio II Festival de Música Popular Brasileira, cujo vencedor foi Geraldo Vandré com um samba lento, "Porta-estandarte" (Vandré-Lona).

21 Nas vésperas do festival, "Esqueça", de Roberto Carlos, concorria com "Strangers in the Night", de Frank Sinatra. Ao final do mês, os dois tinham caído consideravelmente na classificação, ao passo que "A banda" e "Disparada" se revezavam no primeiro lugar de uma semana a outra. Ver IBOPE, "Gravações mais vendidas", 24-29 out. 1966.

Em artigo escrito em 1968, Galvão identificou uma estratégia retórica comum na MPB na qual os artistas evocavam uma futura redenção política e social na expressão "um dia virá". Ela argumentou que a retórica da música de protesto atuava com frequência em um "nível mitológico" que contrariava a atuação humana ao postergar constantemente a ação no aqui e agora por um dia de redenção imaginário (Galvão, 1976, p.95-6). Um excelente exemplo dessa retórica foi "Disparada", de Geraldo Vandré (Vandré-Barros), a moda de viola apresentada no festival por Jair Rodrigues e o Trio Novo. Utilizando a voz narrativa em primeira pessoa de um boiadeiro pobre, a música denuncia a injustiça e a exploração no sertão rural. "Disparada" descreve uma epifania de consciência social e política: "Na boiada já fui boi, mas um dia me montei". A rebelião espontânea contra fazendeiros inescrupulosos foi retratada no filme de Glauber Rocha *Deus e o diabo na terra do sol,* de 1964, talvez o filme brasileiro mais influente da década. Vandré provavelmente se inspirou em uma das primeiras cenas, na qual o protagonista, um boiadeiro pobre, mata o fazendeiro abusivo e foge com a esposa. Em "Disparada", a história de conversão e redenção do boiadeiro é contada para servir de exemplo aos outros, de forma que a rebelião individual possa se tornar uma "disparada" coletiva e transformar a ordem social. No entanto, o verso "Se você não concordar [...] vou cantar noutro lugar" transmite uma mensagem ambígua, sugerindo nas entrelinhas que o público do narrador no final se limita àqueles que já simpatizam com a mensagem.[22] Como o *Show Opinião* e outros eventos culturais da época, "Disparada" se voltava a um público predisposto a se unir ao redor desse discurso.

Em 1967, o festival de música da TV Record havia se transformado em um celebrado evento da mídia nacional. Um jornalista, escrevendo para uma revista semanal nacional, resumiu a importância do festival nos seguintes termos: "Em nenhum estádio de futebol se vê tanto entusiasmo e tanta paixão, o que vem a revelar a imensa importância que os brasileiros dedicam à sua música, aos seus compositores e cantores" (Nunes, 1967). Depois de seis meses de preparação, três semanas de rodadas eliminatórias e muito mais que três mil inscrições, doze canções foram apresentadas ao público espectador. A TV Record distribuiu NCr$ 52 mil (cerca de US$ 20 mil) em prêmios em dinheiro, além de outras contribuições dos governos estadual e municipal.

À primeira vista, o Festival de 1967 apenas confirmou a posição de artistas já consagrados. Edu Lobo e Marília Medalha, dois expoentes populares da MPB, receberam o primeiro prêmio por "Ponteio" (Lobo-Capinam), uma moda de viola estruturada

---

22 Nessa música, Walnice Nogueira Galvão nota uma "cumplicidade entre o autor e o público", garantindo que a música fosse bem recebida pelo público progressista. Ver Galvão, 1976, p.110.

ao redor de crescendos altamente emotivos. Como a maioria das músicas de protesto, a letra de "Ponteio" apresentava a música popular como veículo de redenção diante da intimidação e da repressão: "Não deixo a viola de lado / vou ver o tempo mudado / e um novo lugar pra cantar". Chico Buarque ganhou o terceiro lugar pela composição "Roda viva", apresentada com o grupo de vocalistas MPB-4. O Festival de 1967 da TV Record foi um evento da mídia de extraordinário sucesso. Segundo dados do IBOPE, 47,3% dos espectadores de São Paulo assistiram à transmissão das finais, realizadas no Teatro Paramount em 21 de outubro.[23] O sucesso dos festivais também se traduzia em recordes de vendas. O pacote de três discos com as músicas do festival, lançado pela Philips durante a rodada final, chegou a superar o disco *Sgt. Pepper's Lonely Hearts Club Band*, dos Beatles, como o LP mais vendido no início de novembro.[24]

O Festival também testemunhou um novo nível de participação da plateia, e a vaia se tornou um elemento central do evento. Vários artistas foram humilhados diante da plateia fervorosa e intensamente partidária. Havia dois tipos distintos de vaia: os ataques planejados contra cantores de baladas românticas e artistas da Jovem Guarda e as expressões espontâneas contra algumas composições (Campos, 1974, p.128-9). A maioria dos artistas e críticos ficava consternada com esses ataques, mas alguns comentaristas também observaram que as vaias atestavam a vitalidade do cenário da música popular. Augusto de Campos, por exemplo, encontrou inspiração poética nesses confrontos entre o artista e a plateia, produzindo um poema concreto intitulado "VIVA VAIA" (1972), utilizado como título de sua antologia de poemas. Sérgio Ricardo, um renomado cantor e compositor associado à música de protesto (compôs a trilha sonora de *Deus e o diabo na terra do sol*, de Glauber Rocha), foi vítima do segundo tipo de vaia. Inicialmente foi bem recebido pela plateia, mas sua música "Beto bom de bola" (sobre as dificuldades de um jogador de futebol) não conseguiu satisfazer as expectativas. Na última noite do Festival, o público contestou verbalmente a seleção da música pelo júri para a rodada final e vaiou o artista quando ele subiu ao palco. Impossibilitado de apresentar sua música devido ao barulho, Sérgio Ricardo reclama para a plateia com palavras condescendentes: "Eu pediria aos que estão aplaudindo e aos que estão vaiando que demonstrem lucidez neste momento para entender o que eu vou cantar". Seu apelo à "lucidez" (termo popular entre intelectuais da esquerda denotando a perspectiva ideológica mais adequada) para legitimar sua música e hu-

---

23 Ver IBOPE, Índices de Assistência da TV, out. 1967.
24 Ver IBOPE, Gravações mais vendidas, 6-11 nov. 1967.

Gilberto Gil (centro), Arnaldo Baptista, de Os Mutantes (no canto direito), e Dirceu (no canto esquerdo) apresentam "Domingo no parque" no Festival de Música de 1967 da TV Record (T. Tavares Medeiros/Abril Imagens)

milhar os críticos incitou ainda mais a ira do público. Depois de algumas tentativas frustradas de cantar, ele exclamou: "Vocês ganharam, vocês ganharam! Mas isso é o Brasil não desenvolvido. Vocês são uns animais!" Depois, quebrou o violão e o jogou para a plateia, o que resultou em sua desqualificação do festival.

Augusto de Campos mal conseguia disfarçar sua satisfação com a ironia do episódio: "É o que mais acentua a dramaticidade desse inesperado *happening* do último dia do festival – o confronto doloroso e mútua incompreensão entre o público e o compositor, um expoente da linha nacionalista-participante da música popular, culminando na explosão e no *blow up* simbólico do violão quebrado" (Campos, 1974, p.130). O que essa "explosão" significou? Para Campos, o confronto demonstrou que o artista não podia superestimar o poder comunicativo de temas populares como o futebol à custa da "elaboração formal". Para Sérgio Ricardo, por outro lado, foi uma demonstração da alienação da jovem plateia, que anos depois caracterizou como um "gigantesco corpo do atavismo brasileiro em seu delírio de equívocos" (Ricardo,

1991, p.196). Talvez o incidente também tenha sugerido que não havia mais vacas sagradas na música popular brasileira. A MPB tinha chegado a um impasse e o momento pedia novos sons.

⊙ SOM UNIVERSAL

Se, por um lado, o Festival de Música de 1967 da TV Record reafirmou a popularidade e o prestígio de músicos da MPB como Edu Lobo e Chico Buarque, ele também revelou que os artistas "nacionalistas-participantes" não estavam imunes à desaprovação do público. A divisão maniqueísta entre a MPB e a Jovem Guarda parecia ter perdido sua urgência e relevância. Havia espaço para a inovação em termos de formato musical e de conteúdo lírico. No mesmo Festival, Gilberto Gil e Caetano Veloso realizaram a primeira intervenção no cenário da música nacional com o que chamaram de "som universal". Gil e Caetano receberam o segundo e quarto lugares, respectivamente, por "Domingo no parque" e "Alegria, alegria". Em dezembro de 1967, a música de Caetano tinha chegado ao primeiro lugar na lista dos *singles* mais vendidos de acordo com o IBOPE, enquanto o vencedor do festival, "Ponteio", girava em torno do décimo lugar.[25]

Caetano foi vaiado quando se apresentou pela primeira vez nas eliminatórias com a banda de rock argentina Beat Boys. A plateia reagiu contra a presença de um grupo de rock estrangeiro no palco do qual participava um jovem cantor baiano que tinha acabado de lançar seu primeiro LP de músicas de bossa-nova. Na época, a guitarra elétrica ainda era considerada por muitos nacionalistas culturais um sinal de "alienação" cultural. A simples presença de um grupo de rock sugeria a filiação de Caetano à Jovem Guarda. No entanto, ele conseguiu conquistar uma plateia inicialmente hostil durante a rodada eliminatória e foi recebido com entusiasmo nas finais.

Ao utilizar a instrumentação eletrônica para tocar uma marcha tradicional, Caetano se distanciou dos paradigmas dominantes da MPB da época. "Alegria, alegria" retratava a realidade confusa e fragmentada de uma cidade brasileira moderna, no caso o Rio de Janeiro, caracterizada pela presença constante da mídia de massa e produtos de consumo. Como os outros sucessos do festival – "A banda", "Disparada" e "Ponteio" – , a música de Caetano também utilizava a narração em primeira pessoa, mas o tema não era um herói valente lutando pela redenção coletiva por meio da música.

---

25 Veja IBOPE, Gravações mais vendidas, 11-16 dez. 1967.

Como um *flâneur* tropical, o narrador meramente usufrui um passeio por uma metrópole brasileira, enquanto absorve de forma casual um fluxo de imagens e sensações desconexas, presentes em seu ambiente urbano (Aguiar, 1994, p.151).

O narrador parece despreocupado, andando pela rua "sem lenço, sem documento / nada no bolso ou nas mãos". Ele não se importa com obrigações oficiais, como levar uma carteira de identidade. Parando na banca de revistas para olhar *O Sol,* um jornal cultural, ele vê de relance imagens da estrela do cinema italiano Claudia Cardinale, cenas de crimes locais, a exploração espacial e a campanha de guerrilha de Che Guevara na Bolívia.[26] As imagens dos jornais ficam cada vez mais fragmentadas:

> Em caras de presidentes
> em grandes beijos de amor
> em dentes, pernas, bandeiras, bomba
> e Brigitte Bardot

O narrador é sobrecarregado pela variedade de informações visuais e semânticas nas quais o erótico-lúdico e o cívico-político formam peças de uma "montagem verbal caleidoscópica" (Perrone, 1989, p.52). Imagens de autoridade nacional, patriotismo e violência política competem com estrelas do cinema pela atenção do narrador. Voltando-se para questões existenciais, o narrador de Caetano continua a perambular com um vago senso de alegria e preguiça sob o sol de verão de dezembro, demonstrando pouco interesse pela luta ideológica e pelo conflito armado, refletindo, em vez disso, sobre um casamento iminente e as oportunidades de cantar na televisão. Ele vive "sem livros e sem fuzil / sem fome, sem telefone / no coração do Brasil". Desejos e preocupações individuais eclipsam a luta coletiva, ao passo que a música perde o significado redentor, servindo apenas para "consolar" (Galvão, 1976, p.112). Nesse sentido, "Alegria, alegria" de Caetano se assemelhava a algumas músicas de rock da Jovem Guarda, apesar de mais alinhada com a experiência confusa e fragmentada da vida urbana.

Em termos musicais, "Domingo no parque", de Gilberto Gil, foi a música mais inovadora do festival. O arranjo de Rogério Duprat incluía uma orquestra completa, a banda de rock Os Mutantes, e um percussionista tocando um berimbau. Uma estrutura de chamado e resposta reforçava a tendência afrodiaspórica. A letra de Gil

---

26 *O Sol* era publicado como um suplemento do *Jornal dos Esportes,* um jornal diário dedicado aos esportes. A noiva de Veloso na época, Dedé Gadelha, escrevia para O *Sol,* bem como o compositor Torquato Neto.

forma uma montagem dinâmica de imagens de uma miríade de perspectivas, que lembra a linguagem cinematográfica.[27] A música atraiu a atenção dos poetas concretos e vanguardistas emergentes que admiravam a contestação da convenção lírica. Antonio Carlos Cabral, autor de poesia-práxis, elogiou a música de Gil pelo "abandono do verbalismo para se adotar decididamente arranjos mais dinâmicos, sucessões de palavras-cenas. Deixa-se longe a lógica ferrenha das letras que seguiam cegamente o modelo da versificação".[28]

Enquanto a narrativa divagadora da música de Caetano constrói um mundo subjetivo de imagens e pensamentos desconexos em que nada de fato acontece, a letra de Gil, narrada em terceira pessoa, resume um violento evento público em um breve momento. Ambientada em Salvador, Bahia, "Domingo no parque" retrata um crime passional envolvendo dois rivais, José e João, e o objeto amoroso dos dois, Juliana. O conflito vem à tona quando José chega ao parque e vê o amigo flertando com Juliana na roda-gigante. À medida que o ritmo da música se intensifica, vocais de chamada e resposta introduzem uma série de *jump cuts* verbais – cenas que voltam e avançam no tempo – e prenunciam o desenlace sangrento da cena. José fixa a atenção no sorvete de morango e uma rosa vermelha nas mãos de Juliana: "O sorvete e a rosa / ô, José! / a rosa e o sorvete / ô, José! / girando na mente / ô, José!". O crescendo de chamado e resposta aumenta com a fúria enciumada de José, que, na "cena" final, mata o amigo com uma faca. Os protagonistas da classe operária não são representados como figuras heroicas, mas como pessoas comuns vítimas de eventos trágicos.

Artistas e críticos da esquerda nacionalista viam os experimentos de Gil e Caetano com suspeita, quando não com hostilidade. A utilização de instrumentos elétricos, a aberta celebração da mídia de massa e as músicas altamente subjetivas e fragmentárias se distanciavam das normas da MPB. Inspirado na música experimental, na música popular internacional e em formas musicais brasileiras, o "som universal" dos baianos atestava a hibridização das esferas culturais (Canclini, 1990, p.14). Caetano e Gil se posicionavam como os principais defensores de uma estética "pop" no exato momento em que o termo começava a entrar no vocabulário crítico e jornalístico no Brasil. Em um artigo publicado na véspera das finais, Gil explicou: "Música pop é a

---

27 O poeta concreto Décio Pignatari observou que "Domingo no parque", de Gil, lembrava a técnica de Sergei Eisenstein, ao passo que "Alegria, alegria", de Veloso, tinha afinidades estilísticas com a cinematografia de Jean-Luc Godard. Ver Campos, 1974, p.153.

28 Antonio Carlos Cabral, "Domingo no parque e práxis na praça", *O Estado de São Paulo,* Suplemento Literário, 30 mar. 1968. Liderada por Mário Chamie, a poesia-práxis era uma vanguarda poética dos anos 1960 que criticava o formalismo consolidado da poesia concreta ortodoxa, permitindo um verso semidiscursivo voltado para temas sociais e políticos. Ver Perrone, 1996, p.62-3.

música que consegue se comunicar – dizer o que tem a dizer – de uma forma simples como um cartaz de rua, um outdoor, um sinal de trânsito, uma história em quadrinhos. É como se o autor estivesse procurando vender um produto ou fazendo uma reportagem com texto e fotos. A canção é apresentada de maneira tão objetiva que, em poucos versos e usando recursos musicais e montagens de sons, consegue dizer muito mais do que aparenta".[29] Essa utilização do termo "pop" estava alinhada com a utilização de "popular" na língua inglesa para denotar o apelo às massas e a eficácia comunicativa, o que implicava uma mudança significativa em relação ao significado da palavra "popular" como fora empregada no Brasil até então. Com o crescimento das populações urbanas e a expansão da mídia de massa, ficou cada vez mais difícil reconciliar o "popular" com as associações tradicionais do folclore rural. E "popular" também não podia ser definido unicamente pelas necessidades de aumentar a consciência política como propunha o CPC. Ao evocar o conceito de pop, Gil não negava o potencial de oposição da cultura popular, mas sugeria que o surgimento de um mercado nacional para produtos culturais rompia com as definições idealizadas do "popular" na cultura brasileira.

ANJOS DA VANGUARDA

Logo após o Festival de 1967 da TV Record, Caetano Veloso disse em uma entrevista: "Nego-me a folclorizar meu subdesenvolvimento para compensar as dificuldades técnicas. Ora, sou baiano, mas a Bahia não é só folclore. E Salvador é uma cidade grande. Lá não tem apenas acarajé, mas também lanchonetes e hot-dogs, como em todas as cidades grandes".[30] Enquanto outros músicos da MPB usavam ideias e temas musicais do Nordeste pobre para denunciar o subdesenvolvimento do Brasil, Caetano e Gil propunham um "som universal" que pretendia participar da modernidade internacional.

Ao se recusar a "folclorizar o subdesenvolvimento", Caetano implicitamente adotava as tendências cosmopolitas articuladas pelos poetas concretos. É importante notar, contudo, que os poetas concretos não influenciaram diretamente a obra inicial de Caetano e Gil, que compuseram suas músicas para o festival antes de ter qualquer contato com a vanguarda de São Paulo. Depois que os baianos se mudaram para a

---

29 Dirceu Soares, A música é Gil, é pop, *Jornal da Tarde,* 20 out. 1967; reproduzido em Gil, 1982, p.17-8.

30 Note que o acarajé é uma comida de rua típica da Bahia, originada na África Ocidental e feita de bolinhos de feijão fritos.

capital paulista, consolidaram um relacionamento intelectual com os poetas concretos, apesar de essa "convergência" de afinidades nunca ter sido articulada de forma programática.[31] Em algumas de suas músicas, os baianos adotaram estratégias da poesia concreta, como a sintaxe não discursiva, uma montagem poética e a "verbivocovisualidade" (simultaneidade de significação verbal, vocal e visual). Campos falaria de uma "tropicaliança" baseada em uma "comunidade de interesses" que defendia a experimentação e a invenção artísticas (Campos, 1974, p.290).

Apesar de ser apenas uma faceta de sua obra, os baianos continuariam a realizar experimentações com a poética concreta nas décadas subsequentes.[32] Caetano mais tarde afirmou que a poesia concreta "nos liberou a imaginação para determinados jogos formais que talvez não tivéssemos ousado. Mas a gente nunca perdeu a consciência de que são campos diferentes".[33] Os poetas concretos trabalhavam no ambiente rarefeito da poesia experimental para um público restrito de artistas e críticos, ao passo que os baianos trabalhavam em uma indústria fonográfica voltada para um mercado de massa.

No que diz respeito à experimentação musical, os baianos formaram outra aliança, durante o mesmo período, com vários compositores de vanguarda em São Paulo associados com o grupo Música Nova. Tal como o movimento Música Viva, liderado por Hans Joachim Koellreutter, o Música Nova se comprometia com o vanguardismo internacional e criticava compositores nacionalistas como M. Camargo Guarnieri, o mais reconhecido herdeiro do legado de Heitor Villa-Lobos. Esses jovens compositores de São Paulo não se mostravam totalmente desinteressados em relação às origens musicais brasileiras, mas buscavam reinterpretá-las à luz das práticas vanguardistas internacionais. Em 1963, o grupo publicou um manifesto em *Invenção,* a segunda revista literária dos poetas concretos. O manifesto definia a cultura brasileira como uma "tradição de atualização internacionalista [...] apesar do subdesenvolvimento econômico, da estrutura agrária retrógrada e da condição de subordinação semicolonial". Defendendo um "compromisso total com o mundo contemporâneo" e uma "reavaliação dos meios de informação", o manifesto do Música Nova ecoava os interesses cosmopolitas e urbano-industriais do "Plano-Piloto da Poesia Concreta".[34] A concepção de afirmação cultural nacional seguia o espírito desenvolvimentista dos

---

31 Santaella, 1986, p.4. A relação entre os concretos e os tropicalistas foi comentada na imprensa no final de 1968. Veja o artigo Existe algo de concreto nos baiano em *Veja*, 13 de nov. 1968.

32 Ver Perrone, 1985, para exemplos da utilização subsequente da poesia concreta pelos tropicalistas.

33 Hamilton Almeida, Quem é Caretan, *Bondinho,* 31 mar. e abr. 13, 1972; reproduzido em Veloso, 1977, p.122-3.

34 "Manifesto Música Nova", *Invenção* 3 (1963); reproduzido em *Arte em Revista* I (jan.-mar. 1979), p.33-5, e Mendes, 1994, p.73-4.

poetas concretos com quem o grupo colaborava. Na década de 1960, um membro do grupo Música Nova, Gilberto Mendes, compôs arranjos de várias vozes para uma série de poemas concretos, inclusive a antipropaganda joco-séria de Décio Pignatari "Beba Coca-Cola", de 1957.[35] Vários compositores do Música Nova participaram de oficinas de verão em Darmstadt, na Alemanha, onde estudaram com Karlheinz Stockhausen e Pierre Boulez. Em meados dos anos 60, o Música Nova foi influenciado pelos *happenings* antimusicais do iconoclasta norte-americano John Cage. Na mesma época, o grupo começou a elaborar uma crítica à música de vanguarda e a orbitar ao redor do campo da música popular.

Em 1967, alguns integrantes do grupo Música Nova (Rogério Duprat, Damiano Cozzela, Gilberto Mendes e Willy Corrêia de Oliveira) participaram de uma entrevista irreverente com o maestro e arranjador Júlio Medaglia durante a qual proclamaram o fim da vanguarda musical e o início de uma nova era. Nas palavras de Rogério Duprat, o compositor se tornaria um "designer sonoro" que produziria *jingles,* trilhas sonoras para filmes, arranjos de música popular e qualquer outro tipo de música para o consumo das massas.[36] Alinhados ao conceito de Pignatari de "produssumo" (produção + consumo), os compositores proclamaram a operação simultânea da produção musical e do consumo por meio dos canais da mídia de massa. Em uma análise da entrevista, Roberto Schwarz observou que o modelo de produção-consumo ignorava os problemas da sociedade de classes, camuflando a mediação do capital (Schwarz, 1968, p.130). O impetuoso comercialismo do grupo era, de fato, notável; no entanto esse posicionamento coletivo poderia ser interpretado como uma reação lógica à falta de público e de apoio privado para a música artística no Brasil. Eles argumentavam que era absurdo e autodestrutivo continuar a compor sinfonias na vã esperança de que um dia elas fossem apresentadas e valorizadas por uma plateia restrita de críticos e apreciadores da elite. A experimentação vanguardista tinha chegado a um impasse, e foi necessário abolir a distinção entre música artística e música popular. Como Gilberto Mendes entusiasticamente afirmou, essa estratégia era especialmente relevante no Brasil, onde a música popular tinha uma rica tradição: "É difícil interessar um jovem pela chatice de um concerto tradicional, desses do Municipal, por exemplo, quando eles têm a melhor música popular que já se fez em toda a história da música à sua disposição. É preciso tornar a música erudita também objeto da comunicação de massa" (Mendes, 1994, p.61).

---

35 A interpretação musical de "Beba Coca-Cola" por Mendes é apresentada no CD *Surf , bola na rede, um pente de Istambul e a música de Gilberto Mendes.*

36 Júlio Medaglia, Música, não música, antimúsic, *O Estado de São Paulo,* Suplemento Literário, 24 abr. 1967.

Vários desses compositores, com destaque para Rogério Duprat, estreitaram o relacionamento com o grupo baiano durante o movimento tropicalista. A obra de Duprat gerou comparações com a do arranjador George Martin, que na época colaborava com os Beatles. A aliança tática entre músicos populares e eruditos não durou muito e acabou se comprovando difícil para os compositores do grupo Música Nova. Em uma biografia publicada em 1994, Gilberto Mendes articula uma posição que renega totalmente suas declarações de 1967: "a música erudita deve ser preservada da ação predatória da mídia, da indústria cultural de hoje, que só pode destruir sua aura [...] A grande Música deve ser ouvida como numa oriental cerimônia do chá. No seu devido lugar" (Mendes, 1994, p.61). A relação entre os compositores vanguardistas e o grupo baiano chegou ao fim na década de 1970, mas esse experimento teria um impacto duradouro sobre a produção e o arranjo da música popular brasileira.

A trajetória artística do grupo baiano entre 1964, quando os músicos saíram de Salvador, e 1967, quando conquistaram a atenção nacional nos festivais de música televisionados, incluiu alguns dos mais importantes debates na cultura brasileira em um período de conflitos e crises. Eles formaram o grupo em Salvador durante um período de intensa efervescência cultural, gerada por várias iniciativas da universidade local. Foram discípulos de João Gilberto, mas deram início à carreira em um momento no qual músicos emergentes questionavam o intimismo da primeira fase da bossa-nova e se dedicavam a esforços de conscientização. A dupla tendência de anti-imperialismo e ativismo social orientou o desenvolvimento da música "nacional-participante", um projeto que se tornou ainda mais urgente depois do golpe militar de 1964.

Gil e Caetano reagiram de modo diverso ao conflito entre a Jovem Guarda e os defensores da MPB, mas os dois acabaram de alguma forma insatisfeitos com os termos do debate. A intervenção no Festival de 1967 da TV relativizou o conflito, demonstrando que instrumentos elétricos e arranjos de rock não eram necessariamente conflitantes com a tradição da música popular brasileira. Para Caetano, a elaboração de um "som universal" em diálogo com a bossa-nova, o iê-iê-iê, o rock internacional e a música de vanguarda era uma fase necessária da "evolução" dessa tradição. Gil reconhecia o papel da mídia de massa e salientava as conexões entre o "som universal" e a música pop. Suas inovações musicais coincidiram com eventos históricos em outras áreas da produção artística, que enfim convergiram sob o nome de Tropicália.

3
O MOMENTO TROPICALISTA

Vários meses depois que Gilberto Gil e Caetano Veloso lançaram o "som universal" no festival de 1967 da TV Record, a música deles foi apelidada de "tropicalismo" pela imprensa. Como observamos na Introdução, o nome do movimento era uma referência à composição "Tropicália", de Caetano, cujo título, por sua vez, fora inspirado em uma instalação do artista visual Hélio Oiticica. O termo era rico em conotações, pois brincava com imagens do Brasil como um "paraíso tropical" que remontava à carta escrita por Pero Vaz de Caminha ao rei de Portugal em 1500, relatando a "descoberta" do Brasil. Depois da independência do país, os românticos de meados do século XIX celebravam a paisagem tropical da nação como um símbolo distintivo do Brasil em relação à Europa. A designação também remontava ao "luso-tropicalismo", uma teoria desenvolvida por Gilberto Freyre nos anos 40 exaltando o empreendimento colonial português nos trópicos. Para os tropicalistas do final dos anos 60, essas representações oficiais do Brasil proporcionavam amplo material para uma apropriação irônica. Os tropicalistas criticavam certas formas de nacionalismo cultural, entre elas o patriotismo conservador do regime e o visceral anti-imperialismo da oposição de esquerda. Eles também satirizavam emblemas da brasilidade e rejeitavam fórmulas prescritivas para produzir uma cultura nacional "autêntica". Seria um erro, contudo, interpretar o movimento tropicalista como antinacional ou distanciado da cultura brasileira. Caetano diria mais tarde que a Tropicália promovia um "nacionalismo agressivo" em oposição ao "nacionalismo defensivo" da esquerda anti-imperialista (Dunn, 1996, p.123; Veloso, 1994, p.101). A obra do modernista iconoclasta Oswald de Andrade, que vinha sendo negligenciado desde a década de 1920, passou a ser central para o projeto tropicalista (Ferreira, 1972, p.763), uma vez que, na época, os poetas concretistas estavam envolvidos na produção de vários volumes críticos da obra de Oswald, aos quais Caetano e Gil tiveram acesso. Os tropicalistas se sentiam particularmente atraídos pela noção de antropofagia de Oswald, como uma estratégia de devorar criticamente as tecnologias e os produtos culturais estrangeiros a fim de criar uma arte, ao mesmo tempo, local e cosmopolita. Caetano afirmou que "a ideia do canibalismo cultural servia-nos, aos tropicalistas, como uma luva. Estávamos 'comendo' os Beatles e Jimi Hendrix" (Veloso, 1997, p.247).

Oswald de Andrade parecia pairar como um fantasma irreverente ao redor de grande parte da produção cultural brasileira, especialmente na música popular, no teatro e no cinema no fim da década de 1960. O renovado interesse pela obra de Oswald de Andrade fazia parte de uma revitalização mais generalizada da representação alegórica nas artes brasileiras. Como Oswald, os tropicalistas reveriam a questão da formação nacional, mas também utilizariam a alegoria para representar e criticar a regressão ao autoritarismo militar no Brasil. A alegoria não era uma constante na música tropicalista, mas vinha à tona intermitentemente em canções sobre a experiência urbana, a violência política e o posicionamento geopolítico do Brasil.

À medida que forças linha-dura entre os militares ganhavam ascendência no regime, o poder redentor da arte para mudar a sociedade parecia cada vez mais ilusório e vago. Havia certo ceticismo em relação à noção de que artistas e intelectuais poderiam atuar como uma vanguarda esclarecida liderando as massas para a revolução social. A marcha teleológica da história rumo à revolução e à liberação nacional deu lugar ao desencanto e à autocrítica. Os artistas voltaram o olhar para si mesmos, explorando com humor cáustico as contradições sociais dos intelectuais da classe média urbana. As manifestações culturais associadas com a Tropicália eram uma expressão da crise entre artistas e intelectuais (Buarque de Hollanda, 1980, p.55).

CONVERGÊNCIAS TROPICALISTAS

Na história da música popular brasileira, a Tropicália se destaca como um movimento particularmente receptivo a outros campos artísticos. Dois eventos de 1967 foram particularmente influentes: a estreia do filme *Terra em transe*, de Glauber Rocha, e a produção de *O rei da vela*, no Teatro Oficina, sob a direção de José Celso Martinez Corrêa. Essas duas produções marcaram distanciamentos radicais da obra anterior dos dois diretores e sinalizaram transformações nos respectivos campos artísticos. De formas distintas, anunciaram as crises políticas e existenciais dos artistas e intelectuais da esquerda durante o primeiro período do governo militar, expressando o desencanto com o populismo político e cultural do Partido Comunista Brasileiro, do CPC e dos artistas de protesto pós-golpe.

Os filmes de Glauber Rocha do início da década de 1960 se alinhavam com a visão do CPC de uma "arte popular revolucionária". Seu filme de 1964, *Deus e o diabo na terra do sol,* retratava a violência e a miséria do interior do Nordeste perpetuadas pelo latifúndio. Depois de matar um fazendeiro abusivo, um boiadeiro pobre e a mulher se unem a um radical movimento religioso milenarista que acabou sendo destruído pelas autoridades federais com a colaboração da Igreja Católica. Depois do massacre, o casal encontra um grupo de cangaceiros com os quais permanece até ser encontrado pelos mesmos caçadores de recompensas da polícia federal. A cena final mostra os dois fugindo pelo sertão, sugerindo a possibilidade de uma redenção popular, apesar das limitações dos movimentos religiosos milenaristas e da ação dos cangaceiros (Xavier, 1993, p.50-1; Johnson, 1984, p.128-35).

Exibido pela primeira vez em abril de 1967, *Terra em transe,* de Glauber Rocha, sinalizava a transição do artista de um utopismo redentor a uma radical desilusão. Ambientado em um país latino-americano imaginário (Eldorado), o filme retrata com uma postura crítica o posicionamento de artistas e intelectuais nas sociedades periféricas. O protagonista é Paulo Martins, um poeta e jornalista com grandiosas pretensões de trabalhar pela transformação radical. Ele é um revolucionário romântico e acredita que artistas e intelectuais devem atuar como uma vanguarda esclarecida e revolucionar as massas. No entanto, despreza e teme as pessoas destituídas, que alega defender. Paulo vai trabalhar para Felipe Vieira, a caricatura de um político populista candidato a governador. Nesse ambiente, ele conhece Sara, uma partidária do Partido Comunista, defensora da reforma populista como uma estratégia gradual para uma revolução proletária no futuro. O filme representa o populismo como a carnavalização da política na qual um carismático "homem do povo" manipula as classes populares por meio de expressões ostensivas de solidariedade e promessas de reforma social. Na campanha eleitoral de Vieira, seus seguidores levam cartazes em branco, sugerindo a falta de conteúdo das promessas eleitorais do candidato (Xavier, 1993, p.47-8). Como o carnaval, a campanha política populista reúne pessoas de todas as classes sociais para uma exuberante celebração do desejo popular. Da mesma forma que o carnaval termina na Quarta-Feira de Cinzas e a ordem é restaurada, o líder populista normalmente perpetua o status quo, uma vez eleito.

Após as eleições, Paulo se vê obrigado a reprimir suas crenças pessoais e expulsar um grupo de camponeses sem-terra que ocupou a propriedade do coronel Morais, um dos aliados de Vieira. As promessas eleitorais aos camponeses são ignoradas e as forças de segurança matam Felício, um líder camponês. A teoria é suplantada pela prática e o imaginário utópico de esquerda é esvaziado pela defesa cínica dos interesses de classe (Johnson; Stam, 1995, p.152-3). A cena mais impressionante do filme é uma manifestação de protesto contra um golpe de direita liderado por Porfirio Diaz (nome inspirado em um ditador mexicano do início do século XX), que representa os interesses oligárquicos conservadores sustentados pelo capital estrangeiro. Quando Diaz assume a presidência de Eldorado, o governador Vieira e seus colegas políticos se juntam às massas para dançar samba em um gesto inútil de resistência popular. Enojada com a farsa populista, Sara exorta um líder sindicalista local, Jerônimo, a falar em nome do povo. Quando a música perde a intensidade, um velho senador paternalista aborda Jerônimo e o manda expressar seu descontentamento: "Não tenha medo, meu filho: Fale! Você é o povo! Fale!" Depois de vários segundos de silêncio constrangido, Jerônimo balbucia algumas palavras sobre a luta de classes e a crise política do momento, mas conclui com a submissa recomendação de que "o melhor é esperar as ordens do presidente". Ele é imediatamente abordado por Paulo. Com a mão sobre a boca de Jerônimo para impedi-lo de falar, Paulo olha diretamente para a câmera e sarcasticamente provoca os espectadores: "Você vê o que é o povo? Um imbecil, um analfabeto, um despolitizado! Vocês já pensaram Jerônimo no poder?"

O filme de Glauber foi uma angustiante autocrítica direcionada aos artistas de esquerda adeptos da noção romântica de que a arte seria capaz de instigar e orientar a revolução social. Em um ponto do filme, Sara consola Paulo, dizendo que "poesia e política são demais para um homem só!" As verdadeiras relações de poder, que estruturam o antagonismo de classes entre camponeses e latifundiários e entre proletariado e burguesia, expõem as contradições fundamentais dos intelectuais progressistas no exato momento do conflito. Paulo e Sara tentam, em vão, convencer Felipe Vieira a resistir ao golpe. Quando o governador populista se recusa, Paulo quixotescamente ataca sozinho, mas é abatido a tiros pelas forças de segurança. Morre na praia enquanto Diaz é coroado, cercado de símbolos portugueses e católicos da conquista colonial. *Terra em transe* foi uma alegoria ao colapso da política populista e à ascensão de um regime autoritário em 1964. O filme sugere que a burguesia nacionalista e presumidamente "progressista" tem em última instância os mesmos interesses de classe que a oligarquia conservadora e seus patronos multinacionais. O poeta, enquanto isso, perde a fé na eficácia política de sua arte e morre resistindo ao golpe.

Cena do filme *Terra em transe*, de Glauber Rocha, 1967. Vieira cumprimenta as massas em uma manifestação populista enquanto os manifestantes levantam placas em branco, e os músicos, à direita, tocam samba. (Photofest)

Terra em transe, de Glauber Rocha, exerceu um imediato e profundo impacto sobre os artistas de outros campos. Caetano Veloso mais tarde afirmou que "toda aquela coisa de Tropicália se formulou dentro de mim no dia em que eu vi *Terra em transe*" (Veloso, 1997, p.123). Outro artista que diz ter sido inspirado pelo filme de Glauber Rocha foi José Celso Martinez Corrêa, o Zé Celso, que dirigiu a produção de *O rei da vela*, de Oswald de Andrade, no Teatro Oficina no outono de 1967. Depois de assistir ao filme, Zé Celso sentiu que o teatro brasileiro tinha sido deixado para trás pelo cinema, por causa da audácia e inovação estética. Oswald escreveu a peça em 1933, mas ela só foi publicada em 1937, ano em que Getúlio Vargas instaurou o autoritário Estado Novo. A peça foi censurada pelo regime Vargas e mais tarde ignorada por diretores e críticos durante as décadas de 1940 e 1950, quando grupos de teatro brasileiros como o Teatro Brasileiro de Comédia (TBC) aspiravam a apresentar produções elaboradas no estilo da Broadway.

Oswald escreveu *O rei da vela* aproximadamente na mesma época em que o dramaturgo francês Antonin Artaud publicava uma série de manifestos e artigos esboçando sua teoria de um "teatro da crueldade". Para Artaud, o teatro em geral tinha se tornado um exercício estéril e excessivamente psicológico restrito a "investigar alguns fantoches, transformando a plateia em um grupo de espreitadores". Ele procurava "reviver a ideia do teatro total, na qual ele volta a se apossar do cinema, do *music hall*, do circo e da própria vida, aquilo que sempre lhe pertenceu". O teatro para Artaud era uma espécie de ritual coletivo envolvendo o contato direto entre os atores e a plateia.[1] Algumas das técnicas e teorias de Artaud foram incorporadas na encenação do Teatro Oficina de *O rei da vela,* ainda que não fosse de forma ortodoxa ou programática. O Oficina canibalizou Artaud para criar sua própria prática teatral com raízes no contexto brasileiro. Zé Celso afirmou, na época, ter deixado de acreditar na eficácia do teatro racional e que a única possibilidade que restava era o "teatro da crueldade brasileira, do absurdo brasileiro, o teatro anárquico".[2]

Dentro do campo da produção teatral, o Teatro Oficina se posicionava contra o teatro "burguês", como o do TBC, e contra a proposta nacionalista-participante do Teatro de Arena e do Grupo Opinião. Zé Celso argumentava que o teatro brasileiro e seu público haviam se tornado cegos por certas "mistificações" em relação à eficácia do teatro de protesto: "O teatro tem hoje a necessidade de desmistificar, colocar este público no seu estado original, cara a cara com sua miséria, a miséria de seu pequeno privilégio feito à custa de tantas concessões, de tantos oportunismos, de tanta castração e recalque, e de toda a miséria de um povo [...] O teatro não pode ser instrumento de educação popular, de transformação de mentalidades na base do bom-meninismo. A única possibilidade é exatamente pela deseducação, provocar o espectador, provocar sua inteligência recalcada, seu sentido de beleza atrofiado, seu sentido de ação protegido por mil e um esquemas teóricos abstratos e que somente levam à ineficácia". Se as produções do Teatro de Arena tentavam estabelecer um ponto em comum entre o palco e a plateia, o "teatro de guerrilha" do Teatro Oficina buscava, acima de tudo, provocar o público a confrontar sua própria cumplicidade com as forças repressivas.

David George observou que a produção de *O rei da vela* no Teatro Oficina representou a primeira tentativa de aplicar a antropofagia oswaldiana ao teatro brasileiro.

---

1 Ver *Theatre and Cruelty* e *The Theater of Cruelty: First Manifesto,* de Artaud, em *Theater and Its Double,* na antologia de Antonin Artaud, 1974.

2 Tite de Lemos, A guinada de José Celso, *Revista Civilização Brasileira,* jul. 1968; reproduzido em *Arte em Revista.* Para uma discussão sobre a utilização de Artaud pelo Oficina, veja Silva, 1981, p.160-3.

Brutalidade jardim

O próprio texto canibalizava *Ubu Roi,* do dramaturgo francês Alfred Jarry (George, 1992, p. 76-8). A peça se concentra primariamente em formas de "baixa antropofagia", descrita no "Manifesto Antropófago" como "os pecados do catecismo – a inveja, a usura, a calúnia, o assassinato". A dependência econômica, o imperialismo estrangeiro e a cínica preservação dos interesses da classe dominante em épocas de crise econômica são os temas centrais do texto.

A peça gira ao redor do "rei da vela", um próspero e brutal agiota, Abelardo, que se aproveita da crise financeira internacional do início dos anos 30 para explorar os destituídos. Paralelamente, ele também tem um negócio de venda de velas, objetos simbolicamente polivalentes que fazem referência à morte (i.e., objetos utilizados em rituais funerários), ao subdesenvolvimento (i.e., fontes de luz na ausência de eletricidade) e à dominância sexual (i.e., objetos fálicos). Seu sócio igualmente desagradável, Abelardo II, proclama-se o "primeiro socialista que aparece no teatro brasileiro" e expressa suas intenções de, mais cedo ou mais tarde, assumir o negócio:

> Abelardo I: Pelo que vejo o socialismo nos países atrasados começa logo assim... Entrando num acordo com a propriedade...
> Abelardo II: De fato... Estamos num país semicolonial...
> Abelardo I: Onde a gente pode ter ideias, mas não é de ferro.
> Abelardo II: Sim. Sem quebrar a tradição. (Andrade, 1991, p.47).

Os "socialistas" podem acolher ideias radicais, mas flexíveis o suficiente para não ameaçar a "tradição" dos privilégios das classes dominantes.

O enredo central envolve um aristocrata e plantador de café falido, o Coronel Belarmino, que providencia para que a filha, Heloísa de Lesbos, se case com o rei da vela burguês em ascensão, para salvar a família da ruína financeira. O segundo ato, ambientado no Rio de Janeiro, apresenta um grupo de personagens bizarros e desonestos da família Belarmino, todos competindo pela atenção de Abelardo. A tia de Heloísa, Dona Poloquinha, flerta descaradamente com Abelardo enquanto proclama suas virtudes e seu sangue aristocrata. Seu irmão fascista, Perdigoto (aparentemente um membro do Partido Integralista), tenta conquistar o apoio financeiro de Abelardo para organizar uma "milícia patriota" a fim de reprimir o movimento dos trabalhadores. O próprio Abelardo é completamente subserviente a Mr. Jones, o investidor norte-americano que exige seus "direitos" sobre Heloísa.

A encenação de *O rei da vela* pelo Oficina foi uma farsa fantasmagórica que satirizava a pompa oficial, ridicularizava abertamente o "bom gosto" e se deleitava com o grotesco. O cenógrafo, Hélio Eichbauer, tomou por empréstimo técnicas do expressionismo alemão para criar cenas que provocavam estranhamento. Um palco giratório produzia uma atmosfera delirante, que lembrava um carrossel, no qual os atores e o cenário se mantinham em eterno movimento. No primeiro ato, Abelardo II aparece vestido de domador de animais, enquanto subjuga um grupo de devedores enjaulados com um chicote, sugerindo uma atmosfera de circo para o empreendimento brutal. O segundo ato, ambientado na praia de uma ilha perto do Rio de Janeiro, mostra o elenco em férias. O cenário de Eichbauer mostra Abelardo vestido como um dândi tropical, segurando notas de dólar. Folhas de bananeira e cocos enquadram um panorama da Baía de Guanabara com pontos turísticos populares, o Pão de Açúcar e o Corcovado, vistos a distância (ver imagem 11 do caderno de imagens). Para a cena, Zé Celso incorporou o estilo do teatro de revista, além de elementos das chanchadas, que misturavam música e humor (Silva, 1981, p.145-6). Uma inscrição no cenário cita ironicamente Olavo Bilac, o poeta parnasiano, famoso por seu patriotismo efusivo: "Criança, nunca, jamais, verás um país como este!". O terceiro ato mostra a morte tragicômica de Abelardo, a ascensão de Abelardo II e a intervenção de Mr. Jones como principal mediador do poder. Zé Celso optou por um melodrama operístico ao pontuar a cena com músicas da ópera de Carlos Gomes *Lo schiavo* (O escravo) (1888), aludindo, dessa forma, à relação de vassalagem do Brasil.[3] A utilização da ópera por Zé Celso no ato final muito provavelmente foi inspirada em *Terra em transe,* de Glauber Rocha, que apresentava trechos das óperas *Ilguarani,* de Gomes, e *Otello,* de Verdi.[4] Nas duas produções, a ópera era utilizada para criar uma aura de falsidade e artificialismo.

Mais tarde, Zé Celso afirmou que a encenação da peça de Oswald foi em parte inspirada pelos estereótipos estrangeiros em relação ao Brasil:

> Quando eu estudava *O rei da vela,* saiu na capa de *Time...* uma foto do presidente Costa e Silva em cores, com uma bandeira verde e amarela no fundo. Dentro, uma reportagem com fotos, para estrangeiro ver, de 'nossa gente' e 'nossas riquezas'. Isso me deu um choque: no meu ouvido batia o outro lado da coisa.[5]

---

3 Carlos Gomes (1836-96) foi o mais aclamado compositor de óperas do Brasil. *Lo schiavo* foi apresentado pela primeira vez no Teatro Lírico do Rio de Janeiro no dia 27 de outubro de 1889, pouco mais de um ano após a abolição da escravatura e semanas antes da queda da monarquia. A ópera foi patrocinada e dedicada à Princesa Isabel, que, no dia 13 de maio de 1888, assinou a Lei Áurea, formalizando o fim da escravidão. Ver *Enciclopédia da música brasileira,* p.335.

4 Ver Graham Bruce, *Alma Brasileira: Music in the Films of Glauber Rocha,* Johnson; Stam, 1995.

5 *O sol ainda brilha? Veja,* 23 nov. 1977, p.74.

Cena do segundo ato de *O rei da vela,* de Oswald de Andrade, produzida pelo Teatro Oficina, 1967. (Fredi Kleeman/Multimeios-PMSP)

Zé Celso brincava com os estereótipos que seus contemporâneos buscavam combater. Revela também uma leitura da cultura brasileira em sintonia com "o outro lado da coisa", eclipsado pelas tentativas do regime de projetar uma imagem idílica no Brasil e no exterior. O Teatro Oficina buscou se apropriar ironicamente dos estereótipos sobre a cultura e a sociedade brasileiras para transmitir uma mensagem relativa à dependência e à exploração sob o governo militar.

A produção de *O rei da vela* pelo Teatro Oficina foi um divisor de águas nos palcos brasileiros. Em 1968, o grupo apresentou a peça em festivais internacionais na Itália e na França e produziu várias versões depois de voltar ao Brasil (George, 1992, p.63). No começo dos anos 70, Zé Celso deu início à produção de um filme experimental baseado em *O rei da vela,* concluído em 1984, mas nunca distribuído. Na versão cinematográfica, a sequência da peça foi substancialmente alterada, produzindo um filme estendido e não linear que apresentava uma mistura de cenas em palco, imagens de arquivo e apresentacões improvisadas em público.

Como todas as expressões artísticas no Brasil durante a década de 1960, as produções teatrais eram cada vez mais investigadas por censores estaduais e federais. Em 1968, a intervenção do governo se tornou tão intensa que a comunidade teatral de São Paulo declarou uma greve geral para protestar contra a censura (George, 1992, p.105). Formas ainda mais sinistras de interferência e repressão subsequentemente ameaçaram a comunidade teatral. Depois de *O rei da vela,* Zé Celso dirigiu *Roda viva,* uma peça escrita por Chico Buarque sobre a cínica fabricação de pop stars para o consumo de massa. Os experimentos de Zé Celso com o teatro da crueldade foram ainda mais radicalizados em *Roda viva,* peça na qual o palco e a plateia se tornaram quase indistinguíveis. Nessa peça, Zé Celso trabalhou com um coro composto de atores não profissionais. Em uma cena, o protagonista Ben Silver, uma celebridade da música pop, é crucificado de forma ritualística e pedaços de fígado cru são distribuídos aos espectadores, que, dessa forma, passam a ser envolvidos no consumo antropofágico do ídolo pop. Outra cena apresenta a Virgem Maria de biquíni, girando diante das lentes fálicas de uma câmera de TV. Um personagem circula pelo teatro gritando obscenidades para a plateia. A encenação de *Roda viva* acabaria provocando a ira dos membros de direita da sociedade brasileira. Durante uma apresentação no Teatro Galpão, em São Paulo, uma organização paramilitar de direita, o Comando de Caça aos Comunistas (CCC), invadiu o teatro, destruiu os adereços e espancou os atores, alegando que a peça era "imoral" e "subversiva". Quando *Roda viva* foi em turnê para Porto Alegre, soldados do próprio exército brasileiro invadiram o hotel onde estavam hospedados os atores, espancaram o elenco e raptaram um ator e a estrela da peça, Elizabeth Gasper, que tentaram estuprar. Depois levaram todos de volta para São Paulo em um ônibus militar (George, 1992, p.105; Ventura, 1968, p.229-37. Agradeço a Zé Celso Martinez Corrêa por ter revelado detalhes importantes sobre estes acontecimentos).

O rei da vela do Teatro Oficina foi bem recebido pelos críticos teatrais e teve um impacto significativo na elaboração do projeto tropicalista. Apesar de Caetano Veloso ter composto sua canção-manifesto "Tropicália" antes de ver a peça, ele reconheceu sua influência em uma entrevista no fim de 1967: "Eu sou o 'Rei da Vela' de Oswald de Andrade produzido pelo Teatro Oficina".[6] Ao ver a peça, Caetano percebeu que havia uma convergência de afinidades em várias áreas da produção cultural, o que sugeria o início de um "movimento" (Veloso, 1997, p.224).

---

6 Veja Carlos Acuio, Por que canta Caetano Veloso?, *Manchete,* 16 dez. 1967; reproduzido em Veloso, 1977.

Nem todos os críticos e artistas se entusiasmaram tanto com *O rei da vela*. Roberto Schwarz argumentou, por exemplo, que o teatro agressivo do Oficina, que muitas vezes envolvia insultos físicos e verbais à plateia, jogava com "o cinismo da cultura burguesa diante da si mesma". As táticas do Oficina acabaram se resumindo a uma "manipulação psicológica" que fechava todas as possibilidades de ação política: "A dessolidarização diante do massacre, a deslealdade criada no interior da plateia são absolutas, e repetem o movimento iniciado pelo palco (Schwarz, 1978, p.80). Apesar de Schwarz ter se mantido cético em relação ao espírito redentor das produções do Opinião e do Arena, ele se mostrava particularmente incomodado pelo niilismo do Oficina, que parecia se limitar a desmoralizar a esquerda.

Augusto Boal, o diretor do Teatro de Arena, também escreveu uma crítica severa ao "teatro de guerrilha" do Oficina. Vale analisar esse ataque, já que ecoavam denúncias mais gerais ao movimento tropicalista. No final de 1968, Boal organizou a Primeira Feira Paulista de Opinião, um festival que reuniu artistas, em sua maioria diretores de teatro e músicos populares, incluindo Edu Lobo, Sérgio Ricardo, Caetano Veloso e Gilberto Gil. No programa do festival, Boal publicou o ensaio "O que você pensa do teatro brasileiro?", no qual analisava as principais correntes do teatro de esquerda no Brasil. Ali, ele explicava que a intenção do evento era cultivar a unidade na dividida comunidade artística de esquerda. No entanto, o texto acabou se revelando um vigoroso ataque ao Teatro Oficina e ao movimento tropicalista em geral. Criticava o tropicalismo em vários sentidos, alegando que o movimento era "neorromântico", porque atacava apenas as aparências da sociedade, e "homeopático", porque só era capaz de criticar por meio da afirmação irônica da cafonice. Afirmava que a sátira tropicalista era "inarticulada" porque em última instância proporcionava entretenimento para um público privilegiado, em vez de chocá-lo: "[Ele] pretende *épater*, mas consegue apenas *enchanter les bourgeois*". Por fim, argumentava que o fenômeno tropicalista era "importado", já que os músicos imitavam os Beatles e os diretores de teatro imitavam o Living Theater (um grupo de teatro experimental dos Estados Unidos). Outros críticos faziam ecoar a crítica de Boal segundo a qual os tropicalistas eram imitadores. Um jornalista escrevendo para o *Última Hora* ridicularizava os músicos tropicalistas por "copiar" o pop estrangeiro: "Ocorre a necessidade de se estabelecer um paralelo entre o trabalho dos jovens tropicalistas e o original inglês, onde os Beatles deixam mais acessível e claro seu impulso criador. A diferença básica é o estágio cultural".[7]

---

7 Francis Paulino, A influência de Paco Rabane na música popular brasileira, ou O tropicalismo maior de Charles Lloyd, *Última Hora*-SP, 27 out. 1968.

Para esses críticos, a Tropicália não passava de uma imitação de segunda categoria de modelos existentes nos países dominantes.

Boal conclui que a Tropicália era um movimento equivocado e potencialmente perigoso para os artistas de esquerda devido à "ausência de lucidez". Ele parecia se incomodar com a atitude iconoclasta e ambígua dos tropicalistas e defendia vigorosamente tanto o próprio território, a facção "sempre de pé", que incluía o Teatro de Arena como uma visão binária ou "maniqueísta" da cultura e da política; além disso, não tinha paciência para ambiguidades: "Que isto fique bem claro: a linha 'sempre de pé', suas técnicas específicas, o maniqueísmo e a exortação – tudo isso é válido, atuante e funcional, politicamente correto, para a frente etc. etc. etc. etc. Ninguém deve ter pudor de exaltar o povo, como parece acontecer com certa esquerda envergonhada... Maniqueísta foi a ditadura. Contra ela e contra os seus métodos deve maniqueisticamente levantar-se a arte de esquerda no Brasil" (Boal, 1979, p.43-4). A postura "politicamente correta" de Augusto Boal, com raízes na experiência populista do CPC, tinha pouco em comum com a atitude anárquica e irônica dos tropicalistas.

Os músicos tropicalistas também mantinham diálogo com as artes visuais, especialmente com o neorrealismo carioca e o neoconcretismo, duas correntes distintas no Rio de Janeiro. O neorrealismo tinha em comum muitas das mesmas características encontradas na arte pop anglo-americana: rejeição da arte "elitista" modernista; interesse pela mídia popular, como o design gráfico, os quadrinhos e fotos de jornal; experimentação, com a produção de massa; e foco na vida cotidiana. Em comparação com a arte pop metropolitana, contudo, os neorrealistas eram mais engajados com a crítica social e política.

Rubens Gerchman, por exemplo, produziu uma série de pinturas, *Os desaparecidos* (1965), com base em austeras fotografias em preto e branco de pessoas desaparecidas, supostamente vítimas da repressão militar pós-golpe. Outras pinturas de Gerchman do mesmo período se apropriavam da iconografia kitsch da cultura popular urbana. *Concurso de miss* (1965) apresenta uma fila de mulheres usando biquínis com sorrisos plásticos diante de um grupo de fotógrafos e espectadores. Diferentemente da série *Marilyn Monroe*, de Andy Warhol, as concorrentes representando os vários estados brasileiros não apresentam nenhum glamour ou fama (Coutinho, 1989, p.10). *O rei do mau gosto* (1966), de Gerchman, é uma obra em que a multimídia incorpora o brasão de um clube de futebol local, um coração com as palavras "Amo-te" rodeadas de vidro chanfrado e uma bandeja laqueada com dois papagaios, uma palmeira e o Pão de Açúcar ao pôr-do-sol (ver imagem 8 do caderno de imagens). A utilização desses itens sugeria que o "popular" poderia ser encontrado em meio aos objetos e emblemas aparentemente medíocres das massas urbanas. Sua obra mais famosa da

Brutalidade jardim

década de 1960, *Lindoneia,* foi a inspiração para uma música tropicalista de Caetano Veloso, que discutiremos a seguir.

O inovador e teórico mais radical das artes visuais brasileiras durante os anos 60 foi Hélio Oiticica.[8] No início da década, Oiticica tinha participado do movimento neoconcreto, em que se procurava chamar o espectador para participar ativamente da criação do sentido da obra. A meta final era abolir a separação entre a arte e a vida. A questão para ele não era como a realidade era representada na arte, mas como os experimentos na arte poderiam ser aplicados à vida. Sua conceituação da prática vanguardista não se baseava na inovação estética, mas na criação do que o crítico brasileiro Mário Pedrosa chamou de "antiarte ambiental", capaz de criar ambientações e contextos para experimentos comportamentais coletivos. A arte deveria ser um "exercício experimental da liberdade", capaz de transformar as pessoas por meio da experiência sensorial.[9]

Para Oiticica, o artista deveria propor práticas, em vez de criar objetos artísticos para a contemplação passiva. No início da década de 1960, ele realizou a primeira experimentação com a antiarte ambiental, que demandava o envolvimento ativo dos espectadores/participantes. Durante esse período, desenvolveu um relacionamento próximo com membros da escola de samba da Mangueira, que o inspiraram a explorar as dimensões performáticas da arte visual. O primeiro experimento nessa linha foi a criação dos parangolés, uma série de capas multicoloridas de várias camadas para ser vestidas por participantes ativos que se tornariam parte da obra de arte em si. A palavra "parangolé" era uma gíria utilizada no Rio de Janeiro para descrever um "acontecimento" espontâneo e repentino que produz alegria. Segundo as anotações de Oiticica, a utilização de parangolés requer "participação corporal direta" , por pedir que o corpo se movimente, "que *dance,* em última análise".[10] A primeira exibição pública dos parangolés, em 1964, no Museu de Arte Moderna, foi feita com sambistas da Mangueira.

Oiticica radicalizou ainda mais a experimentação com a antiarte ambiental em 1967, quando apresentou a instalação *Tropicália* na exposição coletiva *Nova Objetividade Brasileira,* no Museu de Arte Moderna do Rio de Janeiro (ver imagem 9 do cader-

---

8 Ao longo dos anos 60 e 70, Hélio Oiticica escreveu abundantes observações explicando a teoria por trás de sua obra. Uma fonte indispensável de consulta é o catálogo de uma retrospectiva internacional de 1992, Hélio Oiticica, incluindo os textos do artista e ensaios de Guy Brett, Catherine David, Waly Salomão e Haroldo de Campos. Ver também o catálogo da exposição *Tropicália: Uma Revolução na Cultura Brasileira* organizada por Carlos Basualdo.

9 Veja Mário Pedrosa, Programa ambiental, p.103-4, e Brett, O exercício experimental da liberdade, p.222-3. In: Hélio Oiticica (1993); Favaretto, 1992, p.168.

10 Veja Oiticica, Bases fundamentais para uma definição do parangolé e Anotações sobre o parangolé. In: Hélio Oiticica, 1993.

no de imagens). Ele concebeu esse projeto como uma crítica à arte pop internacional e suas manifestações no Brasil, buscando criar uma "nova linguagem com elementos brasileiros", por meio da criação de um espaço ambiental tridimensional inspirado na favela da Mangueira. A instalação fazia referência à "arquitetura orgânica" das favelas, às construções inacabadas, aos terrenos vazios e a outros aspectos materiais de espaço urbano em processo de formação. Oiticica descreveu *Tropicália* como "a primeiríssima tentativa consciente, objetiva, de impor uma imagem obviamente 'brasileira' ao contexto atual da vanguarda e das manifestações em geral da arte nacional". A obra consiste em duas estruturas, ditas "penetráveis", feitas de madeira e tecido estampado com cores vivas, que lembram os barracos da favela. Trilhas de areia, pedregulhos e plantas tropicais circundam as estruturas, enquanto papagaios vivos se agitam em uma grande gaiola. O "penetrável" principal convida o participante a entrar em uma passagem escura e labiríntica com um televisor ligado no final. A estrutura "devora" o participante no brilho incandescente da imagem transmitida pela televisão. Ciente da poética oswaldiana, Oiticica se referiu à instalação como "a obra mais antropofágica na arte brasileira".[11] A utilização de um símbolo tão comum de comunicação moderna em uma estrutura similar a uma favela cercada de papagaios e tecidos com estampas florais salientava as disjunções da modernidade em um país em desenvolvimento, no qual diferenças entre o tecnológico e o tropical, o moderno e o arcaico, o rico e o pobre criam contrastes marcantes. Esse tipo de justaposição, que sugeria que o subdesenvolvimento estava incluído no processo de modernização conservadora do Brasil, viria a se tornar a marca registrada da produção cultural tropicalista. O "penetrável" secundário é uma estrutura aberta contendo a inscrição "Pureza é um mito", uma máxima tropicalista que sugere a impossibilidade da autenticidade nativa.

Alguns críticos questionaram se essas manifestações de cinema, teatro e artes visuais deveriam ser consideradas tropicalistas. Antonio Risério argumentou que a "Tropicália foi básica e essencialmente coisa da cabeça de Caetano" e que, por isso, de modo algum constituía um movimento artístico geral (Risério, 1998, p.11). De fato, a Tropicália só se consolidou como um movimento no campo da música popular. *Terra em transe,* de Glauber Rocha, *O rei da vela,* do Teatro Oficina, e a instalação *Tropicália,* de Oiticica, foram identificados como tropicalistas apenas depois do surgimento do movimento musical. Em 1967, quando essas obras foram apresentadas ao público, elas não eram necessariamente percebidas como parte da mesma lógica cultural que permeava seus diferentes campos. Foram interpretadas dentro dos limites das áreas

---

11 Oiticica, Tropicália. In: Hélio Oiticica, 1993, p.124.

específicas do cinema, do teatro e das artes visuais, respectivamente. Dito isso, é importante reconhecer, mesmo assim, a natureza profundamente dialógica da produção cultural do fim da década de 1960 no Brasil. O próprio Caetano afirmou várias vezes que *Terra em transe* e *O rei da vela* foram eventos cruciais por lhe revelar um "movimento que transcendia o âmbito da música popular" (Veloso, 1997, p.244).

Mesmo no âmbito mais restrito da música popular, a explicação "caetanocêntrica" de Risério subestima as contribuições dos colegas baianos e seus aliados, registradas em álbuns-solo tropicalistas lançados entre 1968 e 1969 por Gilberto Gil, Tom Zé, Os Mutantes, Rogério Duprat, Nara Leão e Gal Costa. Até a irmã de Caetano, Maria Bethânia, que não participava formalmente do movimento tropicalista, gravou um LP ao vivo em 1968 com músicas tropicalistas. Caetano assumiu o papel de porta-voz da Tropicália, especialmente depois de ser constituída como um movimento formal, mas sempre trabalhou em colaboração com o grupo baiano e em diálogo com artistas de outras áreas que expressavam ideias similares.

◇◇◇◇◇◇◇◇◇◇◇◇◇◇◇◇◇

AS RELÍQUIAS DO BRASIL: TROPICÁLIA E ALEGORIA

Os marcos culturais de 1967, especialmente *Terra em transe,* de Glauber Rocha, *O rei da vela,* do Teatro Oficina, e *Tropicália,* de Hélio Oiticica, sinalizaram uma revitalização da alegoria moderna. Na definição grega clássica, a alegoria denota qualquer representação verbal ou visual que "diz outra coisa" *(allos-agoreuein),* muitas vezes gerando obliquamente o significado por meio de abstrações figurativas. Na mitologia greco-romana e nos comentários bíblicos dos períodos medieval e barroco, a alegoria era um modo de representação que evocava correspondências entre a realidade material e o mundo espiritual. No século XIX, os poetas românticos rejeitaram as convenções alegóricas como alusões mecânicas e arbitrárias. Em oposição à alegoria, os românticos privilegiavam o símbolo como um modo de representação que cristalizava verdades eternas e universais.

As formulações modernas de alegoria se fundamentam em grande parte na crítica de Walter Benjamin aos românticos, em seu estudo do *trauerspiel,* a melancólica tragédia do barroco alemão. Benjamin detectou semelhanças entre o período barroco e o pós--Primeira Guerra Mundial na Europa – ambos marcados pela decadência – e defendeu a expressão alegórica como particularmente relevante aos dilemas da modernidade. A utilização da alegoria é frequentemente identificada com expressões artísticas de derrota política ou desilusão (Avelar, 1999, p.68-77). Enquanto o símbolo constrói imagens de totalidade orgânica, afirma Benjamin, a alegoria representa a história como um conjunto heterogêneo de fragmentos: "As alegorias estão para o reino do pensamento como as ruínas estão para o reino das coisas" (Benjamin, 1925, p.178). *Terra em transe,* de Glauber Rocha, e a encenação de *O rei da vela* pelo Teatro Oficina podem ser interpretados como modernos *trauerspiel* brasileiros, nos quais o passado colonial e o presente neocolonial são representados como espetáculos de derrota e decadência política.

Nem todas as alegorias tropicalistas da história e da cultura brasileira são tão cáusticas e desesperadoras como *Terra em transe* e *O rei da vela.* Uma das alegorias nacionais mais marcantes do período foi a pintura de Glauco Rodrigues *Primeira missa no Brasil* (1971), produzida após o auge do movimento tropicalista, mas claramente inspirada por sua linha alegórica (ver imagem 12 do caderno de imagens). A pintura de Rodrigues foi uma paródia tropicalista de uma celebrada pintura de mesmo nome produzida em 1861 por Vitor Meirelles, um artista academista do final do período romântico no Brasil. A pintura de Meirelles representa a primeira missa celebrada por exploradores portugueses, após a chegada da frota liderada por Pedro Álvares Cabral em 1500. Na pintura, um padre e um séquito de clérigos e soldados, que parecem ascender ao céu, consagram a recém-descoberta terra tropical em nome da cristandade portuguesa. Índios brasileiros são vistos em galhos de árvores e ajoelhados no chão em reverência para testemunhar o evento com grande assombro e curiosidade. A pintura naturalista de Meirelles representa dois temas dominantes do romantismo euro-americano do século XIX: o encontro épico entre a civilização e a natureza e o catecismo e a domesticação do "bom selvagem".

Rodrigues manteve o esboço básico de Meirelles com prelados e conquistadores ascendendo no canto esquerdo do quadro. Vários celebrantes portugueses quase parecem ter sido trazidos diretamente da pintura original. No entanto, a pintura de Rodrigues também apresenta uma série de figuras anacrônicas e fora de lugar, de diversas temporalidades históricas, classes sociais e culturas. Um banhista branco da classe média vagueia pela praia, observando a cerimônia com interesse casual. Ele usa um cocar de penas, um colar de dentes e pintura corporal indígena, mas também usa óculos de sol, calção de banho amarelo, sandálias de borracha e uma toalha azul, acessórios de um *habitué* moderno da praia de Copacabana. Atrás dele, à direita, estão um porta-estandarte e um passista de escola de samba do Rio de Janeiro. Ao fundo, um iaô (iniciado) do candomblé está sentado em transe. Na pintura de Meirelles, os índios são representados como objetos da natureza ou como respeitosos convertidos à fé colonialista. Na pintura de Rodrigues, por outro lado, dois índios brasileiros de costas para a cerimônia confrontam diretamente o observador, como se questionassem a representação desse momento fundador. Além de dois papagaios caricaturais e algumas plantas tropicais, não há outros elementos da natureza. Há apenas um fundo branco, sugerindo que a nação, no passado e no presente, não tem como ser apreendida como uma totalidade coerente, mas somente como um painel de "tantos irreconciliáveis Brasis", como observou Luís Fernando Veríssimo (Rodrigues, 1989, p.33-5). A solenidade religiosa da primeira missa é satirizada com senso de humor na carnavalesca alegoria de Rodrigues da história e da cultura brasileiras.

A canção-manifesto de Caetano "Tropicália", a primeira faixa de seu primeiro álbum solo de 1968 (ver imagem 3 do caderno de imagens), é o exemplo mais notável de representação alegórica na música brasileira. Como alegoria nacional, a música evidencia tanto o amargo desespero do filme de Glauber como a exuberância carnavalesca da pintura de Rodrigues. A letra de "Tropicália" forma uma montagem fragmentada de eventos, emblemas, ditados populares e citações musicais e literárias. Apesar de não explicitado, o tema mais evidente na música é Brasília, o monumento à alta arquitetura modernista e à modernização desenvolvimentista que se tornou o centro político e administrativo do regime militar depois de 1964. "Tropicália" alude à trajetória de Brasília de um símbolo utópico de progresso nacional à alegoria antiutópica do fracasso de uma modernidade democrática no Brasil. Caetano explica: "Era uma imagem assim de grande ironia, e a descrição do monumento era como se fosse uma descrição de uma imagem mais ou menos inconsciente da sensação de estar no Brasil e ser brasileiro naquela época. Então, você pensa em Brasília, no Planalto Central, e há um orgulho pela arquitetura, mas ao mesmo tempo não é disso que se está tratando. Era 'que monstro é que ficou', porque Brasília foi construída e logo depois veio a ditadura e Brasília esteve sempre ali como centro da ditadura" (Dunn, 1996, p.130-1; Veloso, 1994, p.105). Na música, Brasília é apresentada como um "monumento" feito de "papel crepom e prata", sugerindo que a brilhante grandiosidade do exterior oculta uma estrutura frágil, da mesma forma como a triunfante inauguração da capital futurista eclipsou um contexto mais amplo de subdesenvolvimento e desigualdade social.

"Tropicália", de Caetano, também é um irônico monumento à literatura e à cultura brasileiras que inclui referências textuais ao escritor romântico José de Alencar, ao poeta parnasiano Olavo Bilac, ao compositor Catulo da Paixão Cearense e aos ícones pop Carmen Miranda e Roberto Carlos. A música começa com uma declamação parodiando um texto fundador da literatura nacional. Quando o engenheiro de som, Rogério Gauss, testava os microfones para a gravação, o baterista Dirceu improvisou uma paródia à Carta de Pero Vaz de Caminha ao rei de Portugal. "Quando Pero Vaz de Caminha descobriu que as terras brasileiras eram férteis e verdejantes, escreveu uma carta ao rei: 'Tudo que nela se planta, tudo cresce e floresce'. E o Gauss da época gravou". Em sintonia com os gestos aleatórios e cômicos da música de vanguarda dos anos 60, o regente e arranjador da sessão, Júlio Medaglia, decidiu incorporar a paródia anacrônica aos sons "primitivos" de tambores, sinos e assobios agudos que lembravam os sons de aves. Após o divertido anacronismo, entra o som de uma orquestra de metais e cordas, criando uma atmosfera de suspense épico.

A música é narrada em primeira pessoa, como se o próprio Caetano fosse o protagonista dessa jornada surreal pelo interior do Brasil. Na primeira estrofe, o narrador se posiciona como um líder observando Brasília: "Eu organizo o movimento / eu oriento o carnaval / eu inauguro o monumento / no planalto central do país". O primeiro refrão introduz uma oposição binária entre o moderno e o arcaico, que estrutura o discurso de toda a música: "Viva a bossa-sa-sa / viva a palhoça-ça-ça-ça". A bossa-nova, o sofisticado "produto acabado" associado à modernidade, é justaposta à palhoça. Refrões subsequentes rimam "mata" e "mulata", "Maria" e "Bahia", "Iracema" e "Ipanema". "Tropicália", de Caetano, atualiza a metáfora binária oswaldiana da "floresta e a escola". Augusto de Campos mais tarde apontaria as afinidades da música com a poesia modernista de Oswald de Andrade, classificando-a de "nossa primeira música pau-brasil" (Campos, 1974, p.162).

À medida que o narrador se aproxima da portaria do monumento futurista na segunda estrofe, os contextos espaciais e temporais se chocam no âmbito do arcaico: "O monumento não tem porta / a entrada é uma rua antiga, estreita e torta". Dentro do monumento, vemos "uma criança sorridente, feia e morta [que] estende a mão", como quem pede esmola. Mais do que qualquer outra, essa passagem ressoa como a alegoria de Benjamin: "A história em tudo o que nela desde o início é prematuro, sofrido e malogrado, se exprime num rosto – não, numa caveira" (Benjamin, 1925, p.166). O fantasma da criança morta é uma alegoria da derrota da modernização redistributiva e da manutenção da pobreza abjeta.

Celso Favaretto observou as formas nas quais "Tropicália" é uma alegoria específica do contexto político brasileiro da década de 1960, por meio de referências às mãos direita e esquerda (Favaretto, 1996, p.65-6). Na terceira estrofe, por exemplo, Caetano parodia um samba de roda tradicional, substituindo a segunda frase do verso – "a mão direita tem uma roseira / que dá flor na primavera" – com "autenticando a eterna primavera", uma frase que sugere a manipulação deliberada da natureza para projetar uma imagem de eterno paraíso. A frase subsequente, contudo, destrói a cena idílica com uma referência incisiva a urubus, um sinal de morte iminente, quando o interior do Nordeste é afligido pela seca: "E no jardim os urubus passeiam / a tarde inteira / entre os girassóis". A esquerda, enquanto isso, é apresentada como um bandido armado que tenta de forma disparatada empunhar uma arma usando o pulso.

Essa incapacidade de agir é compensada por um apelo à cultura popular, sugerida pela frase "mas seu coração / balança um samba de tamborim".

A estrofe final alude diretamente ao cenário da música popular dos anos 60. Diferentemente das metamúsicas de Chico Buarque e Edu Lobo, que refletem o valor redentor da música, "Tropicália" satiriza o conflito central da música popular pós-1964 entre a segunda geração da bossa-nova e as estrelas de rock da Jovem Guarda:

> domingo é o fino da bossa
> segunda-feira está na fossa
> terça-feira vai à roça, porém
> o monumento é bem moderno
> não disse nada do modelo do meu terno
> que tudo mais vá pro inferno, meu bem

Caetano Veloso (à direita) e Gilberto Gil nos bastidores em 1968. (Abril Imagens)

O programa de televisão de Elis Regina, "O fino da bossa", transmitido nas tardes de domingo, a "fossa", denotando angústia e depressão utilizada para descrever um estilo vocal melodramático dos anos 50 e a "roça", uma referência ao Brasil rural, sugerem uma regressão do moderno ao arcaico. Ele também menciona o grande sucesso de Roberto Carlos de 1965 e suas roupas personalizadas. A música explode euforicamente no último refrão – "Viva a banda-da-da, Carmen Miranda-da-da-da" –, que alia o sucesso de Chico Buarque no festival de 1966, "A banda", à primeira estrela brasileira de exportação.

Com a repetição da última sílaba de "Miranda", Caetano também evocava o dadaísmo, um projeto de vanguarda que buscava expor e, em última instância, criticar os mecanismos sociais, culturais e institucionais envolvidos na produção e no consumo de um objeto reconhecido como "arte". Na década de 1960, artistas pop promoviam ataques similares ao Modernismo tardio, exemplificados pelo expressionismo abstrato, gerando representações de objetos e ícones banais da sociedade de massa, como uma lata de sopa Campbell's e Marilyn Monroe. Caetano observou que a menção a Carmen Miranda nessa música "era como Andy Warhol colocando a lata de sopa na pintura".[12]

Vários críticos interpretaram a reciclagem tropicalista de material datado ou banal como uma forma de paródia envolvendo a ridicularização irônica, similar às práticas modernistas voltadas a uma ruptura estética com os discursos culturais e os estilos do passado.[13] No entanto, "Tropicália", de Caetano, parece mais em sintonia com o pastiche, que mantém uma postura neutra em relação ao passado. De acordo com Fredric Jameson, o pastiche "é neutro, sem as motivações ocultas da paródia, sem o impulso satírico, sem riso e sem nenhuma convicção". Trata-se de uma "paródia lacunar", envolvendo a "canibalização aleatória de todos os estilos do passado", uma característica de grande parte da produção cultural pós-moderna (Jameson, 1991, p.17-8). Apesar de as músicas tropicalistas muitas vezes transmitirem um senso de distanciamento irônico em relação aos textos literários e aos discursos culturais que formaram a identidade nacional brasileira, há vários casos nos quais expressam uma atitude mais "neutra", própria da estética do pastiche.

A leitura que o próprio Caetano faz de "Tropicália", em especial a referência a Carmen Miranda no final da música, sugere uma estética similar ao pastiche. A música em si não era um pastiche musical de Carmen Miranda, já que não fazia nenhuma referência mimética a seu estilo vocal distintivo. A relação com a estética do pastiche pode ser detectada na forma "neutra", isenta de sarcasmo, na qual Carmen Miranda é evocada como ícone cultural. Observando que sua primeira exposição à arte pop norte-americana na XIX Bienal de São Paulo em 1967 "confirmou uma tendência que estávamos explorando no tropica-

---

12 In: Julian Dibbell, Notes on Carmen, The Village Voice, 29 out. 1991. Ver também Dunn, 1996, p.131-4 e 1994, p.107-108.

13 Veja, por exemplo, a discussão de Santiago sobre paródia e pastiche na cultura brasileira, Permanência do discurso da tradição no Modernismo. In: Borheim et al., 1987, p.140-5.

lismo", Caetano descreve sua relação com Carmen Miranda, uma personalidade que tinha se tornado um "objeto culturalmente repulsivo" para a geração do músico:

> Você vai botar um objeto que é culturalmente repulsivo e você se aproxima dele, você o desloca. Mas você começa a ver por que escolheu aquele, você começa a entendê-lo, e mostra a beleza que tem, e a tragédia da relação dele com os homens, e a tragédia dos homens por criar aquilo e o tipo de relação [...] você começa a amá-lo, entendeu? Tem uma hora que é um ponto zero, aquilo é aquilo simplesmente: PA! tá na sua frente. Então a Carmen Miranda, no momento em que eu fiz a canção "Tropicália", estava nesse ponto zero para mim. Ela tinha deixado de ser uma mera coisa grotesca, desagradável, e começava a ser uma coisa que me fascinava, que eu queria jogar como grotesca mas que já não era. Já era amável para mim sob muitos aspectos. Já era recuperada também naquele momento, havia uma recuperação, uma espécie de salvação daquela coisa no momento em que ela entrou ali (Dunn, 1996, p.132; Veloso, 1994, p.107-8).

Apesar de não ter sido explicitamente articulado nesse sentido, o comentário de Caetano sugere uma interpretação do passado (i.e., Carmen Miranda) através das lentes "neutras" do pastiche. Ele não propunha uma ruptura com Carmen Miranda e com tudo o que ela representava como uma estilista do samba e emissária internacional da cultura popular brasileira.

O impulso alegórico da Tropicália foi desenvolvido no álbum coletivo *Tropicália, ou panis et circencis,* que apresentava os principais membros do grupo tropicalista: Caetano, Gil, Tom Zé, Gal Costa, Os Mutantes, Rogério Duprat e os poetas Torquato Neto e José Carlos Capinam. Nara Leão, a antiga "musa" da bossa-nova e da música de protesto, também participou dele depois de aderir ao projeto tropicalista. Favaretto descreveu o álbum como a "síntese tropicalista" que "integra e atualiza o projeto estético e o exercício de linguagem tropicalistas" (Favaretto, 1996, p.68). O LP foi gravado em maio de 1968 e lançado no fim de julho. Em outubro, o álbum já tinha vendido 20 mil cópias, uma cifra muito boa para a época.[14]

Tropicália, ou panis et circencis foi o primeiro álbum conceitual do Brasil que integrou letras de músicas, arranjos musicais, material visual e um texto na forma de

---

14 Veja observação sobre Manoel Barenbeim, que produziu a maioria dos álbuns tropicalistas para a Philips. In: Ele grava para milhares as canções dos festivais, *Veja,* 30 out. 1968.

um roteiro de cinema descontínuo no verso da capa do disco. De autoria de Caetano, o roteiro cinematográfico brincava com a ideia da Tropicália como um fenômeno da mídia. Na cena de abertura, um coro de celebridades internacionais canta "o Brasil é o país do futuro" enquanto Caetano diz, com ironia: "Esse gênero está caindo de moda", uma referência ao patriótico samba exaltação. Cenas seguintes apresentavam vários membros do grupo tropicalista discutindo o projeto musical: Torquato Neto e Gal Costa ponderam sobre o significado de referências contidas em várias músicas tropicalistas, enquanto Nara Leão e Os Mutantes discutem sobre os méritos da música brasileira em relação ao pop internacional. Tom Zé lê a revista de poesia concreta *Noigandres* e faz anotações. Na última cena, João Gilberto está em sua casa em Nova Jersey (onde morava na época), dizendo a Augusto de Campos para informar aos tropicalistas que "eu estou aqui, olhando pra eles". A homenagem de Caetano a João Gilberto no roteiro cinematográfico/texto de capa reafirmava a afinidade dos tropicalistas com a bossa-nova e seu posicionamento na "evolução" da música popular brasileira.

A capa de *Tropicália, ou panis et circencis* era uma paródia de uma foto familiar burguesa (ver imagem 1 do caderno de imagens). Gal e Torquato aparecem como um casal convencional, bem-comportado; Gil está sentado no chão vestido com um roupão estampado com temas tropicais segurando uma foto de formatura de Capinam; Duprat segura delicadamente um penico como se fosse uma xícara de chá; Tom Zé se apresenta como um migrante nordestino, levando uma bolsa de couro; Os Mutantes exibem ostensivamente suas guitarras; e Caetano está sentado no meio, segurando um grande retrato de Nara Leão, que usa um grande chapéu de praia. A foto de capa era uma alusão visual à faixa-título do álbum, "Panis et circensis" (Gil-Caetano), que satirizava as convenções de uma família burguesa tradicional. O título da música e do álbum se refere à famosa afirmação do poeta clássico Juvenal, que expressava seu desdém pelos cidadãos da Roma antiga, aplacados pela manipulação calculada de "pão e circo" (Béhague, 1973, p.217). Na música, uma voz poética em primeira pessoa tenta, sem sucesso, tirar a família de seu estado de imobilidade e mediocridade: "Eu quis cantar / minha canção iluminada de sol / soltei os panos sobre os mastros no ar / soltei os tigres e os leões nos quintais / mas as pessoas da sala de jantar / são ocupadas em nascer e morrer". Gravada por Os Mutantes com arranjos e efeitos sonoros de Rogério Duprat, "Panis et circensis" lembra várias músicas do Beatles da época, o que não era coincidência (Moehn, 2000, p.61-2).

Quando o álbum tropicalista foi lançado, foi anunciado como uma resposta brasileira ao *Sgt. Pepper's Lonely Hearts Club Band,* dos Beatles (Castro, 1968b). O famoso álbum conceitual dos Beatles, de 1967, representou uma grande inovação no rock moderno e era qualitativamente diferente dos trabalhos anteriores da banda. Como uma mistura proposital de vários estilos, tratava-se de um comentário sobre a história da música popular que brincava com a tradição britânica dos *music halls*. De forma comparável, *Tropicália, ou panis et circencis* incorporava uma ampla variedade de antigos e novos estilos de procedência nacional e internacional, como rock, bossa-nova, mambo, bolero e hinos litúrgicos. Caetano explicou o conceito por trás do álbum: "Em vez de trabalharmos em conjunto no sentido de encontrar um som homogêneo que definisse o novo estilo, preferimos utilizar uma ou outra sonoridade reconhecível da música comercial, fazendo do arranjo um elemento independente que clarificasse a canção mas também se chocasse com ela. De certa forma, o que queríamos fazer equivalia a "samplear" retalhos musicais, e tomávamos os arranjos como *ready-mades*" (Veloso, 1997, p.168). Com o arranjador Rogério Duprat, os tropicalistas estavam começando a realizar experimentações com conceitos e técnicas correntes entre compositores e artistas pop de vanguarda.

As apropriações de material datado no álbum-conceito oscilavam entre a paródia e o pastiche. Faixas mais paródicas incluíam uma interpretação vulgar do mambo cubano "Três caravelas" (Algueró-Moreu), um pseudotributo jocoso a Cristóvão Colombo cantado em uma mistura de espanhol e português. Outras músicas foram gravadas em estilos notadamente mais "sérios", sem o distanciamento irônico. A interpretação de Caetano para "Coração materno", um canto melodramático ao amor e à dedicação materna, era genuína: qualquer efeito paródico residual dependia unicamente de seu posicionamento como uma jovem estrela da música pop. A música foi composta e gravada por Vicente Celestino, um cantor de rádio pré-bossa-nova que estrelou vários filmes populares e melodramáticos. Dentro do contexto do álbum-conceito, com seu arsenal de estilos passados, a interpretação de Caetano pode ser vista mais como um pastiche do que como uma paródia da balada sentimental de Celestino. A última faixa do álbum era uma interpretação do "Hino ao Senhor do Bonfim", o hino oficial da Igreja do Bonfim, em Salvador. Os tropicalistas gravaram uma versão alegre do hino, misturando a tradicional música da procissão com uma banda de metais e estilizações da bossa-nova.

Tropicália, ou panis et circencis apresentava a outra canção-manifesto do movimento tropicalista, "Geleia geral", composição de Gilberto Gil e Torquato Neto. O conceito de "geleia geral" foi uma proposta inovadora do poeta e crítico Décio Pignatari, após uma discussão com o escritor modernista Cassiano Ricardo, que sugeriu que os poetas concretistas mais cedo ou mais tarde precisariam relativizar seu posicionamento inflexível quanto à experimentação formal. Pignatari disse, então, que "na geleia geral brasileira alguém tem de exercer as funções de medula e osso!"[15] Em

---

15 O grupo da Geleia geral foi citado em *Invenção* 3 (jun. 1963) e *Invenção* 5 (dez. 1966-jan. 1967). Ver a discussão de Veloso sobre o grupo em *Verdade tropical*, p.216.

outras palavras, o rigor vanguardista era necessário para dar forma à mistura proteica da cultura brasileira, transmitida em fragmentos pela mídia de massa. Torquato Neto se apropriou da alegoria de forma ambígua, expressando ao mesmo tempo uma crítica à geleia geral e sua cumplicidade com ela. De todas as músicas do álbum-conceito, "Geleia geral" era a que mais se alinhava à postura irônica da paródia.

Gilberto Vasconcellos chamou atenção para a justaposição entre o "universo tropical e o universo urbano-industrial" que ocorre em "Geleia geral" (Vasconcellos, 1977, p.18). Esse par estruturou o "Manifesto Pau-Brasil", de Oswald de Andrade, que tentou reconciliar "a floresta e a escola". Diferentemente de "Tropicália", que apresenta a oposição entre o arcaico e o moderno como uma aberração, "Geleia geral" é uma música alegre que propõe uma síntese. No refrão, por exemplo, a dança folclórica tradicional bumba meu boi se funde com o iê-iê-iê brasileiro em uma única dança: "É bumba-iê-iê-iê / É a mesma dança meu boi". Ao sugerir as possibilidades de novos híbridos culturais baseados em danças tradicionais e no rock, a música contestava as noções vigentes de autenticidade cultural no Brasil. Em uma cena do pseudorroteiro da capa do álbum *Tropicália,* Torquato Neto se antecipa à crítica, expressando uma falsa ansiedade em relação a como um renomado folclorista brasileiro interpretará a música: "Será que o Câmara Cascudo vai pensar que nós estamos querendo dizer que o bumba meu boi e iê-iê-iê são a mesma dança?".

Como o manifesto de Oswald, "Geleia geral" também se apropria do repertório simbólico da tradição literária brasileira em uma tentativa de satirizar a pompa da "alta" cultura. Esse gesto irreverente foi apresentado com brilhantismo na capa do álbum tropicalista solo de Gil, de 1968 (ver imagem 4 do caderno de imagens). Criada por Rogério Duarte, Antonio Dias e David Zingg, a capa do álbum mostrava uma foto de Gil vestido com o uniforme oficial da Academia Brasileira de Letras, um grupo de quarenta "imortais" eleitos pelos colegas e, à época, constituído exclusivamente de homens brancos. Ele está usando óculos *pince-nez* tais como usou Machado de Assis, o primeiro presidente da Academia. Machado de Assis era em parte descendente de africanos, mas sua posição como a personalidade literária mais consagrada do Brasil lhe deu acesso aos círculos sociais da elite branca. A imagem de um músico popular negro vestido como um "imortal" ridicularizava o elitismo da Academia, fazendo uma alusão sutil à posição ambígua de Machado de Assis, ao questionar implicitamente a recusa da Academia a reconhecer o valor literário da música popular.

"Geleia geral" é a composição "literária" mais autocrítica do álbum tropicalista por parodiar a linguagem ornamental e o verso convencional, ao mesmo tempo em que utiliza técnicas de montagem similares às adotadas por Oswald de Andrade. A primeira estrofe evoca a figura do poeta oficial que enaltece a beleza natural do Brasil (Favaretto, 1996, p.94-5). Utilizando um bombardeio de clichês rimados que trazem à lembrança a poesia do fim do século, a música satiriza o discurso patriótico e a pompa das belas-letras:

> o poeta desfolha a bandeira
> e a manhã tropical se inicia
> resplandescente, cadente, fagueira
> num calor girassol com alegria
> na geleia geral brasileira
> que o *Jornal do Brasil* anuncia

A extravagante interpretação de Gil estabelece um distanciamento irônico em relação à celebração patriótica da exuberância tropical. Trechos literários famosos de escritores consagrados são parodiados por todo o texto, incluindo "Canção do Exílio", de Gonçalves Dias (1843), e "Hino da Bandeira", de Olavo Bilac, (1906). Rogério Duprat acrescentou citações musicais da ópera *Il guarani* (1870), de Carlos Gomes, e "All the Way", de Frank Sinatra. Nem mesmo Oswald de Andrade, o padrinho literário e espiritual da Tropicália, escapa da paródia tropicalista. A máxima do "Manifesto Antropófago" – "a alegria é a prova dos nove" – é seguida do verso: "e a tristeza é teu porto seguro". O utópico "matriarcado de Pindorama" de Oswald, esboçado no manifesto de 1928, é ironicamente proclamado o "país do futuro", como alusão ao patriotismo demagógico.

Transitando do verso parnasiano à montagem verbal modernista, a música apresenta um interlúdio declamatório no qual Gil recita uma série de ditados cotidianos, clichês e referências à cultura popular, formando um panorama alegórico da vida diária no Brasil. Nessa seção, a letra de Torquato Neto lembra os poemas-piadas da Poesia Pau-Brasil de Oswald de Andrade, que reúnem fragmentos de *ready-mades* verbais isentos de linguagem poética.[16] As referências elípticas descrevem esferas públicas e privadas da vida nacional, ironicamente exaltadas como as "relíquias do Brasil":

> doce mulata malvada
> um elepê de Sinatra
> maracujá mês de abril

---

16 Um bom exemplo desse tipo de poesia é "Biblioteca Nacional", de Oswald de Andrade.

santo barroco baiano
superpoder de paisano
formiplac e céu de anil
três destaques da Portela
carne seca na janela
alguém que chora por mim
um carnaval de verdade
hospitaleira amizade
brutalidade jardim

Esses emblemas heterogêneos da brasilidade lembram a descrição de García Canclini para a cultura popular como o produto de "complexos processos híbridos utilizando como sinais de identificação elementos que se originam de diversas classes e nações" (Canclini, 1990, p.205). O estereótipo modernista da "doce mulata malvada" – que tanto lembra os personagens dos romances tardios de Jorge Amado – é justaposto com um "LP de Sinatra", um ícone cultural estrangeiro adorado pela classe média brasileira. Mais adiante, uma conhecida e grandiosa citação da poesia patriótica utilizada para descrever o "céu de anil" do Brasil é aliada a um produto industrial corriqueiro, a formiplac (fórmica). Imagens de um Brasil bucólico e folclórico se justapõem a itens banais de um Brasil urbano-industrial.

A crítica da brasilidade é mais mordaz nos dois últimos versos, que aproximam "hospitaleira amizade", em referência à cordialidade brasileira, e "brutalidade jardim", do romance de 1924 de Oswald de Andrade, *Memórias sentimentais de João Miramar* (Andrade, 1972, p.36). A expressão utilizada por Oswald é particularmente notável por não seguir a sintaxe do português (i.e., "jardim da brutalidade"), na qual o jardim necessariamente seria um local de brutalidade. Em vez disso, a expressão constitui uma montagem cubista na qual as duas metades contaminam uma a outra. O jardim e a brutalidade coexistem em uma aproximação contraditória. A expressão de Oswald transmite o posicionamento misto dos tropicalistas, fascinados com a mitologia do éden nacional, mas também cientes de suas premissas ideológicas e utilizações insidiosas. O regime militar buscava representar o Brasil como um "jardim" pacífico, apesar de ter suprimido brutalmente a oposição. A expressão paradoxal de Oswald, aludindo à violência em uma arcádia tropical, encapsula telegraficamente o drama do Brasil no final da década de 1960, visto pelas lentes tropicalistas.

Roberto Schwarz foi o primeiro a observar a utilização da alegoria na Tropicália (Schwarz, 1978, p.73-8). Segundo ele, o golpe militar criou condições para a revitalização de forças sociais arcaicas e valores culturais retrógrados. No entanto, o regime militar também estava comprometido com a modernização capitalista, intensificando a integração do Brasil na economia internacional. O golpe sinalizou uma vitória para a elite latifundiária tradicional e para os tecnocratas urbanos modernizadores, de forma que, para Schwarz, o "mundo arcaico" se tornou um "instrumento intencional" de modernização conservadora. Ao sujeitar os emblemas arcaicos ou anacrônicos à "luz branca do ultramoderno", os tropicalistas geraram uma alegoria do Brasil. A alegoria tropicalista era dolorosamente reveladora, "como um segredo familiar trazido à rua, como uma traição de classe". Os dramas privados da burguesia se misturavam à vida pública da nação, uma característica típica da representação alegórica, como observou Jameson (1986, p.69). Schwarz admitiu que, em suas manifestações mais cáusticas e irônicas, a Tropicália era capaz de transmitir a "mais íntima e dura das contradições da produção intelectual presente". Em última instância, contudo, ele argumentou que a alegoria tropicalista era um "absurdo" porque postulava a existência simultânea do moderno e do arcaico ou, em termos econômicos, do desenvolvido e do subdesenvolvido, como uma aberração e não como uma contradição a ser solucionada dialeticamente pela transformação social.

Schwarz afirma que a conjunção anacrônica entre arcaico e moderno nas produções tropicalistas não tinha força crítica já que "os *ready-made* do mundo patriarcal e do consumo imbecil põem-se a significar por conta própria, em estado indecoroso, não estetizado, sugerindo infinitivamente as suas histórias abafadas, frustradas, que não chegaremos a conhecer". Em outras palavras, as imagens recicladas – geradas pela conjunção de uma sociedade tradicional, patrimonial e seus concomitantes valores sociais antimodernos, conservadores, por um lado, e da fachada modernizada da sociedade de consumo, por outro – efetivamente perdem o impacto crítico quando assumem vida própria. Uma vez despojadas da intenção irônica, essas imagens podem ser reproduzidas e consumidas de forma acrítica.

Para Schwarz, os tropicalistas apresentavam uma "ideia atemporal do Brasil", na qual essas contradições eram representadas de forma fatalista como "emblemas" atemporais da identidade nacional. Como vários estudiosos observaram mais tarde, a crítica de Schwarz à alegoria tropicalista se baseava na obra do filósofo húngaro György Lukács (Vasconcellos, 1997, p.53-9; Hoisel, 1994, p.46). Diferentemente de Benjamin, Lukács era extremamente crítico em relação à representação alegórica, defendendo que ela produzia uma visão fantasmagórica da história que não podia ser interpretada como uma totalidade coerente e determinada. Sob esse ponto de vista, uma obra de arte politicamente eficaz deveria propor ou insinuar uma resolução dialética de contradições históricas. Como contraponto à Tropicália, Schwarz fez referência à obra de Paulo Freire, o radical educador do Recife, que dirigiu uma enorme campanha de alfabetização no início da década de 1960 sob a égide do Movimento de Cultura Popular e com o apoio do governador progressista de Pernambuco Miguel Arraes. Diferentemente da Tropicália, o método de alfabetização de Freire se baseava em um conceito dialético de História: o analfabetismo, a pobreza e o "arcaísmo da consciência rural" poderiam ser erradicados pela educação popular e por uma modernização redistributiva. Conforme Schwarz, a alegoria tropicalista concretizava as contradições históricas (i.e., a coexistência do arcaico com o moderno), negligenciando os fundamentos da sociedade de classes e forçando-as a entrar no âmbito da estética.

A análise de Schwarz levanta importantes questões sobre o papel dos artistas e intelectuais na sociedade brasileira, mas a comparação parece ignorar as consideráveis diferenças entre a obra de um ativista engajado na educação popular e a de artistas envolvidos num projeto de renovação estética e de crítica cultural, no âmbito da mídia de massa. Sartre traçou uma útil distinção entre intelectuais envolvidos em pesquisas teóricas e práticas, educação e ativismo político e escritores envolvidos na produção artística, quando disse que o "verdadeiro intelectual" é aquele que resiste às algemas do humanismo universalista burguês, reconhece a própria posição na estrutura de classes e decide servir às classes exploradas, ajudando-as a desenvolver um "conhecimento prático do mundo para mudá-lo" (Sartre, 1983, p.259-77). O método de alfabetização de Freire, que tem claras afinidades com os princípios de Sartre, recorre às experiências cotidianas dos alunos para que eles possam se alfabetizar e se "situar" na sociedade de classes. Sartre aponta o papel distinto, mas correlato, do escritor, aplicável aos artistas em geral: "O escritor só pode ser testemunha de seu próprio ser-no-mundo, produzindo um objeto ambíguo que sugere alusivamente". A própria evolução de Caetano como artista se baseou na noção de Sartre de "estar-no-mundo".[17] Para um artista da classe média no Brasil urbano no final da década de 1960, isso significava um encontro não somente com a repressão militar, o ativismo estudantil e a incipiente atividade de guerrilha, como também com a cultura popular nacional e estrangeira. Os tropicalistas produziram um "objeto ambíguo" que lançou luz sobre as contradições da modernidade brasileira, mas não elaboraram nenhum programa concreto de ação coletiva.

A alegoria tropicalista simplesmente não se encaixava na visão dialética que Schwarz tem da História, na qual a coexistência do arcaico com o moderno poderia

---

17 Dunn, 1996, p.121 e 1994, p.100. Em uma entrevista de 1968, Veloso mencionou Questão de Método de Sartre, como um dos poucos textos teóricos que leu quando estudava. Ver Campos, 1974, p.201.

ser percebida como uma série de "anacronismos" absurdos ou "um verdadeiro abismo histórico", produzido por "uma junção de diferentes estágios de desenvolvimento capitalista". Schwarz abre um curioso parêntese a esse respeito, especialmente revelador: "Não interessa aqui, para o nosso argumento, a famosa variedade cultural do país, em que de fato se encontram religiões africanas, tribos indígenas, trabalhadores ocasionalmente vendidos tal como escravos, trabalho a meias e complexos industriais". O crucial para ele é o "caráter sistemático dessa coexistência". Schwarz coloca a "variedade cultural" em segundo plano porque, para ele, isso apenas representa diferentes *estágios* do desenvolvimento capitalista. Embora seja verdade que a escravidão, a lavoura arrendada e a produção industrial representam diferentes estágios do capitalismo, não fica claro que as religiões africanas e as tribos indígenas podem ser incluídas no mesmo esquema temporal, supostamente como resíduos pré-modernos. Essa análise supõe um desenvolvimento progressivo não só das forças produtivas, mas também da própria cultura rumo a um modelo ideal de modernidade ocidental.

O texto de Schwarz tornou-se uma importante referência para análises subsequentes do movimento, mas também atraiu críticas por sua rigidez dialética. Silviano Santiago, por exemplo, afirmou que o absurdo é uma categoria do "pensamento ocidental tradicional" utilizada para desacreditar qualquer coisa que não se adapte a suas premissas lógicas. Ele critica Schwarz por não dar a devida atenção à especificidade da cultura brasileira: "O essencial é perceber que às vezes certas posturas radicais carregam em si tal dose de eurocentrismo que, ao se rebaterem contra o objeto 'brasileiro' revolucionário, simplesmente porque não segue de perto o *modelo,* minimizam-no, a ponto mesmo de aniquilar o seu potencial guerreiro" (Santiago, 1977, p.12). Enquanto Schwarz analisa a coexistência do arcaico com o moderno no Brasil como um sintoma da dependência econômica em um sistema capitalista global, para Santiago ela é uma marca da diferença distintiva do Brasil em relação aos centros dominantes.

Em vez de se concentrar nas contradições da sociedade de classes, Santiago interpretava a sociedade brasileira em relação à sua história de dominação colonial que consolidou uma hierarquia de valores culturais na qual a Europa se tornou o modelo universal. O colonialismo criou uma relação de dependência na qual o Brasil foi explorado por suas matérias-primas, enquanto sua vida cultural se via reduzida a uma pálida imitação do pensamento dos países dominantes. Santiago interpreta a colonização como uma "operação narcísica" em que "o outro é assimilado à imagem refletida do conquistador, confundido com ela, perdendo portanto a condição única da sua alteridade". Apesar de seus propósitos emancipacionistas, o modelo hegeliano-marxista do progresso dialético não estava isento do etnocentrismo europeu. Segundo

Santiago, o materialismo histórico era capaz de compreender as "minorias" (i.e., negros e índios) somente através da "integração total e definitiva delas ao processo de ocidentalização do mundo" (Santiago, 1982, p.15-8). Reconhecendo a intermediação do outro em um sistema global de colonialismo (e várias formas de neocolonialismo), Santiago propõe a noção da "universalidade diferenciada" para descrever a forma na qual culturas dependentes subvertem as hierarquias eurocêntricas. A universalidade existe como um "processo colonizador" que conduz à total ocidentalização, ou como um "processo diferenciador", no qual as culturas dependentes rompem com a relação colonial afirmando sua diversidade em relação às culturas dominantes (Santiago, 1982, p.23-4).

Vários anos mais tarde, o próprio Caetano respondeu às críticas de Schwarz na música "Love, love, love" , do LP *Muito* (1978). Sem contestar a interpretação de Schwarz de que a Tropicália era um "absurdo", reconhece com ironia que o Brasil pode ser absurdo, mas não é surdo:

> absurdo o Brasil pode ser um absurdo
> até aí tudo bem nada mal
> pode ser um absurdo mas ele não é surdo
> o Brasil tem um ouvido musical que não é normal

À primeira vista, Caetano parece confirmar as suspeitas de Schwarz sobre a visão "fatalista" que os tropicalistas têm do Brasil, mas também delineia um espaço de diferença nacional com base em uma forma específica da capacidade cultural, que frequentemente combina o agradável com o político.

MADE IN BRAZIL: TROPICÁLIA, CULTURA DE MASSA E A EXPERIÊNCIA URBANA

Como vimos no Capítulo 2, a maioria dos cantores e compositores tropicalistas veio de pequenas cidades baianas antes de ir para Salvador a fim de estudar. Em meados da década de 1960, mudaram-se para o Rio de Janeiro e depois para São Paulo, onde começaram a elaborar seu projeto musical. São Paulo era o lugar ideal para o movimento tropicalista, porque era a cidade dos poetas concretos, dos compositores e arranjadores vanguardistas do grupo Música Nova e de Os Mutantes. A cidade também servia como base de operações das maiores redes de televisão do Brasil, a TV Tupi e a TV Record, que logo foram eclipsadas pela TV Globo no Rio de Janeiro, talvez porque, naquele tempo, São Paulo era uma cidade fora dos padrões vigentes de "bom gosto", definidos em grande parte pela elite cultural do Rio de Janeiro. A maioria das músicas tropicalistas representa algum aspecto da vida urbana, das disparidades da modernização desigual às mudanças nas percepções referentes à tecnologia, ao espaço e à experiência afetiva. Os tropicalistas mostravam-se fascinados pelo ambiente urbano de São Paulo, com seus grandes outdoors, redes de mídia e indústrias pesadas.

Mais tarde Caetano viria a compor seu famoso tributo a São Paulo, intitulado "Sampa", no qual reflete sobre suas primeiras impressões da cidade, durante o período tropicalista. A música, incluída no LP *Muito,* de 1978, transmite um senso de deslumbramento em relação a essa imensa e feia cidade industrial, tão distante do glamour e do estilo do Rio ou do charme barroco de Salvador:

> é que quando eu cheguei por aqui
> eu nada entendi
> da dura poesia concreta de tuas esquinas
> da deselegância discreta de tuas meninas

Acima de tudo, "Sampa" é um tributo aos artistas que "traduziram" a cidade para ele, entre eles os poetas concretistas Augusto e Haroldo de Campos, Rita Lee, de Os Mutantes, José Agrippino de Paula (autor de *Panamérica)* e os membros do Teatro Oficina. O movimento tropicalista, até certo ponto, era produto da tensão criativa entre os baianos e o meio cultural cosmopolita que encontraram em São Paulo.

Várias músicas tropicalistas dramatizavam a experiência de migrantes nordestinos forçados a sair do pobre Nordeste rural para tentar a vida nas grandes capitais industriais do Centro-Sul do Brasil. "Coragem para suportar", de Gilberto Gil, por exemplo, lembra as músicas do *Show Opinião* ao representar as sombrias condições sociais do sertão que forçam as pessoas a migrar. "No dia que eu vim-me embora", de Caetano, descreve a triste despedida de um jovem que, depois de deixar a família para trás, percebe para seu desgosto que a mala de couro, apesar de forrada, emana um cheiro horrível quando ele viaja "sozinho pra capital". Por outro lado, "Mamãe coragem" (Caetano-Neto), apresentada no álbum-conceito tropicalista, descreve a carta de um migrante que, depois de declarar que nunca mais vai voltar, consola a mãe dizendo para ela ler um romance popular para não chorar. A cidade oferece emoções, uma chance de "brincar Carnaval" e de ter uma vida independente e anônima em uma cidade "que não tem mais fim".

Em um contraste marcante com as músicas da bossa-nova, as composições tropicalistas tendem a evitar a convergência entre a natureza e a experiência afetiva. Uma das primeiras músicas tropicalistas de Caetano, que ele compôs quando morava no Rio de Janeiro, subvertia a poética da "racionalidade ecológica" da bossa-nova. Em "Paisagem útil", de seu primeiro álbum solo (1968), a tecnologia se transforma em um substituto para a natureza. O título da música é uma paródia de "Inútil paisagem", de Tom Jobim, um clássico da bossa-nova que declara, com melancolia e emoção, que a paisagem natural (i.e., céu, mar, ondas, vento, flores) do Rio de Janeiro é "inútil" na ausência de um amor. A música de Caetano, por sua vez, despreza totalmente a natureza a favor da cintilante beleza do Rio à noite, com suas "luzes de uma nova aurora" e os automóveis velozes que "parecem voar". A música sugere afinidades com a poética de vanguarda do futurismo, e sua celebração das luzes da cidade, das máquinas velozes e da moderna vida urbano-industrial. Na estrofe final, Caetano evoca a lua, corpo celeste muitas vezes associado ao romance em músicas populares:

> mas já se acende e flutua
> no alto do céu uma lua
> oval vermelha e azul
> no alto do céu do Rio
> uma lua oval da Esso
> comove e ilumina o beijo
> dos pobres tristes felizes
> corações amantes
> do nosso Brasil

Nesse ponto, a voz de Caetano cresce melodramática no estilo de Orlando Silva, o cantor romântico dos anos 40 e 50 (Campos, 1974, p.168). A lua em "Paisagem útil" chega a ser inautêntica: "uma lua oval da Esso". Em vez da lua eterna e simbólica da natureza, Caetano evoca uma lua historicamente determinada e alegórica, produzida por uma empresa multinacional. O logo incandescente da companhia de petróleo norte-americana paira sobre um simulacro de natureza, mas os amantes encontram o romance de qualquer maneira, sob o signo de capital estrangeiro.

Como em todo o mundo em desenvolvimento, os ícones da indústria cultural norte-americana, incluindo estrelas de Hollywood e heróis dos quadrinhos, são comuns nas cidades brasileiras, pelo menos desde a Segunda Guerra Mundial. Várias músicas tropicalistas lembram essas figuras de forma similar à arte pop norte-americana, como

CAPAS DE ÁLBUNS TROPICALISTAS

1. *Tropicália, ou panis et circencis* (1968) (cortesia da Universal Records)

2. *Tom Zé,* 1968 (cortesia de Tom Zé)

3. *Caetano Veloso* (1968) (cortesia da Universal Records)

4. *Gilberto Gil* (1968) (cortesia da Universal Records)

5. *Gal Costa* (1969)
(cortesia da Universal Records)

6. *Jorge Ben* (1969)
(cortesia da Universal Records)

7. *Lindoneia, a Gioconda dos subúrbios*
(1966), de Rubens Gerchman
(coleção de Gilberto Chateaubriand.
Foto: cortesia de Rubens Gerchman)

8. *O rei do mau gosto* (1966),
de Rubens Gerchman
(coleção de Luis Buarque de Hollanda.
Foto: cortesia de Rubens Gerchman)

9. *Tropicália* (1967), de Hélio Oiticica.
(Foto de César Oiticica Filho/Projeto Hélio Oiticica)

10. *Seja marginal, seja herói* (1968),
de Hélio Oiticica. (Projeto Hélio Oiticica)

11. Cenografia de Hélio Eichbauer para o 2º ato de
O rei da vela, produzido pelo Teatro Oficina (1967).
(Foto: cortesia de Hélio Eichbauer)

12. *A primeira missa no Brasil* (1971), de Glauco
Rodrigues (coleção de Gilberto Chateaubriand.
Foto: cortesia de Glauco Rodrigues)

as reproduções em linha de montagem dos retratos de Marilyn Monroe elaboradas por Warhol, e as dramáticas pinturas no estilo dos quadrinhos de Roy Lichtenstein. Na qualidade de "gênero impuro", que combina culturas icônicas e literárias e exerce um apelo que transcende as fronteiras entre as classes, os quadrinhos exemplificam o tipo de práticas culturais híbridas surgidas com a modernização e a urbanização (Canclini, 1990, p.314). Uma música do álbum de 1968 de Caetano, "Superbacana", evoca o mundo hiperbólico e pirotécnico dos super-heróis dos quadrinhos que comandam um arsenal tecnológico utilizado para derrotar as forças do mal. No ritmo alucinado de um frevo, a música adota a estrutura narrativa condensada e descontínua dos quadrinhos, relacionando em rápida sucessão uma série de imagens e personagens fragmentados. Caetano apresenta um herói brasileiro imaginário dos quadrinhos, o Superbacana, que sobrevoa Copacabana e combate o Tio Patinhas, o avarento personagem dos quadrinhos que controla o poder econômico. A resistência ao imperialismo americano é representada de forma cômica como a luta épica de um super-herói brasileiro contra as forças do mal representadas pelo Tio Patinhas e um batalhão de caubóis. A canção "Superbacana", de Caetano, lembra o romance "pop-tropicalista" de José Agrippino de Paula, *Panamérica,* na representação do confronto internacional entre sociedades desenvolvidas e subdesenvolvidas (Hoisel, 1980, 145-6).

Outra música baseada, em parte, no mundo dos super-heróis foi "Batmacumba" (Gil-Caetano), apresentada no álbum-conceito tropicalista e no primeiro disco de Os Mutantes. O arranjo musical inclui tambores de conga, combinando uma batida de rock pesado com um ritmo afro-brasileiro. Além de várias outras composições tropicalistas, a estrutura formal de "Batmacumba" recorre à poesia concreta em sua utilização de montagens verbais e sintaxe não discursiva.[18] A música se baseia em um fragmento poético ("batmacumbaiêiê batmacumbaobá") contendo uma série de unidades semânticas dos âmbitos das revistas em quadrinhos (Batman), rock brasileiro (iê-iê-iê) e religião afro-brasileira, ou "macumba" (bá, obá). A cada verso da música, um morfema é abandonado até que somente "bá" permanece e volta a se expandir até chegar à frase original. Augusto de Campos mais tarde transcreveu "Batmacumba" como um poema visual com duas "asas" triangulares para sugerir um morcego em voo.[19] "Batmacumba" talvez seja a música mais híbrida de todo o repertório tropicalista. Sua estrutura formal se baseia na poesia concreta, ao passo que seus elementos

---

18 Outros exemplos incluem "Dom Quixote", de Os Mutantes (1969), e "Clara", de Veloso (1968). Ver Campos, 1974, p.283-92.

19 Para a transcrição concretista de Augusto de Campos de "Batmacumba", veja Perrone, 1985, p.62.

semânticos fazem referência aos âmbitos do sagrado e do secular. Campos relacionou a música aos conflitos literários da década de 1920: "Em vez de 'macumba para turistas' dos nacionaloides que Oswald [de Andrade] condenava, parece que os baianos resolveram criar uma 'batmacumba para futuristas'" (Campos, 1974, p.287). Ao fundir intencionalmente esses diversos elementos, "Batmacumba" sugere que produtos da indústria cultural multinacional, como Batman e o rock, foram "abrasileirados" e, por outro lado, que a religião afro-brasileira é central para a modernidade brasileira e não apenas um vestígio folclórico de um passado pré-moderno.

Como sugerem as músicas aqui discutidas, Gil e Caetano em geral adotaram a cultura comercial da mídia de massa de São Paulo com palpável entusiasmo. Tom Zé, por outro lado, observava esse novo ambiente urbano, que oferecia uma estonteante variedade de produtos e atrações, com ironia e ceticismo. Seu primeiro álbum solo, de 1968, pode ser interpretado como uma crônica satírica de suas primeiras impressões de São Paulo, especialmente a moderna cultura capitalista. Gravado com duas bandas da Jovem Guarda, Os Versáteis e Os Brazões, e com arranjos dos compositores de vanguarda do grupo Música Nova, Damiano Cozzela e Sandino Hohagen, o álbum apresentava impressionantes combinações de iê-iê-iê acelerado com órgão e guitarra, música sertaneja, músicas curtas semelhantes a *jingles,* música experimental e os ruídos aleatórios da vida urbana. O LP foi originalmente lançado pela Rozenblit, uma gravadora independente do Recife que fechou as portas na década de 1970. Quando o álbum finalmente foi lançado em CD mais de trinta anos depois, os críticos o receberam como um tesouro perdido da música popular brasileira ou, nas palavras de Pedro Alexandre Sanches, como o "lado B da Tropicália",[20] injustamente negligenciado. A capa do álbum (ver imagem 2 do caderno de imagens), que em alguns aspectos lembra a estética pop de Ruben Gerchman, apresenta, no estilo dos quadrinhos, a fachada de uma rua de São Paulo com placas e outdoors promovendo vendas, descontos, bingo, cremes dentais, gasolina, filmes, jornais gratuitos, rifas, shows de strip-tease e até roubos flagrantes, como "Leve 2, pague 3". Uma foto do artista enquadrado em uma tela de televisão aparece sob o anúncio "Grande Liquidação: Tom Zé", num reconhecimento irônico de que, como artista pop, também ele era um produto à venda.

O álbum foi concebido como uma crítica satírica da indústria cultural com suas falsas promessas de felicidade e plenitude para os consumidores urbanos. Em alguns aspectos, a postura de Tom Zé ecoava a famosa crítica elaborada por Adorno e Horkheimer, que argumentavam que a indústria cultural era um sistema padronizado

---

20 Pedro Alexandre Sanches, Volta ao "Tom Zé", lado B da Tropicália, *Folha de São Paulo,* 30 ago. 2000.

para iludir as massas que engessava a criatividade individual e o pensamento críti-co. Esses filósofos argumentavam que a indústria cultural "ludibria perpetuamente seus consumidores" com promessas de abundância material, liberdade e felicidade, mas em última instância deixa-os cegos para a labuta e a exploração da vida cotidiana no sistema capitalista (Adorno, 1972, p.139). Tom Zé elaborou uma crítica similar no texto de capa do álbum, que começa com a incisiva observação: "Somos um povo in-feliz, bombardeado pela felicidade". Ele descreve um mundo completamente satura-do de imagens alegres na mídia, no qual "a televisão prova diariamente que ninguém mais pode ser infeliz".

As letras das músicas lembram um ambiente urbano repleto de profissionais apressados buzinando no trânsito, agiotas inescrupulosos oferecendo crédito fácil, e modelos com sorrisos gloriosos, vendendo produtos para as massas. Uma música, "Catecismo, creme dental e eu", sugere que o capitalismo de consumo se tornou a nova religião burguesa doutrinando o público a comprar produtos de higiene pessoal:

um anjo do cinema
já revelou que o futuro
da família brasileira
será um hálito puro, ah!

Em outra música, Tom Zé satiriza as convenções sociais que discriminam os po-bres, obviamente sem recursos para participar plenamente da cultura do capitalismo de consumo. "Curso intensivo de boas maneiras" parodiava o discurso elitista de um famoso colunista social da época, Marcelino Dias de Carvalho, que dava conselhos para ser aceito nos círculos sociais "respeitáveis": "Primeira lição: deixar de ser pobre / que é muito feio".

Em várias composições, ele empregou o *jingle,* o formato musical típico do capi-talismo, para criar o efeito de uma paródia. A música "Sem entrada, sem mais nada" começa com o lamento:

entrei na liquidação
saí quase liquidado
vinte vezes, vinte meses
eu vendi meu ordenado

Esse alerta contra os perigos do crédito fácil é então destruído por um *jingle* elogioso que funciona como o refrão da música:

sem entrada, sem mais nada
sem dor e sem fiador
crediário dando sopa
pro samba já tenho roupa
oba, oba, oba

Ao fazer uma referência ao samba clássico de Noel Rosa, "Com que roupa?" (1933), sobre um homem pobre que não tem roupa para usar em uma festa, a música ironiza a propaganda sensacionalista, o "oba-oba" do consumo impulsionado pelo crédito.

"Parque industrial", de Tom Zé, apresentada tanto em seu álbum solo como no álbum-conceito tropicalista, satirizava o orgulho cívico gerado pela inauguração de um novo complexo industrial. No disco, uma banda de música e o som da multidão lembram a pompa oficial de uma parada militar. A letra, cantada por Gil, Caetano, Tom Zé e Gal Costa, dirige-se à multidão utilizando "vós" no imperativo, normalmente associado a ritos litúrgicos e grandiosos discursos patrióticos, o que reforça o efeito saúrico da música:

retocai o céu de anil
bandeirolas no cordão
grande festa em toda a nação
despertai com orações
o avanço industrial
vem trazer nossa redenção

Como em "Geleia geral", a expressão clássica da poesia parnasiana "céu de anil" anuncia o gesto paródico. Se em "Paisagem útil", de Caetano, a natureza é eclipsada pelo capital multinacional, em "Parque industrial" ela é subjugada à ideologia oficial de progresso industrial. O céu caiu, por assim dizer, na imanência mundana; deixou de evocar a transcendência celestial. O lendário céu azul, que simboliza o esplendor natural, é sutilmente reduzido a um artifício poluído que precisa de "retoques" para a grandiosa ocasião. As estrofes seguintes satirizam uma série de produtos de consumo que competem pela atenção do consumidor no espaço urbano: os outdoors apresentando ternas aeromoças, o "sorriso engarrafado" que pode ser requentado para usar, o jornal popular e a revista de tabloides, relatando "os pecados da vedete".

Arte e comércio. Caetano Veloso apresenta um fogão de brinquedo, 1968.
(J. Ferreira da Silva/Abril Imagens)

"Parque industrial" satiriza o zelo desenvolvimentista, como sugere a alegação irônica de que "o avanço industrial / vem trazer nossa redenção" (Favaretto, 1996, p.93; Perrone, 1989, p.61). O desenvolvimento industrial certamente não trouxe "redenção" para milhões de trabalhadores urbanos, cujo poder de negociação foi gravemente reduzido pelo regime militar. Além disso, em 1968, os efeitos ambientais do desenvolvimento irresponsável já começavam a apresentar horríveis consequências em muitas comunidades pobres, com destaque para Cubatão, uma cidade industrial entre São Paulo e o porto de Santos.[21] Apesar de a linguagem excessivamente esperançosa sugerir sátira, também há uma medida de orgulho pela modernização do Brasil. Tom Zé afirmou que os tropicalistas "tinham uma paixão pelo parque industrial", já que isso era tão importante para o desenvolvimento da nação (Dunn, 1994, p.118). A música termina com uma mistura de zombaria e afirmação nacional, celebrando os produtos de exportação que são "made, made, made / made in Brazil". Como na maioria das músicas tropicalistas, há tanto crítica como cumplicidade com o objeto da sátira.

A requintada "Baby", de Caetano, pode ser vista como um complemento de "Parque industrial". Enquanto Tom Zé ridiculariza a fé cega nos poderes redentores da produção industrial, Caetano ironiza o consumo desenfreado da classe média urbana. Utilizando gírias da juventude da época, a letra parodia anúncios publicitários, criando uma lista de todos os itens de que uma pessoa "precisa" para ser feliz e bem-sucedida na sociedade de consumo: piscina, margarina, gasolina, sorvete, músicas de Roberto Carlos e Chico Buarque ("Carolina") e, finalmente, aulas de inglês, a chave para o sucesso e o rito de passagem para a juventude da classe média brasileira. Uma voz anônima da publicidade comercial interpela a juventude da classe média e cria necessidades para o consumidor. Não fica claro se a música está questionando de forma crítica ou afirmando o valor desses produtos. A sensível interpretação vocal de Gal Costa sugere um certo grau de satisfação. A última estrofe afirma: "Não sei, comigo vai tudo azul / contigo vai tudo em paz / vivemos na melhor cidade / da América do Sul". Caetano disse que se referia ao Rio de Janeiro, onde morou por um tempo, antes de se mudar para São Paulo (Garcia, 1993). Considerando o clima de conflitos políticos no Rio de Janeiro, a alegre celebração da cidade é ambígua. "Baby" certamente pode ser interpretada como uma música "alienada" da dura realidade do Brasil urbano na ditadura, mas também pode ser vista com uma crítica irônica à complacência e ao consumismo. Todas essas músicas tropicalistas são marcadas por uma ambivalência similar em relação à mídia de massa e ao consumismo.

---

21 Joseph Page observou que Cubatão foi projetada como uma "zona de segurança nacional" em 1968 (o mesmo ano no qual "Parque industrial" foi gravada), o que restringiu ainda mais os direitos políticos dos moradores da cidade. Ver Page, 1995, p.281.

Artistas brasileiros participam da Passeata dos Cem Mil em junho de 1968. Na primeira fileira, da esquerda para a direita: Edu Lobo, Ítala Nandi, Chico Buarque, Arduíno Colassanti, Renato Borghi, Zé Celso Martinez Corrêa, um estudante não identificado, Caetano Veloso, Nana Caymmi, Gilberto Gil e Paulo Autran. Os cartazes expressam solidariedade ao movimento estudantil e denunciam a censura e a repressão. (Hamilton Corrêa/Agência JB, Jornal do Brasil)

ATENÇÃO! TROPICÁLIA E VIOLÊNCIA POLÍTICA

Apesar de a maioria das músicas tropicalistas ser musicalmente animada e triunfante, com muita frequência transmitiam, de forma tanto sutil como aberta, o clima de violência e repressão oficial nas cidades brasileiras no fim da década de 1960. Em março de 1967, a linha-dura militar assumiu o controle do governo sob a liderança de um novo presidente, Artur da Costa e Silva. Era desfeita a tênue aliança entre políticos civis conservadores e a liderança militar, enquanto setores mais radicais da oposição intensificavam a campanha contra o regime. No início de 1968, estudantes universitários e do segundo grau da classe média realizaram uma série de protestos no Rio de Janeiro contra o aumento das mensalidades, os problemas de infraestrutura e os cortes no orçamento para a educação. Durante uma manifestação em março, um jovem estudante levou um tiro da polícia militar e morreu, provocando uma nova onda de protestos contra o governo que foram violentamente reprimidos. Mais ou menos na mesma época, metalúrgicos realizaram greves em Contagem, uma cidade de Minas Gerais, e Osasco, um subúrbio industrial de São Paulo.

No final de junho de 1968, vários setores da sociedade civil – incluindo estudantes, professores, artistas, operários, clérigos e profissionais liberais – participaram da Passeata dos Cem Mil, no centro do Rio de Janeiro. Várias personalidades importantes da MPB participaram do evento, incluindo Gil, Caetano, Chico Buarque, Edu Lobo, Paulinho da Viola, Milton Nascimento e Nana Caymmi, além de Zé Celso, Ítala Nandi, Renato Borghi (do Teatro Oficina), Paulo Autran (ator do Cinema Novo) e a escritora Clarice Lispector. A passeata ocorreu sem incidentes, mas o governo reagiu imediatamente proibindo outras demonstrações públicas. Violentos confrontos nas ruas não se limitavam exclusivamente à repressão policial. Em setembro de 1968, estudantes da conservadora Universidade Mackenzie atacaram a Faculdade de Filosofia da Universidade de São Paulo, notória por apoiar a esquerda. Membros do CCC – a organização paramilitar anticomunista responsável por ataques ao Teatro Oficina participaram do confronto, ferindo vários estudantes e destruindo o prédio principal da faculdade. Um mês depois, a polícia prendeu quase mil membros da UNE, reunidos clandestinamente em Ibiúna, uma pequena cidade do interior de São Paulo.

À medida que as oportunidades de oposição não violenta na sociedade civil ficavam cada vez mais raras, um número maior de militantes antirregime se unia a organizações clandestinas de guerrilha. Os primeiros atos de resistência armada ao poder militar ocorreram logo após o golpe de 1964, mas só começaram a exercer um verdadeiro impacto em 1968. Dissidentes do Partido Comunista Brasileiro, que em geral evitavam a luta armada, formaram vários grupos importantes. O romance mais celebrado do período, *Quarup* (1967), de Antonio Callado, retratava os dilemas políticos e existenciais de um padre esquerdista que abandona a Igreja Católica para se unir a um movimento de guerrilha rural. Das quase três dúzias de organizações armadas, contudo, a maioria ficava em áreas urbanas e envolvia poucos artistas e intelectuais. O surgimento de um movimento de oposição armada marcou um distanciamento do ativismo simbólico associado ao CPC e ao protesto cultural pós-golpe, no qual artistas e intelectuais buscavam se posicionar como uma vanguarda revolucionária capaz de "conscientizar" as massas. Alex Polari, membro da Vanguarda Popular Revolucionária (VPR), afirmou que o movimento de guerrilha surgiu "sem artistas, poetas, críticos, romancistas, teatrólogos, dançarinos, terapeutas, escritores". Para sustentar essa visão, Ridenti demonstrou que artistas da esquerda constituíam menos de 1% do movimento de guerrilha (Polari, 1982, p.123; Ridenti, 1994, p.71).

O líder mais proeminente da guerrilha, Carlos Marighella, membro da Ação Libertadora Nacional (ALN), argumentou que o movimento de guerrilha era a vanguarda da transformação revolucionária. Para esse fim, as organizações guerrilheiras assaltavam bancos para financiar suas operações, atacavam arsenais para roubar armas e munição e bombardeavam alojamentos do exército e instalações militares norte-americanas. A operação mais famosa envolveu a ALN e o Movimento Revolucionário 8 (MR-8), que sequestrou o embaixador dos Estados Unidos, Charles Elbrick, em setembro de 1969. Em troca do embaixador, o governo foi forçado a transmitir o manifesto revolucionário do grupo em todas as estações de rádio e libertar quinze guerrilheiros detidos, permitindo que fossem exilados para países simpatizantes. Com o sucesso dessa operação de guerrilha, a VPR realizou sequestros de diplomatas do Japão e da Alemanha Ocidental em 1970. A cada operação, o governo intensificava os esforços de liquidar o movimento de guerrilha. Algumas organizações clandestinas foram brutalmente reprimidas e seus membros foram invariavelmente torturados e muitas vezes assassinados, depois de capturados por agentes militares.

Caetano Veloso afirmou que os tropicalistas admiravam secretamente Marighella e outros líderes guerrilheiros, o que se evidenciava no tributo a Che Guevara em "Soy loco por tí, América" (discutida a seguir). Fernando Gabeira, ex-membro do MR-8 e participante do sequestro de Elbrick, recordava-se de ter ouvido, quando se escondia da polícia, a música na qual Gilberto Gil faz uma referência velada a Marighella, assassinado por policiais naquele mesmo ano.[22] Provavelmente ele se referia à música "Alfômega", de Gil, apresentada no segundo álbum solo de Caetano Veloso (1969), no qual Gil exclama em determinado momento da música "iê-ma-ma-Marighella". Polari afirmou que os tropicalistas estavam em sintonia com a postura de Marighella: "O tropicalismo e suas diversas ramificações já eram, sem dúvida, a expressão cultural perfeita para aquilo que de forma incipiente representávamos em política" (Polari, 1982, p.121). Cantores de protesto mais convencionais, com destaque para Geraldo Vandré, prestaram homenagem à luta da guerrilha em várias canções em seu álbum de

---

22 Gabeira, 1980, p.135. Na adaptação de Bruno Barreto para o cinema, um dos personagens alega que essa referência enigmática pode ser detectada "se você tocar esse disco ao contrário". Para evidências sobre o impacto da música entre os prisioneiros políticos, ver Ridenti, 2000, p.281.

1968, *Canto Geral*, mas Polari estava mais interessado na atitude de contracultura da Tropicália, que parecia prometer novas formas de integrar política, comportamento individual e prática artística.

Várias músicas do álbum-conceito *Tropicália, ou panis et circencis* aludiam a um contexto geral de violência política nas áreas urbanas. A faixa de abertura, "Miserere nobis" (Gil-Capinam), critica os mecanismos ideológicos e coercivos que sustentam as estruturas de desigualdade no Brasil. A música começa com acordes solenes de um órgão de igreja, abruptamente interrompidos pelo som de uma campainha de bicicleta, seguido do de uma guitarra elétrica. Gil entoa a frase litúrgica do título em latim, que venera o caráter nobre da pobreza, mas depois a subverte, questionando a promessa de redenção futura: "É no sempre será, ô, iaiá". Expressando impaciência com a fatalista aceitação da pobreza, a música exige igualdade aqui e agora. Considerando a cumplicidade histórica da Igreja visando a manter o status quo no Brasil, a instituição se via em posição vulnerável a críticas por parte da oposição antirregime. Mas a música não deve ser interpretada como um ataque indiscriminado à Igreja Católica, que na época era politicamente dividida entre facções progressistas, conservadoras e moderadas. Alguns de seus membros incluíam importantes líderes da oposição, com destaque para Dom Hélder Câmara, arcebispo de Olinda e Recife, e Dom Paulo Evaristo Arns, arcebispo de São Paulo, que mais tarde organizaria um pungente relatório sobre o uso da tortura por sucessivos regimes militares no Brasil.[23]

"Miserere nobis" pode ser interpretada como uma denúncia da complacência, espiritual ou política, diante da injustiça. O tom de irreverência e desafio se intensifica na última estrofe: "Derramemos vinho no linho da mesa, molhada de vinho e manchada de sangue". O verso alude à transubstanciação, na qual o vinho simbolicamente se transforma no sangue de Cristo, mas também insinua um clima de violência. Mais para o final da música, Gil forma, sílaba a sílaba, as palavras "Brasil-fuzil-canhão", uma mensagem perceptível para ouvintes atentos, mas sutil o suficiente para evitar a censura.

Em outra música do álbum-conceito tropicalista, "Enquanto seu lobo não vem", Caetano Veloso cria uma visão aterrorizante e surrealista do Rio de Janeiro baseada na fábula de "Chapeuzinho Vermelho". Começando com um convite de amor para "passear na floresta", a música continua fazendo referências sutis a manifestações nas ruas e movimentos de guerrilha rural: "Vamos passear nos Estados Unidos do Brasil / vamos passear escondidos". Esse convite pode ser interpretado como uma alusão ao êxodo

---

23 Originalmente publicado em 1985 pela Arquidiocese de São Paulo como *Brasil: nunca mais*, o relatório foi subsequentemente traduzido nos Estados Unidos com o título *Torture in Brazil*.

Brutalidade jardim

de líderes estudantis e guerrilhas urbanas das cidades para evitar que fossem presos e para organizar centros rurais, transferindo bolsões de resistência revolucionária para o interior.[24] Na passagem final, as referências ao contexto político deixam de ser oblíquas: "Vamos por debaixo das ruas / debaixo das bombas, das bandeiras / debaixo das botas". A presença de bombas, bandeiras e botas sugere claramente a atividade de guerrilha e a repressão oficial. Enquanto Caetano canta essas palavras, Gal entoa repetidamente com voz distante "os clarins da banda militar", reforçando a presença da ordem oficial.

O contexto de conflitos políticos e culturais é mais pronunciado em "Divino maravilhoso", um rock composto por Caetano e Gil. Gal Costa interpretou essa música no festival de música da TV Record em 1968 e a apresentou em seu primeiro álbum solo de 1969 (ver imagem 5 do caderno de imagens). Na música, ela adora a espécie de interpretação teatral típica de vocalistas norte-americanas como Janis Joplin ou Grace Slick, da banda Jefferson Airplane. Mais para o final de 1968, os tropicalistas adotaram esse título como nome de seu programa na TV Tupi. "Divino maravilhoso" expressava dramaticamente o clima do final da década de 1960, que foi, ao mesmo tempo, um período empolgante de experimentação e de severa repressão política. Quase todos os versos começam com o alerta "Atenção!", levando ao refrão "Tudo é perigoso, tudo é divino maravilhoso". A segunda estrofe incita o ouvinte a prestar "atenção para o refrão" da música enquanto sugere ser necessário refletir de forma crítica sobre seu significado. Nesse sentido, trata-se de outra metamúsica sobre o posicionamento do artista, o papel da recepção e a importância da interpretação aberta. A música também chama atenção para a "palavra de ordem" e o "samba-exaltação", sugerindo uma crítica à ortodoxia esquerdista, por um lado, e ao patriotismo conservador, por outro. A estrofe final alude ao perigo muito concreto de conflito armado entre militares e grupos de oposição:

> atenção para as janelas do alto
> atenção ao pisar no asfalto o mangue
> atenção para o sangue sobre o chão

A referência às "janelas do alto" não é direta, mas é possível especular que seja uma alusão aos policiais que se posicionavam em prédios altos da cidade, durante as passeatas de protesto. Os conflitos políticos são situados em um contexto social no próximo verso, que sugere a distância entre os ideais da modernização e a realidade da

---

24 Com o sucesso da Revolução Cubana, a teoria do foco para a luta revolucionária se popularizou em algumas regiões da América Latina, inclusive o Brasil, durante os anos 60.

infraestrutura precária, contida na oposição asfalto/mangue (i.e., centro urbanizado *versus* periferia subdesenvolvida). O resultado da violência política (i.e., sangue sobre o chão) atesta a repressão militar.

Outras músicas tropicalistas abordavam a violência da vida cotidiana nas cidades brasileiras e como isso afetava as pessoas não diretamente envolvidas na contestação do regime. "Lindoneia", de Caetano, interpretada por Nara Leão no álbum-conceito tropicalista, narra a história de uma jovem do subúrbio da classe operária no Rio que "desaparece" misteriosamente na agitação da cidade. A música foi inspirada diretamente pela gravura de Rubens Gerchman, *Lindoneia, a Gioconda dos subúrbios,* uma interpretação de *La Gioconda,* de Leonardo da Vinci (ver imagem 7 do caderno de imagens). O retrato de Gerchman representa uma jovem vítima de violência doméstica, com lábios inchados e um olho roxo. Uma moldura de vidro com entalhes kitsch cerca a imagem surrada de Lindoneia (i.e., linda/feia). Acima da moldura, uma inscrição lembra a manchete da seção criminal de um jornal popular: UM AMOR IMPOSSÍVEL – A BELA LINDONEIA DE 18 ANOS MORREU INSTANTANEAMENTE. Na representação musical de *Lindoneia,* de Gerchman, Caetano imagina a vida da jovem antes de seu desaparecimento "No avesso do espelho", reaparecendo em uma "fotografia do outro lado da vida".

"Lindoneia", de Caetano, é um bolero, um estilo cubano de canção de amor marcada pelo sentimentalismo e pelo melodrama bastante popular no Brasil nos anos 40 e 50. A elite brasileira urbana que criou e consumiu a bossa-nova considerava o bolero o epítome do kitsch latino-americano associado ao gosto popular, o que explica por que Caetano optou por essa forma para uma música sobre uma jovem pobre e suburbana. A música descreve a vida cotidiana de Lindoneia, uma solteira do subúrbio, com referências à eterna presença da mídia de massa, da violência urbana e da vigilância policial. Favaretto sugeriu que Lindoneia seria uma empregada doméstica da periferia da classe baixa que escapa de sua existência tediosa consumindo novelas do rádio e da televisão (Favaretto, 1996, p.92). O fato de ter desaparecido "na preguiça, no progresso, nas paradas de sucesso" pode sugerir que ela tenha se perdido no mundo de fantasia da cultura de massa. No entanto, os termos jurídicos que a descrevem na música – solteira, cor parda – são denominações utilizadas no censo e em boletins policiais, apontando que Caetano também pode ter interpretado a obra de Gerchman de modo mais literal. De qualquer forma, a música retratava a experiência de uma mulher urbana marginalizada, concentrada em sua existência solitária e na falta de opções na vida.[25]

---

25 A Lindoneia de Veloso apresenta uma notável semelhança com a Macabeia, a migrante nordestina pouco instruída, protagonista do romance *A hora da estrela,* de Clarice Lispector (1977).

"Lindoneia" também alude à violência e à repressão da vida diária na cidade, sob o governo militar:

despedaçados, atropelados
cachorros mortos nas ruas
os policiais vigiando
o sol batendo nas frutas, sangrando
ai, meu amor
a solidão vai me matar de dor

No contexto do Brasil no final da década de 1960, os cachorros atropelados lembram as vítimas da violência do governo. A referência às frutas ao sol sugere a abundância tropical, mas até essa imagem alegre é destruída pela especificação "sangrando".

Tal imagem é seguida do refrão "Ai, meu amor / a solidão vai me matar de dor", um óbvio clichê que, diferentemente do restante da música, se adapta às convenções poéticas do bolero. As músicas de Caetano oscilam constantemente entre os registros pessoal e público, sugerindo como a repressão oficial limitava a vida dos cidadãos urbanos, mesmo daqueles que não estavam diretamente engajados nas lutas da oposição.

FIM DO MUNDO: A TROPICÁLIA NAS MARGENS

Em uma entrevista de 1968, Caetano Veloso observou: "Não posso negar o que já li, nem posso esquecer onde vivo" (Bar, 1968). Para os artistas e intelectuais situados na periferia do poder econômico e político global, a dialética entre o senso de integração e as afinidades cosmopolitas com frequência é simultaneamente uma fonte de ansiedade e inspiração. Caetano vivia sob uma ditadura militar em uma nação desenvolvida de forma desigual. Ele "lia" os Beatles, Bob Dylan e Jimi Hendrix, bem como Jean-Paul Sartre, Jean-Luc Godard, os poetas concretistas e Oswald de Andrade.

Desde o início dos anos 20, os músicos e compositores de samba já assimilavam informações musicais do exterior, incluindo tangos da Argentina, especialmente jazz e foxtrot e dos Estados Unidos e boleros de Cuba. A primeira geração da bossa-nova dialogava com o jazz da Costa Oeste dos Estados Unidos, e a Jovem Guarda adotou o rock 'n' roll norte-americano. Até mesmo os artistas "nacionalistas-participantes" foram influenciados pela *nueva canción* latino-americana e, talvez em menor extensão, pelos cantores de protesto pacifistas norte-americanos. Os tropicalistas, é claro, recorreram abertamente ao rock britânico e norte-americano, aos ritmos latino-americanos e à música de vanguarda internacional. O conteúdo lírico da maior parte da música popular brasileira na década de 1960, contudo, se concentrava principalmente em contextos locais ou nacionais. Em geral, as músicas tropicalistas não eram diferentes nesse sentido, mas com algumas notáveis exceções situavam o Brasil nos contextos latino-americano e/ou global.

Tom Zé ocasionalmente elaborava críticas anti-imperialistas similares às músicas *agitprop* do CPC do início da década de 1960. Uma música de seu primeiro álbum, "Profissão ladrão", descrevia um migrante nordestino pobre com "tanta profissão" na economia informal que é preso por furto. Em longos e convolutos versos que lembram a rápida declamação da embolada do sertão nordestino, o homem preso protesta para o policial, lembrando-o de que roubo e corrupção são comuns em todas as classes. Só os pobres são estigmatizados pelas transgressões, enquanto os ricos e poderosos muitas vezes são recompensados, como sugere a quarta estrofe:

> Sei que quem rouba um é moleque
> aos dez, promovido a ladrão
> se rouba cem, já passou de doutor
> e dez mil, é figura nacional
> e se rouba oitenta milhões...

Nesse ponto, Tom Zé insere um interlúdio instrumental pop, incluindo um grupo de metais que contrasta acentuadamente com o discurso coloquial e a fala do protagonista nordestino. Essa irônica justaposição de estilos musicais prepara o terreno para o verso inacabado:

> é a diplomacia internacional
> a "boa vizinhança" e outras transas

Quando toda a nação (na época a população do Brasil era de cerca de 80 milhões) é explorada, isso é chamado de "diplomacia internacional", exemplificado pelo acordo de "boa vizinhança" entre o Brasil e os Estados Unidos, firmado na década de 1940.

Outra música tropicalista, "Soy loco por tí, América" (Gil-Capinam), posicionava o Brasil no contexto da luta anti-imperialista no hemisfério. Gravada pela primeira vez por Caetano Veloso em seu álbum solo de 1965, a música era um apelo à solidariedade latino-americana, sugerindo que os tropicalistas estavam cientes das implicações continentais do movimento (Schwarz, 1975, p.77). O apelo à *latinoamericanidad* também funcionava no nível musical. A música misturava vários ritmos latino-americanos, como a *cumbia* colombiana e o mambo cubano, e as letras eram em "portunhol", uma mistura de português e espanhol. Para Augusto de Campos, a música representava o "tropicalismo anti-Monroe", já que implicitamente denunciava a dominância norte-americana no hemisfério, sancionada pela Doutrina Monroe (Campos, 1974, p.170). Tal qual Eldorado, a nação fictícia representada em *Terra em transe,* de Glauber Rocha, a música foi elaborada para transcender fronteiras de nacionalidade. Na letra de Capinam, todos os símbolos nacionais são omitidos; só "el cielo como bandera" para "esse país sem nome". Embora não explicitado, o ícone central da música é Che Guevara, o revolucionário cubano natural da Argentina que foi perseguido e morto pelo exército boliviano em 1967. O regime brasileiro proibiu a circulação de seu nome na mídia de massa. Em "Soy loco por tí, América", ele é simplesmente referido como "el hombre muerto". A canção tem afinidades com a música de protesto ao exprimir a esperança redentora de que a visão de Guevara poderia ser consumada "antes que a definitiva noite se espalhe em Latino-América".

Em seu segundo álbum solo (1968), Gilberto Gil gravou "Marginália II" (Gil-Torquato Neto), uma música que explicitamente situa o Brasil no contexto das dificuldades do Terceiro Mundo. Apesar de a letra ser melancólica em alguns aspectos, trazendo a imagem de *tristes tropiques* para o Brasil, a música é alegre e otimista, influenciada pelo ritmo do baião nordestino com arranjos para metais. Começando com a dramática afirmação "eu, brasileiro, confesso", a letra de Torquato Neto oferece uma revelação de culpa, aflição, degradação, segredos e sonhos a um público imaginário de compatriotas. A música inteira oscila entre um tom de seriedade dramática e de alegre sarcasmo. Um verso, por exemplo, afirma com ironia, "aqui, o Terceiro Mundo, pede a bênção e vai dormir", que pode ser interpretado como crítica ao fatalismo religioso.

Na estrofe final, Torquato parodia a "Canção do Exílio", do poeta romântico Antônio Gonçalves Dias, que começa com os versos: "Minha terra tem palmeiras / onde canta o sabiá". Em marcante contraste, a letra faz referência explícita à violência politica e à dependência econômica:

minha terra tem palmeiras
onde sopra o vento forte
da fome do medo e muito
principalmente da morte...
a bomba explode lá fora
agora vou temer
oh, yes, nós temos banana
até pra dar e vender

"Canção do Exílio" é provavelmente a obra mais parodiada do cânone literário brasileiro, expressando o desejo por uma terra natal tropical e paradisíaca repleta de belezas naturais, que escritores modernistas como Oswald de Andrade, Murilo Mendes, Cassiano Ricardo e Carlos Drummond de Andrade consideraram tão úteis para a apropriação irônica (Sant'Anna, 1986, p.30). No poema "Canto do regresso à pátria" (1925), por exemplo, Oswald de Andrade substituiu "palmeiras" por "Palmares" (o maior e mais famoso quilombo da História do Brasil), uma referência a um histórico de opressão e resistência. De forma similar, Torquato Neto substituiu as imagens de tranquilidade bucólica esboçadas por Gonçalves Dias por alusões à sublevação política e ao medo sob o governo militar. Os dois últimos versos mencionam o nome da antiga marcha carnavalesca, "Yes, nós temos bananas" (1938), que satirizava o status do Brasil como produtor de matérias-primas para exportação. Na década de 1960, é claro, o Brasil tinha deixado de ser apenas um produtor de matérias-primas e, com certeza, não se adequava ao estereótipo de uma "república das bananas", mas a citação de Torquato Neto atuava como lembrete da posição subalterna do país na economia global.

O refrão da música, "aqui é o fim do mundo", repetido várias vezes, reforça a ideia de marginalidade. Essa expressão mostra que os brasileiros estão no "fim do mundo", ao mesmo tempo em que mantêm vestígios de conotações mais apocalípticas. Ao subverter o ideal do Brasil como um paraíso tropical tranquilo, "Marginália II" sustenta um posicionamento político e ético em termos globais. Nesse sentido a marginalidade denota não apenas uma realidade política e econômica, mas também um posicionamento fundamental diante das nações dominantes. Mais do que qualquer outra peça tropicalista, "Marginália II" pressagiou a postura mais abertamente terceiro-mundista na obra de Gil, na década de 1970.

A Tropicália foi um movimento cultural articulado primordialmente na música popular, mas com significativas manifestações em outros campos artísticos. Inspirada pela iconoclastia radical de Oswald de Andrade, a Tropicália propunha uma releitura da cultura brasileira que criticava as premissas nacionalistas e populistas que orientavam grande parte da cultura de protesto produzida na época. O veículo dessa crítica muitas vezes envolvia produtos culturais originados dos Estados Unidos e na Europa, ou mediados por eles, o que levava a acusações de inautenticidade e alienação política. José Ramos Tinhorão, por exemplo, sugeriu a existência de um vínculo orgânico entre a orientação internacional da Tropicália e o programa econômico do regime militar, com sua grande ênfase no investimento de capital externo. Segundo as estimativas do historiador, os tropicalistas "atuavam como uma vanguarda para o governo de 1964 no âmbito da música popular" (Tinhorão, 1991, p.267). Entre outras limitações, essa homologia não consegue incluir as formas nas quais a Tropicália apresentou as grandes contradições sociais e os mecanismos repressivos da modernização sob o governo militar.

Podemos entender a Tropicália como uma espécie de "dominante cultural" para citar a formulação que Jameson fez sobre o pós-moderno em relação ao capitalismo avançado. Seguindo essa sugestão, a Tropicália seria a lógica cultural não do pós-moderno, mas antes da modernização conservadora, o modelo econômico do regime baseado em investimento estrangeiro, o desenvolvimento da indústria e da comunicação de massa, junto com medidas de austeridade salarial. Obviamente, isso não quer dizer, como sugere Tinhorão, que os tropicalistas endossassem a modernização conservadora. Sugiro apenas que os tropicalistas estavam sintonizados com as contradições e mudanças estruturais desencadeadas pelo governo militar e seu programa de desenvolvimento (Dunn, 2007, p.66).

À medida que as esperanças de redenção política começaram a definhar, os tropicalistas recorreram a representações alegóricas para refletir sobre algumas contradições da modernidade no Brasil. Ao mesmo tempo, abraçavam a experiência urbana, com sua exuberância de imagens e sons da mídia de massa e buscavam se envolver com uma indústria cultural cada vez mais sujeita aos interesses do regime. Apesar de as composições tropicalistas terem provocado controvérsias entre artistas, críticos e fãs, elas em geral eram ignoradas pelos censores. Porém, a partir de 1968, como os tropicalistas estavam ganhando visibilidade e notoriedade, suas apresentações irreverentes começaram a se mostrar embaraçosas para o regime militar.

4

NA HORA ADVERSA: TROPICÁLIA NA MIRA DA REPRESSÃO

Para compreender plenamente a controvérsia gerada pela Tropicália, é necessário lembrar que muitos artistas da MPB, em particular cantores de protesto, mantinham uma relação ambivalente, se não antagônica, com a mídia de massa. Sérgio Ricardo, o artista vaiado no festival de 1967 da TV Record, nos ajuda a compreender a tensão entre artistas engajados e os profissionais da mídia. Momentos antes de sua desastrosa apresentação, Sérgio Ricardo se recorda de uma conversa nos bastidores com Paulo Machado de Carvalho, o proprietário da estação.

> Naquele corredor de camarins do Teatro Paramount, confrontavam-se dois universos antagônicos, cuja aliança provocou uma estagnação. Um universo apresentava seu produto artístico e o outro abria as portas de sua venda, com um único intuito: o lucro. Uma parte interessada no prestígio, na consagração; a outra, no dinheiro. Um objetivo dependendo do outro. Ora, sendo o negócio uma matemática fria, onde os produtos são substituídos por outros quando decrescem nas vendas, e por sua vez sendo a arte dinâmica e livre pela própria natureza, ao tornar-se dependente desta ou daquela coisa, cai na estagnação e acaba sobrando para ela sempre o pior (Ricardo, 1991, p.60).

A denúncia de Ricardo contra o "universo" da mídia de massa lembra a análise da Escola de Frankfurt da "indústria cultural" como um sistema que degrada a arte, reduzindo-a a um mero produto. Ele parece adotar a postura tipicamente modernista para a qual a arte é essencialmente autônoma ("dinâmica e livre pela própria nature-za") e "cai na estagnação" quando é assimilada pela mídia.

Os tropicalistas partiram da premissa de que a produção cultural na era da mídia de massa não era algo autônomo ou "livre". Ao defender o pop depois do festival de 1967 da TV Record, Gil e Caetano implicitamente reconheciam que a arte era um produto para o consumo das massas, mesmo se expressasse oposição a instituições políticas e culturais dominantes. Foi o que Caetano afirmou no falso roteiro cinematográfico escrito para a contracapa do álbum *Tropicália, ou panis et circencis*. No roteiro, o compositor-arranjador Rogério Duprat diz que a música deve ser compreendida como um produto comercial para venda. Ele questiona os jovens músicos baianos: "Como receberão a notícia de que um disco é feito para vender?... Sabem vocês o risco que correm? Sabem que podem ganhar muito dinheiro com isso?". A provocação de Duprat fica sem resposta, mas sugere que os tropicalistas estavam cientes das implicações de se envolver com a indústria cultural. Esse entendimento se reflete em suas composições, que muitas vezes se apropriavam das técnicas formais da mídia de massa, orientadas para a comunicação rápida.[1]

Essa visão da arte e do comércio teria efeitos particularmente dramáticos à medida que os tropicalistas desenvolviam uma imagem pública para o consumo de massa. Sob a direção de André Midani, a gravadora Philips (posteriormente Polygram) buscava conquistar um público jovem, e a Tropicália era prontamente comercializável como uma novidade transgressora.[2] Caetano diria mais tarde que a Tropicália "era um modo de criar uma imagem pública sendo você mesmo um crítico dessa imagem e sabendo que aquilo implicava a criação de uma imagem pública. A gente, de certa forma, explicitava os mecanismos de marketing e denunciava o aspecto 'mercadoria' da condição do músico popular".[3]

Outro conjunto de ambiguidades era fruto da irônica reciclagem feita pelos tropicalistas de materiais datados, estereotipados e "popularescos" na cultura brasileira. Em comparação com a seriedade e o "bom gosto" de seus colegas pós-bossa-nova da MPB, os tropicalistas adotaram conscientemente emblemas culturais tidos como vulgares e kitsch. Os primeiros comentários da imprensa sobre a Tropicália se concentraram nessa dimensão e interpretavam o movimento como uma paródia lúdica e

---

1 Jerônimo Teixeira, O liquidificador de acarajés. In: Maltz et al., *Antropofagismo e tropicalismo,* p.4l-72.

2 Motta, *Noites tropicais,* p.193. Midani utilizou uma estratégia de marketing similar para o rock no México, onde foi o presidente da Capitol Records antes de assumir o cargo na Philips no Brasil. Veja Zolov, *Refried Elvis,* p.112.

3 Veja entrevista: Caetano Veloso, *Imprensa* 8, n.87 (dez. 1994), p.18.

irônica de estilos datados e valores retrógrados. Com a revitalização dos valores sociais conservadores sob o governo militar, esses gestos serviam para criticar o patriotismo do regime, voltado a preservar a ordem. Contudo, como veremos abaixo, a utilização pelos tropicalistas de material datado nem sempre era paródica e desdenhosa. Mais especificamente, a relação com a tradição da música brasileira era curiosamente desprovida de distanciamento irônico, sugerindo pastiches de estilos do passado.

Ao longo de 1968, essas ambiguidades seriam dramatizadas em várias apresentações ao vivo, algumas televisionadas, que sempre chamavam a atenção da mídia. Com efeito, as inovações musicais dos tropicalistas geraram menos controvérsia do que suas apresentações extravagantes dessa nova estética. Enquanto o festival de 1967 da TV Record proporcionara um meio para a inovação formal musico-poética, a participação tropicalista em um festival de 1968 provocou polêmica entre o público. Na ocasião, Caetano e Gil estavam mais preocupados com o efeito performático do que com a qualidade da música. O objetivo não era ganhar o festival e conquistar aplausos da crítica, como no ano anterior, mas sim questionar o posicionamento dos festivais como plataforma de defesa das tradições brasileiras. Os festivais de música de 1968, as apresentações em clubes e os shows televisionados se tornaram meios para encenar *happenings* tropicalistas. Esses eventos atraíam a atenção da mídia, exacerbavam a tensão entre os detratores de Gil e Caetano no campo da MPB e os ajudavam a vender discos. No entanto, essas apresentações também levantavam as suspeitas das autoridades militares, que temiam o potencial subversivo das intervenções tropicalistas no âmbito cultural.

KITSCH TROPICAL

Uma das principais operações estéticas da Tropicália era a celebração irreverente de tudo o que era "cafona" ou kitsch na cultura brasileira. O objeto kitsch leva a marca de uma disjunção temporal, muitas vezes parecendo anacrônico, inautêntico ou abertamente imitativo. A utilização calculada de elementos kitsch por parte dos tropicalistas era altamente ambígua e multifacetada. Para começar, servia para contestar os padrões dominantes do "bom gosto" e a seriedade da MPB de meados da década de 1960. Nesse sentido, tratava-se de um gesto de populismo estético porque reconhecia que o público geral consumia e encontrava significado em produtos culturais que muitos críticos menosprezavam como datados, estereotipados e até mesmo alienados. Em segundo lugar, os tropicalistas incorporaram o kitsch como um modo de satirizar os valores sociais e políticos retrógrados, retomados pelo governo militar (veja Santos, 2000, p.39-40).

No verão de 1968, a Tropicália tinha se tornado uma espécie de moda no Rio de Janeiro e em São Paulo. Jovens jornalistas como Ruy Castro e Luiz Carlos Maciel, do *Correio da Manhã*, e Nelson Motta, do *Última Hora* (Rio), produziram uma série contínua de artigos e resenhas apoiando os tropicalistas, concentrando-se principalmente na reciclagem irônica de estereótipos banais da vida nos trópicos brasileiros. Motta deu início a uma "cruzada tropicalista" a favor do incipiente movimento, propondo "assumir completamente tudo que a vida dos trópicos pode dar, sem preconceitos de ordem estética, sem cogitar de cafonice ou mau gosto, apenas vivendo a tropicalidade e o novo universo que ela encerra ainda desconhecido".[4] Ele imaginou uma festa de inauguração no Copacabana Palace com decoração tropical, palmeiras e vitórias-régias cobrindo a piscina. Aos convidados seriam servidos sanduíches de mortadela e queijo, vatapá e, em vez de licores, xarope Bromil. As ideias de Motta para o jeito tropicalista de se vestir reciclavam estereótipos dos estilos culturais brasileiros de décadas anteriores. Ele recomendava que os homens usassem os cabelos puxados para trás com brilhantina e vestissem ternos brancos de linho, camisas de náilon, gravadas de cores vivas, sapatos de dois tons, feitos com pele de crocodilo ou de cobra, e anéis com os símbolos do zodíaco. Combinando elementos do malandro tradicional e de um dândi tropical moderno, a moda proposta por Motta era ao mesmo tempo antiquada e ultramoderna. Para as mulheres, turquesa, laranja, maravilha e verde-amarelo seriam as cores da moda, com anáguas e cabelos com "litros de laquê". No âmbito da música, ele recomendava o sentimental samba-canção pré-bossa-nova e os sucessos de Carmen Miranda.

Motta também esboçou uma "filosofia tropicalista", que consistia em ditados tradicionais e conservadores como "Já criei meus filhos e casei minhas filhas e posso descansar em paz", "Filha minha jamais fará isto", "Desquitada e vagabunda pra mim é tudo a mesma coisa", "Arte moderna é para enganar os trouxas" e "No meu tempo não havia disto". Ruy Castro posteriormente acrescentou mais aforismos sob o título "Por que me ufano do meu país", uma referência à famosa cartilha para o primeiro grau escrita por Afonso Celso, *Por que me ufano do meu país,* um panfleto patriota publicado em 1901 (Skidmore, 1993, p.100). Satirizando os bordões reacionários do regime militar e seus defensores, ele escreveu: "No Brasil não existe racismo, aqui os negros conhecem seu lugar" e "As Forças Armadas são unidas e a perfeita tranquilidade reina por toda a nação". Esses valores e crenças retrógrados eram expressos como um espetáculo grotesco de modernização conservadora.

---

4 Nelson Motta, A cruzada tropicalista, *Última Hora*-Rio, 5 fev. 1968. Motta traça comentários sobre seu irônico artigo em *Noites tropicais,* p.169-70.

Caetano Veloso se apresenta no popular show de Chacrinha em janeiro de 1968. Chacrinha ostenta uma placa proclamando: "Mulheres, cheguei!"
(Agência JB, *Jornal do Brasil*)

Durante esse período, os tropicalistas adotaram personalidades da mídia de massa popular, uma postura considerada escandalosa pelos artistas originalmente identificados com a MPB. Ao longo de 1968, Gil e Caetano se apresentaram em programas populares de música e de variedades na televisão, como a "Discoteca do Chacrinha", da TV Globo, apresentado por Abelardo "Chacrinha" Barbosa, um corpulento palhaço considerado pela *intelligentsia* nacional um reacionário.[5] Em uma entrevista, por exemplo, Chacrinha proclamou: "Acho que se deve dar aquilo que o povo pede. O dia em que este público estiver mais alfabetizado mudo meu programa... Se o governo desse menos importância para toda essa gente que ganha dinheiro criticando as estruturas que eles próprios desconhecem, tinha muito cantor de protesto morrendo de fome".[6] Chacri-

---

[5] Vale lembrar que Oswald de Andrade e Tarsila do Amaral também cultivaram um relacionamento com o popular circo do palhaço Piolim nos anos 20. Veja Silviano Santiago, Caetano Veloso enquanto superastro. In: *Uma literatura nos trópicos,* p.149.

[6] Anamaria Costábile, Chacrinha, verdade ou mito que buzina o século XX, *Correio da Manhã,* 29 ago. 1968.

nha se considerava o pai espiritual do movimento, que ajudou a lançar em seu show na televisão. Na mesma entrevista, declarou: "Eu sou psicodélico há vinte anos e posso me considerar o primeiro tropicalista participante". Seu programa fazia um enorme sucesso entre a classe trabalhadora justamente por seu humor carnavalesco. Ele promovia um "antiestilo" que celebrava o mau gosto, o que ofendia a sensibilidade daqueles que buscavam expressar representações mais nobres da cultura brasileira. Os tropicalistas consideravam Chacrinha interessante porque ele recriava o excesso grotesco e a irreverência do carnaval em seus programas (Favaretto, 1996, p.114-9).

Depois que Caetano participou de um programa especial apresentado por Chacrinha chamado "Noite da banana", o jornalista Eli Halfoun fez duras críticas ao cantor: "A adesão comercial de Caetano Veloso ao tropicalismo, movimento que nasceu com boas intenções mas que já está virando 'brincadeira de mau gosto', era também aceitável, até certo ponto. O que não se pode concordar é com aquela participação do hippie de Santo Amaro de Purificação no programa do Chacrinha... Mas o compositor Caetano Veloso (...) não se pode deixar envolver por esta máquina comercial, que o está levando a iniciar uma carreira onde geralmente todo mundo termina: o circo".[7] Em outras palavras, Caetano poderia perder prestígio cultural e ser reduzido à autoparódia. A participação de Caetano no programa do Chacrinha provavelmente ajudou a aumentar sua popularidade fora do meio universitário instruído da classe média, os consumidores da MPB. Um levantamento feito em outubro de 1968 sugeria que os índices de aprovação de Caetano eram mais altos entre a classe trabalhadora.[8] Além das considerações de mercado, essas apresentações no programa do Chacrinha também faziam parte do objetivo dos tropicalistas de destruir as hierarquias culturais que definiam o que era considerado de bom gosto e o que era vulgar.

O grupo tropicalista mais tarde elaborou suas críticas irônicas à sociedade brasileira em um especial da TV Globo, "Vida, paixão e banana do tropicalismo". José Carlos Capinam, Torquato Neto e Zé Celso escreveram um roteiro para a produção, que previa um grande elenco, incluindo os músicos tropicalistas, o cineasta Glauber Rocha, a estrela do cinema Othon Bastos, o próprio diretor de teatro Zé Celso e os atores Renato Borghi, Ítala Nandi e Etty Fraser. O programa também deveria incluir várias celebridades

---

7 Eli Halfoun, Caetano ou Chacrinha?, *Última Hora*-Rio, 13 abr. 1968.

8 Em um levantamento feito pela Marplan, um serviço de pesquisas de opinião do *Jornal do Brasil,* os participantes responderam à seguinte pergunta: "Caetano Veloso é um bom artista?". Os participantes do levantamento foram classificados de acordo com a situação socioeconômica. Entre os respondentes das classes alta, média e baixa, Veloso teve a aprovação de 50%, 47% e 62%, respectivamente. O mesmo levantamento também revelou que 80% de todos os respondentes não aprovavam as vaias no FIC de 1968. Veja "Carioca reprova a vaia em festivais", *Jornal do Brasil,* 6 out. 1968.

do rádio da era pré-bossa-nova, como Linda Batista, Araci de Almeida, Emilinha Borba, Vicente Celestino e Luiz Gonzaga. Capinam e Torquato Neto imaginaram um coro de convidados incluindo turistas norte-americanos, voluntários do Corpo da Paz, políticos nacionais e membros da Academia Brasileira de Letras. Uma produção tão elaborada obviamente teria sido impossível; a própria lista para o elenco era evidentemente uma piada. O roteiro foi pré-censurado pela Rhodia e pela TV Globo, mas uma produção mais modesta, com membros do elenco original e apresentado por Chacrinha e pelo ator de comédia negro Grande Otelo, acabou indo ao ar em setembro de 1968 (Calado, 1997, p.210-1. O texto "Vida, paixão e bananas" foi encenado depois no Museu de Arte Moderna da Bahia nos 30 anos de Tropicália, sob a direção de Zé Celso).

Apesar de grande parte do roteiro nunca ter sido transmitida, ele merece ser discutido como um texto tropicalista subsequentemente publicado em uma antologia de Torquato Neto (1973, p.295-308). O roteiro propunha um show de variedades, como uma colagem, que permitisse *happenings* espontâneos envolvendo o elenco e a plateia. A trilha sonora incluía músicas tropicalistas conhecidas, como "Tropicália", "Marginália II", "Soy loco por tí, América", "Lindoneia" e "Parque industrial", sambas patrióticos, como "Aquarela do Brasil" e "Hino do carnaval brasileiro", e clássicos nacionais, como a ópera de Carlos Gomes *Il guarani* e "Bachianas brasileiras", de Villa-Lobos. Cartazes espalhados pelo palco faziam referências a citações da carta de descoberta de Pero Vaz de Caminha ("Tudo que se planta dá"), máximas positivistas ("Ordem e progresso"), o "Manifesto Antropófago", de Oswald de Andrade ("Tupi or not tupi, that is the question"), slogans populistas da era Vargas ("O petróleo é nosso") e declarações autoritárias do regime militar ("A mais perfeita ordem reina no país"). Como descrito acima, a crítica tropicalista justapunha essas referências históricas aparentemente desconexas e contraditórias.

A maior parte do roteiro foi escrita no estilo irônico e sarcástico da "cruzada tropicalista" de Motta. Um membro do elenco, por exemplo, se vangloria de que "o nosso regime político é um dos mais perfeitos da história. Aqui vigora uma perfeita democracia. No campo do folclore, encontramos uma plebe que não tem complexos e conta todo dia com sambas e macumbas. Sua ventura de habitar em tão bela terra. Nossos índios são os melhores mesmo, maravilhosos tarzãs do grande José de Alencar, e vivem num paraíso terrestre" (ibidem, p.301). Durante as canções mais patrióticas, os membros do elenco deveriam levantar placares com slogans motivadores do regime militar como "Eu amo com fé e orgulho" e "Sem ordem não há progresso". O humor cáustico do roteiro, além de sua truncada produção para a televisão, dependia da utilização da paródia para ridicularizar o discurso nacionalista conservador.

Apesar de nem sempre de forma explícita, os tropicalistas também parodiavam o "luso-tropicalismo", uma teoria proposta por Gilberto Freyre, o arquiteto da tese da "democracia racial". Articulada pela primeira vez na década de 1940, a teoria de Freyre afirmava que o "mundo português", incluindo a metrópole europeia, o Brasil e as colônias na África e Ásia, deveria ser visto como uma "totalidade luso-tropical", na qual as diferenças entre colonizador e colonizado foram transcendidas e os antagonismos raciais se faziam em grande parte ausentes.[9] A longa história da presença moura na Ibéria, Freyre teorizava, levou os colonizadores portugueses a uma interação harmoniosa e procriadora com os não europeus. Os homens portugueses teriam um papel particularmente importante na iniciativa colonial por gerarem grande número de filhos de raça mista com mulheres de cor, tanto livres como escravas, criando uma nova civilização mestiça nos trópicos. Freyre proclamava o Brasil como um pioneiro no desenvolvimento de uma sociedade mais democrática e humanitária. À luz do holocausto perpetrado pela Alemanha nazista e das lutas pós-guerra contra a segregação e em defesa da igualdade racial nos Estados Unidos, o "experimento de miscigenação" do Brasil poderia servir como um modelo para outras sociedades multirraciais (Freyre, 1959, p.121). Apesar das pretensões igualitárias, o luso-tropicalismo de Freyre projetava uma visão excessivamente otimista e de certa forma estática da cultura e da sociedade brasileiras. Defensor do colonialismo português na África e um convicto paladino do governo militar no Brasil, Freyre era anátema para os artistas progressistas e intelectuais nos anos 60.[10]

Freyre foi incluído no elenco do roteiro original de "Vida, paixão e banana do tropicalismo", o que sugere que os autores consideravam o luso-tropicalismo um alvo de referências paródicas. Em um ponto do programa, o anunciador entrevistaria Freyre, perguntando se "sua ciência tropicalista está sendo deturpada por esses jovens compositores, teatrólogos e cineastas". Como a participação de Freyre no elenco foi só imaginária, não há como saber como ele teria respondido. Apesar de o projeto intelectual de Freyre estar muito distante do circo da Tropicália, transmitida pela mídia de massa, a relação entre os dois "tropicalismos" distintos provocou comentários dos críticos versados na história intelectual brasileira.

---

9 A análise mais completa do luso-tropicalismo pode ser encontrada em *O luso e o trópico* (1961), traduzido para o inglês no mesmo ano. Para uma breve discussão dessa teoria, veja o capítulo "Brazil as a European Civilization in the Tropics". In: Freyre, *New World in the Tropics*.

10 Dentro de meses a partir do momento em que o grupo baiano lançou o movimento tropicalista em São Paulo, foi criado um movimento paralelo liderado pelos poetas Jomard Muniz de Brito e Celso Marconi. Gil e Veloso assinaram um manifesto "Porque somos e não somos tropicalistas", escrito pelo grupo pernambucano em abril de 1968, denunciando "o marasmo cultural da província" e a "menopausa intelectual" dos "antigos professores". Os tropicalistas do Recife criticavam em particular os conservadores defensores do folclore tradicional nordestino, como o dramaturgo e romancista Ariano Suassuna. Ver Jomard Muniz de Britto. *Bordel Brasilírico Bordel,* p.79-80.

O poeta e intelectual Mário Chamie talvez tenha sido o primeiro crítico a argumentar em favor da elaboração de uma distinção radical entre o "tropicalismo" (com as repercussões da obra de Freyre) e o movimento emergente da Tropicália. Ele comparava o caráter atemporal e harmonioso do modelo de Freyre, com base nas relações sociais nas plantações coloniais, à visão dinâmica e contraditória do Brasil elaborada pelos jovens baianos. Chamie argumentou que o tropicalismo de Freyre sustenta a "perenidade diacrônica da nossa personalidade de povo", ao passo que a Tropicália "só admite a provisoriedade sincrônica" de um mundo em constante fluxo, devido ao incessante bombardeio de informações disseminados pela mídia de massa.[11] Com a utilização de uma hipérbole calculada, o poeta concreto Décio Pignatari resumiu as diferenças entre o modelo de Freyre e o emergente movimento cultural em um debate polêmico com estudantes da Universidade de São Paulo em 1968: "O nosso tropicalismo é recuperar forças. O de Gilberto Freyre é o trópico visto da casa-grande. Nós olhamos da senzala" (Calado, 1997, p.201). Apesar de ser duvidoso que esses jovens artistas da classe média vissem a sociedade brasileira "da senzala", eles sem dúvida articulavam uma visão mais dinâmica e conflituosa da cultura nacional.

É PROIBIDO PROIBIR: O FIC DE 1968

Durante a última parte de 1968, o foco das apresentações tropicalistas passou gradualmente da sátira irônica a um engajamento mais agressivo com as contraculturas internacionais. O momento mais polêmico do movimento tropicalista ocorreu durante a temporada de festivais (de setembro a novembro) no segundo semestre de 1968. Como descrito no Capítulo 2, Caetano e Gil tinham conquistado reconhecimento nacional com seu "som universal" no Festival de Música Popular Brasileira em São Paulo, transmitido pela TV Record. Em 1968, eles ganharam notoriedade no Festival Internacional da Canção (FIC), patrocinado pela TV Globo no Rio de Janeiro.

Iniciado em 1966 como um análogo brasileiro ao festival de música de San Remo, da Itália, o FIC era um concurso nacional para selecionar uma música brasileira para concorrer em uma competição internacional com cantores pop convidados do exterior. Durante seus dois primeiros anos, o FIC era eclipsado pelo festival da TV Record, apesar de ter servido de trampolim para artistas emergentes como Milton

---

11 Veja Mário Chamie, O trópico entrópico de Tropicália. *O Estado de São Paulo,* Suplemento Literário, 4 abr. 1968.

Nascimento. Em 1968, o FIC tinha amadurecido, atraindo músicos importantes e significativa atenção da mídia. Uma série de rodadas eliminatórias em São Paulo e no Rio de Janeiro precedeu as finais do III FIC. Caetano e Gil participaram de duas rodadas realizadas no Teatro da Universidade Católica (TUCA) em São Paulo.

Nesse evento, Gilberto Gil apresentou "Questão de ordem", que introduzia elementos estilísticos do rock e da música soul afro-americana. Nas eliminatórias do FIC, Gil foi vaiado pelo público universitário e sua música não foi classificada. Até os críticos que tinham elogiado o trabalho anterior de Gil começaram a questionar a nova tendência. Nelson Motta, o outrora guerreiro da cruzada tropicalista, reclamou:

> Gilberto Gil partiu para uma nova linha, mais na base do sensorial e da emoção do momento, da invenção... Gil derivou para uma linha mais africana, mais identificada com a moderna música negra internacional, mas não está sendo entendido nem pelo público nem por mim... Agora na base do grito desordenado, embora Gil busque a liberdade e a desordem, não consegue agredir ninguém, não consegue encantar ninguém, não consegue emocionar ninguém, não consegue derrubar nada.
>
> Em compensação, quando Gil canta sua "A falência do café", na qual ele "oswaldandradianamente espinafra a aristocracia cafeeira paulista vencida pela industrialização e pela lata todo mundo gosta, se cristaliza uma atualíssima forma de expressão".[12]

Motta se refere a uma composição satírica, "A falência do café, ou a luta da lata", lançada como lado B do *single* "Questão de ordem" em 1968.[13] Em sintonia com o espírito de Oswald de Andrade em *O rei da vela*, a música satiriza a decadência dos barões do café de São Paulo, exacerbada pela introdução do café instantâneo enlatado. Motta apreciava a sátira da aristocracia latifundiária, mas ficou perplexo com sua transição estilística para a música negra internacional. Em uma autobiografia escrita mais de trinta anos mais tarde, Motta reiterou sua opinião sobre a música de Gil, afirmando que "ninguém gostou daquilo, guitarras aos berros, um dos garotos da banda batendo com uma baqueta numa calota de automóvel, Gil de barba, bigodes e cabelo black power gritando palavras em desordem, não havia música, não havia ritmo, era tudo

---

12 Nelson Motta, Para onde vai Gilberto Gil?, *Última Hora*-Rio, 14 out. 1968.

13 Ambos os *singles* foram apresentados como faixas-bônus no álbum de 1968 de Gil incluído na coleção remasterizada *Ensaio Geral*, lançada em 1998.

Gilberto Gil apresenta "Questão de ordem" nas eliminatórias do Festival Internacional da Canção de 1968 (Cristiano Mascaro/Abril Imagens)

barulho" (Motta, 2000, p.175). Outros artistas e críticos defenderam a apresentação de Gil, dizendo que ela abria novas avenidas criativas para o pop universal. Em um longo artigo publicado no *Correio da Manhã*, Hélio Oiticica argumentou que a música de Gil criou "novas estruturas" na música popular: "Gil parece cantar e compor com todo o seu corpo, sua garganta é de fera, num canto forte que se relaciona com o dos cantadores nordestinos: sua apresentação foi um momento de glória, contido e sem heroísmo aparente, certo do que fazia, enquanto a vaia fascista comia".[14]

Gil afirmou que, durante a fase tropicalista, ele começou a se identificar com "toda a atitude libertária que existia na América, na nova esquerda, na vida universitária norte-americana, nas experiências da nova literatura, do novo teatro, nas experiências do Black Power nos Estados Unidos, nas experiências com drogas, com LSD, com expansores da consciência... com a atitude iconoclasta dos jovens internacionalistas".[15] Nos Estados Unidos, aquele foi o ano no qual a oposição à Guerra do Vietná se intensificou em reação à Ofensiva do Tet, os estudantes universitários se rebelaram, Martin Luther King Jr. foi assassinado e James Brown gravou seu sucesso de identidade coletiva "I'm Black and I'm Proud". Gil também foi atraído pelos experimentos musicais de Jimi Hendrix, cuja influência pode ser ouvida em "Questão de ordem". A letra critica o conceito de "ordem" da forma como a palavra é utilizada pelo regime e pela esquerda ortodoxa: "Fico preparando palavras de ordem / para os companheiros que esperam nas ruas / pelo mundo inteiro em nome do amor". Claramente influenciada pelos slogans contraculturais do Primeiro Mundo ("faça amor, não faça guerra"), a música defende uma política internacional de anarquia. Gil se coloca como o "comandante" que fala ao povo "em nome do amor".

Ainda mais importante foi a apresentação da música de Gil no TUCA durante a rodada eliminatória do FIC. Ele vestia uma túnica parecida com um dashiki da África Ocidental, que começou a usar regularmente como figurino para palco no final de 1968. Mais tarde ele explicou o significado da roupa em uma entrevista: "A roupa é a minha nudez. Como não posso andar nu, como qualquer pessoa gostaria, então apresento minha nudez disfarçada. E estou certo se tento ser bonito dentro da minha negritude, em mim a roupa não cai como uma abstração: ela se modifica no meu corpo, porque eu assim quero... No palco, a minha roupa faz parte do espetáculo. Isto é importante: espetáculo. É a contradição: nesse festival, muitos aceitaram a música, mas vaiaram a minha roupa. Por quê? Eu não quero ser aferido pelas minhas letras, minha música, muito

---

14 Hélio Oiticica, O sentido de vanguarda do grupo baiano, *Correio da Manhã*, 24 out. 1968.

15 Entrevista do autor com Gilberto Gil, 23 maio 1995.

menos pelas minhas roupas. O arranjo é como a roupa, a apresentação é uma parte integrante do espetáculo, o espetáculo é o espetáculo".[16] Como muitas estrelas do rock norte-americano e britânico de sua geração, os tropicalistas sabiam que estilos, roupas e cenografia distintivos ou excêntricos eram elementos-chave na produção e no consumo da música popular. A insistência de Gil na centralidade do "espetáculo" também sugere uma afinidade com artistas de épocas anteriores, como Carmen Miranda, cujo estilo extravagante havia se tornado obsoleto com o advento da bossa-nova.

Até o advento da Tropicália, gestos performáticos entre os artistas da MPB se limitavam a balançar os braços, fazer discretos passos de dança e usar expressões faciais sugestivas. Até mesmo o festival de 1967 da TV Record parecia bem-comportado em comparação com festivais e shows subsequentes. Caetano e Gil romperam as convenções e usaram casacos esportivos e blusas de gola alta em vez dos ternos formais costumeiros até então. Em 1968, Gil vestia túnicas de cores vivas e jaquetas de couro no estilo Black Panther, enquanto Caetano usava ternos de plástico futuristas verde--limão, com gravatas marcadamente "primitivas" feitas de dentes de jacaré. Tom Zé e Gal Costa usavam roupas que lembravam os hippies de São Francisco. O agente deles, Guilherme Araújo, foi em grande parte responsável pela criação do estilo de roupas dos tropicalistas e sua imagem pública.[17] As dimensões teatrais das apresentações musicais foram desenvolvidas mais extensamente pelos Mutantes, que usavam roupas temáticas específicas para suas apresentações nos festivais. Quando tocaram "Dom Quixote" (baseado no épico do espanhol Cervantes) no festival de 1968 da TV Record, os irmãos Baptista se vestiram como Dom Quixote e Sancho Pança e Rita Lee estava de Dulcineia.

Também foi significativo o fato de Gil introduzir publicamente um discurso sobre a negritude em relação à sua música. O poeta e crítico Affonso Romano de Sant'Anna sugeriu uma relação similar em um artigo escrito para o *Jornal do Brasil*, ao dizer que "o tropicalismo tem possibilidades de abranger alguns dos ideais de negritude, na exata medida em que concebe a miscigenação tropical como um fator positivo".[18] Ao utilizar o termo "negritude", Sant'Anna se referia especificamente ao movimento literário e cultural da África francófona e do Caribe. Dessa forma, é bastante curioso que tenha associado "negritude" com "miscigenação tropical", considerando que o termo, apesar de contestado,

---

16 Gil está falando de vaias e festivais, *Jornal da Tarde,* 28 set. 1968; reproduzido em Gil, *Gilberto Gil,* p.33-5.

17 Para uma discussão sobre a influência de Guilherme Araújo sobre o estilo tropicalista, veja Silviano Santiago, Caetano Veloso enquanto superastro. In: *Uma literatura nos trópicos*, p.143-7.

18 Sant'Anna, Tropicalismo! Tropicalismo! Abre as asas sobre nós, *Jornal do Brasil,* 2 mar. 1968; reproduzido em sua coleção de ensaios, *Música popular e moderna poesia brasileira,* p.88-96.

Caetano Veloso, Os Mutantes e o hippie americano Johnny Danduran provocam um *happening* durante a apresentação de "É proibido proibir" nas eliminatórias do Festival Internacional da Canção de 1968 (Abril Imagens)

geralmente afirmava uma identidade coletiva distintamente "negra".[19] A releitura de negritude proposta por Sant'Anna se inclui no discurso modernista de mestiçagem. Gil utilizava o termo simplesmente para denotar a cor negra, sem nenhuma relação explícita com o movimento francófono. É mais provável que tivesse em mente a política de identidade tipicamente associada ao movimento Black Power afro-americano. Nessa apresentação, Gil lançou a estética negra como um componente do movimento tropicalista. Segundo Gil, a plateia rejeitou essa estética, expressa principalmente pelas roupas africanas.

No mesmo evento, Caetano Veloso apresentou "É proibido proibir", cujo título era um slogan popular da rebelião estudantil de maio de 1968 na França. Na gravação da música em estúdio e durante a primeira apresentação no TUCA, Caetano recitou o poema "D. Sebastião" (1934), do escritor modernista português Fernando Pessoa.[20] O poema é narrado

---

19 Veja a útil discussão de Nick Nesbitt sobre o neologismo "negritude" em Appiah e Gates, *Africana*, p.1404-8.
20 As gravações em estúdio e ao vivo de "É proibido proibir" são apresentadas na coleção *Caetano Veloso: Singles* (1999).

em primeira pessoa na voz de Dom Sebastião, o rei adolescente de Portugal, que morreu em 1578 combatendo os mouros nos desertos da África do Norte: "'Sperai! Caí no areal e na hora adversa". Depois de cair "na hora adversa", o rei faz uma proclamação mística de retorno e redenção, o que gerou o mito do sebastianismo, um movimento messiânico baseado na restauração do Império Português. A mistura de rock, política radical francesa e o poema épico de Pessoa sugere o escopo trans-histórico e internacional da música.

Como "Questão de ordem", de Gil, a música de Caetano também expressava uma atitude anárquica em relação à cultura e à política. A canção é dividida em duas partes. Na primeira, Caetano faz referência a vários mecanismos de controle social, como valores familiares tradicionais, mídia de massa e instituições educacionais formais.[21] Na segunda, instiga a subversão dessas regras e restrições, a começar com a imagem de um carro em chamas:

me dê um beijo, meu amor
eles estão nos esperando
os automóveis ardem em chamas
derrubar as prateleiras, as estantes
as estátuas, as vidraças, louças, livros, sim

As "relíquias" do lar brasileiro tradicional, ironizadas em músicas tropicalistas anteriores (i.e., "Geleia geral", "Misere nobis", "Panis et circencis"), são destruídas em um gesto carnavalesco e catártico. Até os livros, esses valorizados objetos de cultura, civilização e educação, são descartados com as louças da família.

Durante a primeira rodada eliminatória no TUCA, Caetano convidou um amigo norte-americano, John Danduran, para subir ao palco e provocar a plateia com gritos. Nos relatos da imprensa, Danduran foi descrito como um "hippie de São Francisco" que veio ao Rio com sua banda de rock, The Sounds, e decidiu ficar no Brasil. Na qualidade de músico envolvido com as contraculturas norte-americana e brasileira no fim da década de 1960, Danduran proporcionou uma interessante análise comparativa dos dois contextos culturais: "Muita gente se sente agredida por nós, mas o que acontece com Caetano aconteceu nos Estados Unidos com Bob Dylan. No dia em que Bob Dylan rompeu com as tradições musicais – inclusive canções de protesto –, foi uma grita geral".[22] Da mesma forma como Dylan provocou a ira de puristas e

---

21 Veja Luiz Carlos Maciel, "É proibido proibir", *Correio da Manhã,* 11 out. 1968.
22 Veja O 'hippie' proibido dos tropicalistas, *Veja,* 23 out. 1968. Nesse breve perfil de Danduran, ele é identificado erroneamente como "Johnny Grass".

tradicionalistas ao se apresentar com uma guitarra elétrica no Newport Folk Festival de 1965, Caetano gerou alvoroço com seu rock barulhento e atonal acompanhado d'Os Mutantes.

Aprovada para a segunda eliminatória, a apresentação final de Caetano de "É proibido proibir" no TUCA, no dia 15 de setembro, transformou-se em um evento caótico. Mais cedo, naquela noite, um tumulto no auditório havia irrompido depois que um entusiasta do tropicalismo levantou um cartaz que dizia "Folclore é reação!", enquanto Geraldo Vandré apresentava sua música de protesto "Caminhando". Depois desse incidente, os partidários da música nacionalista-participante, em sua maioria estudantes universitários, resolveram se vingar de Caetano, no que se tornou um *happening* marcante na história da música popular brasileira. Caetano relatou a cena:

> Nós fizemos uma introdução que durava mais que um minuto de música atonal feita pelos Mutantes. Isso levou os estudantes a uma histeria de raiva. Eles já tinham raiva do nosso trabalho. Para ser sincero, fiz uma provocação. Foi um *happening*... Então cantei a música com todos de costas pra mim, eu cantava movendo os quadris para a frente e para trás, com uma roupa de plástico preta e verde... e com o cabelo bem grande, e cheio de tomadas amarradas no pescoço (Veja Dunn, 1996, p.126; 1994, p.102).

Foi uma estratégia elaborada para provocar ainda mais a plateia. No meio da música, com a multidão de estudantes enfurecida gritando e jogando lixo no palco, Caetano fez seu famoso discurso sobre a cultura e a política no Brasil, que foi gravado e rapidamente lançado como *single:*

> Mas é isso que é a juventude que diz que quer tomar o poder?... São a mesma juventude que vão sempre, sempre, matar amanhã o velhote inimigo que morreu ontem? Vocês não estão entendendo nada, nada, nada, absolutamente nada!... Eu hoje vim dizer aqui que quem teve coragem de assumir a estrutura de festival... e fazê-la explodir... foi Gilberto Gil e fui eu... O problema é o seguinte: estão querendo policiar a música brasileira... Eu quero dizer ao júri: me desclassifique. Eu não tenho nada a ver com isso... Gilberto Gil está aqui comigo para nós acabarmos com o festival e com toda a imbecilidade que reina no Brasil... Nós só entramos no festival pra isso... Nós, eu e ele, tivemos coragem de entrar em todas as estruturas e sair de todas. E vocês? Se vocês forem... se vocês, em política, forem como

Brutalidade jardim

são em estética, estamos feitos! Me desclassifiquem junto com o Gil! O júri é muito simpático, mas é incompetente. Deus está solto![23]

Ao afirmar a participação em todas as "estruturas" da mídia de massa, Caetano reconhecia não existir um "espaço puro" para os artistas que participavam na indústria musical de consumo pelas massas. Na melhor das hipóteses, os artistas podiam criticar o sistema a partir de dentro, ao mesmo tempo cientes de seu status como profissionais da indústria.

No fim, tanto Caetano como Gil se ausentaram da rodada final do FIC em 1968. Do grupo tropicalista, só Os Mutantes participaram com "Caminhante no turno", que ganhou o prêmio de melhor interpretação e o sexto lugar na classificação geral. Mesmo sem a participação de Caetano e Gil, a rodada final do FIC no estádio do Maracanãzinho foi marcada por uma fervorosa controvérsia. A maioria dos 20 mil espectadores apoiava o hino antirregime "Caminhando (Pra não dizer que não falei das flores)", mas quem ganhou o concurso foi Chico Buarque e Tom Jobim com a música "Sabiá". Como várias músicas tropicalistas, "Sabiá" fazia referência ao poema "Canção do Exílio", do romântico Gonçalves Dias, mas sem o elemento de paródia corrosiva. Quando Chico Buarque apresentou a música com a dupla de vocalistas Cibele e Cinara, ele foi vaiado pela plateia.

A canção de Vandré era musicalmente menos complexa, mas a letra era extremamente incisiva à luz do contexto político, e ele foi calorosamente recebido pelo público. Uma gravação ao vivo registrou as tentativas de Vandré de acalmar os fãs antes de começar a cantar, dizendo que "Chico e Tom merecem o nosso respeito" e lembrando ao público que os "festivais não são tudo na vida".[24] Esse gesto serviu para intensificar ainda mais o apoio da plateia. "Caminhando" expressava um novo nível de militância na música brasileira de protesto. A música não incluía os tradicionais apelos ao "dia que virá" da redenção futura; a maioria dos verbos era no tempo presente e o tom era de urgência. A música instigava o público a se unir em uma marcha coletiva "seguindo a canção". Vandré convidava à resistência armada: "Vem, vamos embora / que esperar não é saber / quem sabe faz a hora / não espera acontecer". Declarando que "Pelos campos há fome em grandes plantações", a música ridicularizava aqueles que participaram de passeatas em "indecisos cordões", acreditando em "flores vencendo o canhão". As passeatas simbólicas de protesto e o *flower power* foram inúteis diante de forças armadas. A última estrofe denunciava os jovens soldados utilizados para

---

23 Para uma transcrição do discurso de Caetano no TUCA em 1968, veja Fonseca, *Caetano*, p.91-2.
24 Essa apresentação ao vivo de "Caminhando" é apresentada na compilação *Geraldo Vandré: 20 Preferidas*.

A plateia no estúdio aplaude Gal Costa em sua apresentação de "Divino maravilhoso" no festival de 1968 da TV Record (Paulo Salmão/Abril Imagens)

reprimir as demonstrações, afirmando que "nos quartéis lhes ensinam a antiga lição / de morrer pela pátria e viver sem razão".

Quando foi anunciado o primeiro lugar para "Sabiá", a plateia explodiu em protesto, percebendo, acertadamente, que o júri havia sucumbido às pressões políticas. O júri incluía Donatelo Griecco, o chefe da Divisão Cultural do Itamarary, que mais tarde disse à imprensa que "Caminhando" era uma perigosa música de esquerda.[25] A crítica de Vandré à disciplina militar era particularmente perturbadora para os oficiais, que a interpretaram como uma afronta à sua autoridade. Um oficial de alto escalão declarou: "Exército não ensina nada daquilo a que se refere a canção desse tal de Vandré; a mesma canção não passa de um atentado à dignidade de uma nação e eu como general e secretário de segurança, se fizesse parte do júri do Festival, não permitiria que a mesma fosse inscrita...".[26] Ficou claro que as autoridades locais tinham interferido

---

25 Veja a série de artigos em *Correio da Manhã*, 1º out. 1968.
26 In: Eli Halfoun, Caminhando com Vandré, *Última Hora*-Rio, 5 out. 1968.

para garantir que a música não vencesse o Festival. Depois, policiais confiscaram o *single* de "Caminhando" e as estações de rádio foram proibidas de transmiti-la. A música de Vandré acabou se tornando um hino popular de oposição democrática ao governo militar.[27]

Logo após as finais nacionais do III FIC, um artigo de autoria anônima foi publicado no *Jornal do Brasil* elogiando o secretário de Turismo de Guanabara. Denunciando "a imaturidade de uma parcela atuante do público que insiste em encarar a manifestação artística como ato político de engajamento ideológico", o artigo observava que o festival era importante "não só pelo seu conteúdo cultural e pelo que ele representa como divulgação do Estado e do país, como também pela oportunidade que oferece ao povo carioca de congregar-se numa festa de alto nível em torno de valores autênticos saídos das mais diversas camadas sociais, numa confraternização que repele qualquer modalidade de preconceito".[28] O artigo revela como as autoridades locais percebiam o festival de música. O III FIC era, acima de tudo, um mostruário internacional da cultura brasileira. Como a vitória brasileira na Copa do Mundo de 1970, servia para mascarar o fato de que o país estava entrando na fase mais repressiva e violenta da ditadura militar.

UM FESTIVAL DE MÚSICA TROPICALISTA

Apesar de em grande parte os tropicalistas terem se ausentado do III FIC, eles dominaram o festival de música de 1968 da TV Record, mesmo sem a participação de Caetano e Gil. Esse evento televisionado testemunhou o surgimento de Gal Costa e Tom Zé como personalidades tropicalistas na mídia. E também revelou a extensão da intervenção tropicalista na cultura nacional. Nos termos de Pierre Bourdieu, os tropicalistas tinham transformado "o campo da produção cultural", mais especificamente o campo da música popular brasileira. A influência dos tropicalistas era particularmente evidente entre artistas mais jovens, como Suely e os Kantikus, vencedores do Festival Universitário de 1968 em São Paulo com o iê-iê-iê "Que bacana", com a efusiva letra "Chego em casa jogo os sapatos pro alto, tô na cama num salto—que bacana!/ Ponho um disco do Caetano Veloso, leio gibi, é gostoso—que bacana!". Os críticos do festival da TV

---

27 Mais de uma década se passaria antes de "Caminhando", de Vandré, ser apresentada a uma grande plateia. Em 1979, a cantora e compositora Simone apresentou a música nos importantes eventos culturais do processo de abertura política.

28 Veja nota anônima, Música e política, *Jornal do Brasil,* 1º out. 1968.

Rita Lee, de Os Mutantes, Tom Zé (no centro) e o compositor e arranjador Júlio Medaglia no festival de música de 1968 da TV Record (Paulo Salomão/Abril Imagens)

Record reclamaram que a maioria dos participantes estava tentando imitar os tropicalistas. Vários críticos lamentaram a ampla utilização de estilos performáticos típicos da ópera, instrumentos elétricos, efeitos especiais e extravagantes roupas multicoloridas com base na estética tropicalista (Bourdieu, 1993, p.30-1).

O evento da TV Record também gerou o primeiro mal-entendido público entre o grupo tropicalista e Chico Buarque. Foi divulgado que, durante a rodada final, Gilberto Gil vaiou a música de Buarque "Bem-vinda", por ser ultrapassada. Apesar de Gil ter negado o episódio, Buarque reagiu com um artigo discreto, criticando Gil e observando que "nem toda loucura é genial, nem toda lucidez é velha".[29] Os tropicalistas menosprezaram o incidente com elogios ambíguos a Chico Buarque. Tom Zé, por exemplo, disse com ironia: "Eu respeito o Chico. Quero dizer, tenho que respeitá-lo. Afinal, ele é meu avô".[30] Por sua vez, Caetano negou qualquer conflito

---

29 Veja Chico Buarque, Nem toda loucura é genial, nem toda lucidez é velha, *Última Hora*-Rio, 30 nov. 1968.
30 Veja Eli Halfoun, O vovô, *Última Hora*-Rio, 30 nov. 1968.

entre ele e Chico, mas observou que "enquanto ele fala de supernostalgia, eu falo de super-realidade".[31]

O festival de 1968 da TV Record foi uma espécie de evento de lançamento para Gal Costa, que realizou uma eletrizante apresentação do rock "Divino maravilhoso". Antes desse festival, ela era conhecida principalmente por sua colaboração com Caetano Veloso no disco *Domingo* e sua sublime interpretação de "Baby" no álbum-conceito tropicalista. Era devota da bossa-nova de João Gilberto, mas, na ocasião do festival, no fim de 1968, também tinha se tornado uma ávida fã de Janis Joplin e Aretha Franklin.[32] No festival da TV Record, adotou a *persona* de uma audaciosa estrela do rock. Vestida com uma elaborada túnica psicodélica enfeitada com espelhos, ela se pavoneava pelo palco, tocando para a plateia e pontuando cada refrão com gritos a plenos pulmões. A plateia do estúdio do Teatro Paramount reagiu com aplausos selvagens, agarrando sua túnica e cobrindo-a de serpentinas de carnaval enquanto ela dançava ao redor da cabine da orquestra onde o júri estava sentado. Apesar de "Divino maravilhoso" ter obtido apenas o terceiro lugar, Gal Costa saiu do festival como a diva da Tropicália, um modelo para jovens cantoras.

Acompanhado por um grupo de rock local, Os Brazões, e um quarteto de vocalistas, Canta Quatro, Tom Zé ganhou o primeiro prêmio do festival de 1968 da TV Record com "São São Paulo", incluído em seu primeiro álbum solo, de 1968. A música era uma homenagem ambivalente à maior cidade do Brasil do ponto de vista de um migrante nordestino. No refrão, Tom Zé expressava os sentimentos contraditórios inspirados com tanta frequência pela cidade: "São São Paulo, quanta dor / São São Paulo, meu amor". A música começa com uma série de paradoxos sobre os habitantes urbanos que "se agridem cortesmente", "e amando com todo ódio", na "aglomerada solidão" da cidade:

> são oito milhões de habitantes
> aglomerada solidão
> por mil chaminés e carros
> gaseados a prestação
> porém, com todo defeito
> te carrego no meu peito

---

31 Veja Caetano quer a música útil, *Correio da Manhã*, 27 set. 1968. Nos anos subsequentes, Veloso negou veementemente qualquer rivalidade entre os tropicalistas e Chico Buarque, observando que a polêmica se devia em grande parte ao sensacionalismo da mídia. Veja Veloso, *Verdade tropical*, p.230-5.

32 Veja Norma Pereira Rego, Já falo com as pessoas, *Última Hora*-SP, 12 dez. 1968.

Ele retrata São Paulo como uma antiutopia ultramoderna onde "crescem flores de concreto / céu aberto ninguém vê". Em sintonia com a onipresença do sensacionalismo da mídia de massa, uma estrofe adota o tom de uma manchete de tabloide, relatando o aumento dramático da prostituição no centro de São Paulo: "Pecadoras invadiram / todo o centro da cidade / armadas de *rouge* e batom". Trechos da música foram censurados, incluindo os versos "em Brasília é veraneio / em São Paulo é só trabalhar", por terem sido interpretados como crítica à inaptidão das autoridades federais em Brasília. O fato de esses versos inócuos terem sido censurados enquanto "Divino maravilhoso", que apresentava uma crítica muito mais pungente, foi aprovada para o festival sugere a natureza arbitrária da censura durante o regime militar.

O outro sucesso de Tom Zé no festival de 1968 da TV Record foi "2001", que retoma o filme de ficção científica de Stanley Kubrick, *2001: Uma odisseia no espaço,* lançado no início daquele ano. Essa fantasia futurista foi composta como uma moda de viola, uma forma musical tradicional da São Paulo rural, com interlúdios de rock pesado. Os Mutantes apresentaram a música com Gilberto Gil no acordeão e Liminha na viola caipira para criar um clima rural. Rita Lee tocava um teremim, de fabricação caseira, para produzir um som misterioso como os que costumam ser ouvidos em filmes clássicos de ficção científica (Calado, 1997, p.244).[33] Diversamente do filme de Kubrick sobre um supercomputador onisciente e vingativo que se volta contra os astronautas no espaço, "2001", de Tom Zé, celebra o poder da ciência e da tecnologia para solucionar os problemas humanos:

a cor do céu me compõe
o mar azul me dissolve
a equação me propõe
computador me resolve

Na última estrofe, Tom Zé faz uma referência direta a Caetano Veloso, que afirmou em uma entrevista ser ao mesmo tempo baiano e estrangeiro: "Nos braços de 2000 anos / eu nasci sem ter idade / sou casado, sou solteiro / sou baiano, estrangeiro" (Veloso, 1977, p.24).

Como o astronauta do filme de Kubrick que é transportado a outra dimensão onde simultaneamente vivencia a própria morte e seu nascimento em um ciclo sem fim, Tom Zé

---

33 Leonard Theremin, um imigrante russo nos Estados Unidos, inventou esse instrumento, muito utilizado nos anos 60 pelos Beach Boys no sucesso "Good Vibrations".

alega ser jovem e velho, à beira da morte e constantemente renascido. A concepção circular de tempo também se refere a sua complexa identidade, ao mesmo tempo baiana e estrangeira. Se a música parece uma viagem futurista e delirante, vale notar que paradoxos similares de espaço, tempo e identidade são encontrados na cultura popular nordestina, que sempre fundamentou a obra do artista (Dunn, 1994, p.113). Tom Zé integrou a fantasia do espaço-idade na própria concepção circular de tempo e em sua própria identidade complexa.

O evento de 1968 da TV Record voltou a confirmar a hegemonia tropicalista nos festivais televisionados após o desastre do III FIC. No entanto, o festival também marcou o início do fim dos festivais de música televisionados, que foram tão importantes para o desenvolvimento e a divulgação da MPB durante a segunda metade dos anos 60. Diferentemente dos festivais anteriores, o evento de 1968 da TV Record foi submetido à interferência dos censores do governo.[34] Devido ao clima de repressão, muitos músicos que haviam conquistado os aplausos do público nesses eventos televisionados deixaram o país e os festivais de música entraram em decadência. A estrutura de um concurso musical, no qual compositores submetiam suas obras para ser apresentadas e avaliadas por um júri de especialistas, parecia cada vez mais obsoleta a alguns artistas e críticos. Hélio Oiticica traçou uma comparação com o mundo das artes visuais, observando que os festivais de música "são como os salões de arte moderna e as bienais: velhas estruturas que se tornam cada vez mais acadêmicas e sufocam quaisquer inovações".[35] A declaração do agente dos tropicalistas, Guilherme Araújo, talvez tenha sido mais adequada: "Os festivais sofreram muito desgaste. Primeiro porque não foram recebidos como o que são, na verdade: programas de TV. Foram recebidos como competição, daí as brigas. Na verdade as pessoas estavam lá para ganhar o seu dinheiro" (Tinhorão, 1981, p.185). Gilberto Gil, por sua vez, observou: "Não gosto dos festivais. Preferiria que existisse uma coisa mais livre no Brasil, uma grande feira de música, num lugar grande... ar livre, cada um cantando o que quisesse – como os festivais de jazz de Newport nos Estados Unidos. Muito sanduíche e Coca-Cola".[36] Os festivais de Woodstock e da Ilha de Wight de 1969 poderiam ter servido de modelo para um festival como esse, mas na época a ditadura militar tinha entrado em sua fase mais repressiva e jamais teria permitido um encontro de jovens a céu aberto.

---

34 Veja Censura entrou na parceria, *Última Hora*-Rio, 15 nov. 1968.

35 Hélio Oiticica, O sentido de vanguarda do grupo baiano, *Correio da Manhã*, 24 out. 1968. Este ensaio importante foi publicado em Carlos Basualdo, *Tropicália: uma revolução na cultura brasileira*, p.245-254.

36 Veja artigo anônimo Tropicália quer cantar ao ar livre, *Última Hora*-SP, 10 nov. 1968.

Tropicalistas se apresentam em seu programa na TV Tupi, "Divino maravilhoso", no final de 1968 (Paulo Salomão/Abril Imagens)

O Festival Internacional da Canção da TV Globo prosseguiu até o início da década de 1970, junto com o Festival Universitário amador transmitido pela TV Tupi, mas os anos dourados dos festivais de música já tinham chegado ao fim.[37]

OUTROS HAPPENINGS TROPICALISTAS

Na época, Gil e Caetano estavam se tornando mais famosos por seu espetáculo performático do que por suas composições. O conceito de *happening* ["acontecimento"], fundamental na produção cultural nos Estados Unidos na época, foi adotado pelos artistas brasileiros para descrever seus próprios experimentos. Os tropicalistas

---

[37] Para mais informações sobre os festivais do início dos anos 70, veja Ana Maria Bahiana, A linha evolutiva prossegue: a música dos universitários. In: Bahiana et al., *Anos 70*.

foram um dos primeiros defensores dos *happenings* espontâneos envolvendo uma interação polêmica com a plateia. A provocativa apresentação de "É proibido proibir", por Caetano, e a reação enfurecida da plateia talvez tenham constituído o primeiro *happening* envolvendo a MPB.

Enquanto a TV Globo e os órgãos oficiais produziam o III FIC, os tropicalistas encenavam um evento alternativo no Sucata, um clube noturno no Rio de Janeiro. Os shows no Sucata, realizados nas duas primeiras semanas de outubro de 1968, marcaram o primeiro confronto aberto dos tropicalistas com as autoridades oficiais. Até então, as críticas irônicas à cultura e à sociedade brasileiras tinham em grande parte passado despercebidas pelos censores. Conforme relatos da imprensa, os shows no Sucata eram espetáculos caóticos realizados todas as noites, envolvendo um alto nível de participação da plateia. Durante um deles, enquanto Gil apresentava "Batmacumba" com Os Mutantes, uma mulher embriagada se levantou e começou a chamá-lo de bicha. Logo Gil e os outros vocalistas começaram a cantar "bi-cha-cha, bi-bi-cha-cha" ao ritmo da música, neutralizando o comportamento agressivo e incorporando-o à apresentação.[38] Enquanto Gil cantava "Batmacumba" em uma outra noite, Jimmy Cliff, que tinha vindo ao Rio de Janeiro para representar a Jamaica nas finais do III FIC, subiu ao palco para cantar com ele.[39] Tratou-se de um importante momento precursor de todo o trabalho com o reggae que Gil faria na década de 1970 e do envolvimento de Cliff com a música brasileira.

Nos últimos estágios do movimento, a arte tropicalista manifestou a tendência de afirmar a marginalidade social como possível reação a uma sociedade desigual e militarizada. Representações favoráveis do "marginal" que se recusa a se submeter ao comportamento social normativo constituem uma longa tradição na música brasileira. A figura do malandro ardiloso que vence o sistema (ou pelo menos se desvia dele) é um elemento tradicional dos sambas desde o início da década de 1930. Obras pós-tropicalistas subsequentes, de 1969, como o filme *O bandido da luz vermelha*, de Rogério Sganzeria, e o soul-samba de Jorge Ben "Charles anjo 45" prestavam homenagem a foras da lei vivendo às margens da sociedade.

A afirmação da marginalidade era particularmente central na obra de Hélio Oiticica, que morou por um tempo na favela da Mangueira e trabalhou em estreito contato com a famosa escola de samba. Ele era amigo de Cara-de-Cavalo, um bandido citado com frequência como a primeira vítima do notório Esquadrão da Morte, um grupo de

---

38 Veja Sucata: A longa noite de loucuras, *Última Hora*-Rio, 11 out. 1968.
39 Veja as notas anônimas, Comentarista da Jamaica e Bastidores, *Última Hora*-Rio, 14 out. 1968.

policiais fora de serviço que perseguia e assassinava impunemente criminosos suspeitos e outros "marginais". Em 1968, Oiticica criou uma bandeira vermelha com uma imagem em *silk-screen* do corpo cravejado de balas de Cara-de-Cavalo com a inscrição "Seja marginal, seja herói" (gravura 10). Na época dos shows no Sucata, Oiticica explicou que a bandeira era um "protesto contra uma mentalidade brasileira que tem no Esquadrão da Morte seu fiel representante e que trata o marginal como objeto..."[40]

Os shows do Sucata foram interrompidos no final de outubro após um incidente envolvendo um agente do Departamento de Ordem Política e Social (DOPS), que não gostou da bandeira de Oiticica. O agente do DOPS, Carlos Mello, denunciou a bandeira, observando que a inscrição deveria ser mudada para "seja estudioso, seja um herói". Essas objeções autoritárias e condenatórias à obra de Oiticica eram ridículas, em vista do fato de que a mesma bandeira havia acabado de ser exibida em uma exposição pública patrocinada pelo governo do Estado. Guilherme Araújo provavelmente estava certo quando mais tarde disse para a imprensa que o agente e seus colegas denunciaram a bandeira para "impressionar as senhoras que os acompanhavam".[41] Bravatas masculinas à parte, o comportamento do agente também deve ser entendido no contexto de uma repressão cada vez mais intensa por parte do governo.

Os tropicalistas cederam à exigência do agente de remover a bandeira, mas Caetano denunciou o censor durante o show e foi imediatamente acusado de "desacato à autoridade". Posteriormente Caetano se recusou a assinar um documento prometendo não fazer discursos improvisados durante os shows e seu contrato com o Sucata foi abruptamente cancelado. Mais tarde, um locutor de rádio de São Paulo, Randal Juliano, entrou em contato com as autoridades, alegando que os tropicalistas haviam parodiado o hino nacional no Sucata, em uma interpretação com guitarras elétricas. Apesar de Caetano ter negado a ocorrência dessa paródia, as autoridades militares pareciam ter levado a acusação a sério e começaram a monitorar os eventos tropicalistas. Documentos secretos de um órgão do governo, divulgados em 1997, revelam que agentes militares nem sempre distinguiam a Tropicália de outras correntes da música popular. Os tropicalistas eram identificados de forma variada como defensores da "música de protesto", da "bossa-nova" e até da "música folclórica".[42] Os documentos sugerem que a maioria dos agentes da repressão militar não percebia ou não compreen-

---

40 Veja Show de Caetano para mesmo, *Última Hora*-Rio, 17 out. 1968.
41 Veja Seja marginal, seja herói, *Última Hora*-Rio, 17 out. 1968.
42 Esses documentos foram encontrados nos arquivos do Departamento de Ordem Política e Social (DOPS) do Estado de São Paulo. Veja Armando Antenore, O tropicalismo no cárcere, *Folha de São Paulo,* Mais!, 2 nov. 1997.

Brutalidade jardim

dia a natureza específica da crítica tropicalista e simplesmente associava o movimento a uma ampla variedade de atividades artísticas identificadas de forma ampla como "subversivas" ou "comunistas".

Depois do fiasco do Sucata, os tropicalistas lançaram seu próprio programa de televisão na hoje extinta TV Tupi em São Paulo. A emissora havia contratado Caetano, Gil, Gal Costa, Tom Zé, Os Mutantes e Jorge Ben para um programa chamado "Divino maravilhoso". O programa era o experimento mais radical até então e também sinalizava um distanciamento em relação à obra tropicalista anterior. Trazia músicos convidados da era pré-bossa-nova como Luiz Gonzaga, o "rei do baião", e o cantor de rádio Silvio Caldas, que apresentou seu antigo sucesso "Chão de estrelas". A TV Tupi tomou todas as precauções para evitar problemas com os censores. O programa era gravado em fita e depois editado antes de ser levado ao ar. Diferentemente dos outros shows televisionados de música da época, este era completamente aberto à invenção espontânea.

Quando o programa foi ao ar pela primeira vez, no dia 28 de outubro de 1968, Caetano Veloso surpreendeu a plateia subindo ao palco vestindo terno e gravata e com os cabelos alisados e penteados para trás. Interpretou "Saudosismo", uma paródia afetuosa da bossa-nova da primeira geração, citando clássicos como "A felicidade", "Lobo bobo", "Desafinado" e "Chega de saudade". A música refletia as profundas transformações políticas e culturais ocorridas desde 1958, quando João Gilberto gravou "Chega de saudade" e lançou o movimento da bossa-nova. Ela fazia referência à ligação dualista da bossa-nova com o otimismo nacional e a inovação musical "desafinada" em relação à música convencional. E falava da era da bossa-nova como um alegre carnaval para a nação, que chegou ao fim com o golpe militar de 1964, marcando o início de uma prolongada "Quarta-feira de Cinzas":

> eu você depois
> quarta-feira de cinzas no país
> e as notas dissonantes
> se integraram ao som dos imbecis

Ao final da música, Caetano entoava repetidamente "chega de saudade". Na canção de Tom Jobim e Vinicius de Moraes, essa frase se refere à separação de dois amantes. Na música de Caetano, ela funcionava como uma renúncia literal da nostalgia melancólica e anunciava a busca de novos rumos criativos. Quando Caetano a apresentou em "Divino maravilhoso", exclamou "chega de saudade!" ao final da música e anunciou ao público: "Vamos mostrar o trabalho que temos feito. Uma tentativa de conseguir o som livre do Brasil".[43] Na interpretação de Gal Costa para "Saudosismo" (1969), a exortação final "chega de saudade" é repetida várias vezes ao som de uma guitarra elétrica de Lanny Gordin, num arranjo que negava a estética da bossa-nova. Para os tropicalistas, a única forma de seguir as inovações radicais da bossa-nova era criar uma estética diametralmente oposta.

Em um dos episódios finais de "Divino maravilhoso", os tropicalistas encenaram um "funeral" televisionado no qual solenemente enterravam o movimento. Era um gesto vanguardista de fechamento, no qual mostravam um cartaz com os dizeres "Aqui jaz o Tropicalismo". A Tropicália tinha se esgotado como projeto musical coletivo. No último programa, no final de dezembro, Caetano cantou o samba de Natal "Boas festas", de Assis Valente, um compositor baiano de samba dos anos 40 e 50, apontando um revólver para a cabeça. O público da televisão, em sua maioria do interior de São Paulo, começou a escrever cartas de protesto à TV Tupi e o show foi cancelado.

∞∞∞∞∞∞∞∞∞∞∞∞∞∞

A REPRESSÃO DA TROPICÁLIA

Na manhã de 27 de dezembro de 1968, Caetano Veloso e Gilberto Gil foram presos pela polícia militar em seus apartamentos em São Paulo. Na ocasião, o motivo da prisão não era claro. Afinal, eles em geral não eram percebidos como artistas abertamente de oposição. Na verdade, artistas e intelectuais da esquerda criticavam sua música, seu envolvimento com a indústria cultural e seu sucesso popular. A maioria dos músicos de protesto escapou da prisão, enquanto os líderes do movimento tropicalista foram presos e exilados em Londres por dois anos e meio. Como observamos acima, a censura e a repressão, especialmente à produção cultural, eram em grande parte arbitrárias. O que mais poderia explicar a censura de "São São Paulo" e não de "Divino maravilhoso"? Ou de "Dom Quixote", de Os Mutantes, e não "Caminhando", de Vandré, música que foi censurada só depois de ter sido apresentada, gravada e distribuída?

Há algumas explicações possíveis para a ação das autoridades. Os tropicalistas tiveram problemas com o regime militar à medida que sua crítica irreverente à ordem oficial e ao bom gosto se tornou mais evidente. O fato de fazerem isso na televisão e não apenas em teatros e clubes, parecia particularmente perigoso a um regime que usava os veículos de comunicação de massa para projetar sua própria visão harmo-

---

43 Veja Chega de saudade yê, *Última Hora*-Rio, 30 out. 1968.

niosa do Brasil. Ramon Casas Vilarino revelou vários arquivos do DOPS relativos à prisão de Caetano que o descreviam como "marginado [sic] viciado em drogas", uma descrição que era falsa, mas provavelmente de acordo com as percepções oficiais da imagem de hippie do artista. Esses documentos também indicam que os agentes do DOPS acreditavam que Caetano havia planejado incorporar o "Hino Internacional Comunista" à música "Tropicália" para o programa de televisão "Vida, paixão e banana do tropicalismo" (Vilarino, 1999, p.88). Como a denúncia de Randal Juliano ao show no Sucata, muitas dessas alegações se baseavam em rumores, mas proporcionam evidências convincentes de que os militares viam os tropicalistas como subversivos potencialmente perigosos. Essa suspeita provavelmente foi exacerbada pela denúncia pública de Caetano contra o agente do DOPS no Sucata – um evento amplamente divulgado pela imprensa carioca. A visibilidade e a notoriedade de Caetano e Gil passaram a ameaçar as autoridades militares, que, até então, ou ignoravam os músicos populares brasileiros ou os exaltavam como representantes internacionais da cultura brasileira. Caetano Veloso comentou a mentalidade do governo militar brasileiro:

> Os militares nos viam com muita desconfiança, porque nós tínhamos aparecido em 67, durou um ano só. Eles não sabiam o que era tropicalismo, se era um movimento político, mas viam que era uma coisa anárquica e temiam. E algumas cabeças intelectuais dentro do exército tinham consciência, eles foram as pessoas mais inteligentes que aconselharam nossa prisão. Eles achavam que era desagregador, que era perigoso (Dunn, 1996, p.131).

Caetano descreveu uma sessão de interrogatório realizada enquanto ele estava na prisão, na qual um oficial militar alegava que a música tropicalista era mais subversiva do que a de protesto porque procurava "desestruturar" a sociedade brasileira (Veloso, 1997, p.401). As apresentações irreverentes do grupo tropicalista alarmaram as autoridades militares, mesmo se a crítica dos artistas em relação ao Brasil moderno nas letras das músicas tenha passado despercebida.

DO KITSCH À CONTRACULTURA

Em dezembro de 1968, aproximadamente um ano após sua irônica "cruzada tropicalista", Nelson Motta publicou um curioso artigo baseado na famosa lista de Norman Mailer relacionando o que era *hip* ("bacana") e o que era *square* ("quadrado") nos

Estados Unidos. Na época, as atitudes e práticas de uma contracultura emergente no Brasil foram em grande parte suplantadas pela jocosa celebração do kitsch tropical. Apresentamos abaixo uma versão abreviada da lista de Motta com o que era "bacana" e o que era "quadrado" no Brasil no fim de 1968.

Bacana	Quadrado
Dom Helder	Dom Sigaud
gim puro	champagne
guitarra	piano
Rogério Duprat	Maestro Carioca
cabelos molhados	laquê
Inglaterra	França
Bob Dylan	Frank Sinatra
panfleto	editorial
maconha	psicanálise
Guevara	Kosygin
Stokely Carmichael	Lyndon Johnson
Estados Unidos	Europa
líder estudantil	político de Minas Gerais
"É proibido proibir"	"Caminhando"
João Gilberto	Jair Rodrigues
movimento de guerrilha	passeata de protesto
Chacrinha	Flávio Cavalcanti
Paulinho da Viola	Zé Keti
Teatro Oficina	Teatro Copacabana

A versão brasileira de Motta utilizava parte do conteúdo elaborado por Mailer, mas em grande parte fazia referência ao contexto local.[44] Ironicamente, essa lista foi publicada em 13 de dezembro de 1968, o mesmo dia em que o presidente Costa e Silva assinou o Ato Institucional Nº 5 (AI-5), que autorizava o regime a impor uma

---

44 Vale explicar algumas referências: Dom Helder e Dom Sigaud representavam as facções progressista e conservadora da Igreja Católica no Brasil; Rogério Duprat foi o principal arranjador tropicalista, e o Maestro Carioca foi um arranjador e líder de banda em produções no estilo de cabaré; Kosygin foi um burocrata soviético da era de Brezhnev; Flávio Cavalcami apresentava programas de variedades na TV que aspiravam ao "bom gosto", em contraste com os espetáculos populares do Chacrinha; Zé Keti foi um sambista incluído no programa musical "Opinião" e o Teatro Copacabana era conhecido como um teatro "burguês" no Rio.

rígida censura sobre a mídia, fechar temporariamente o Congresso Nacional e as assembleias estaduais e municipais, suspender os direitos políticos de indivíduos, anular mandatos de eleitos e nomeados, demitir funcionários públicos e suspender o habeas corpus em casos envolvendo a "segurança nacional".[45] Em resumo, o AI-5 dava ao regime os recursos legais e institucionais para suprimir todas as atividades de oposição, independentemente de ser "bacanas" ou "quadradas".

No dia seguinte à promulgação do AI-5, a revista nacional *O Cruzeiro* divulgou um longo artigo intitulado "Marginália: arte e cultura na idade da pedrada", que se concentrava em uma ampla variedade de manifestações artísticas de certa forma relacionadas ao movimento tropicalista. Uma fotografia em cores de Caetano Veloso usando um dos parangolés de Hélio Oiticica adornava a primeira página do artigo. O texto começava com os slogans de uma geração: "O novo de hoje pode estar morto amanhã. Abaixo o preconceito. Arte e cultura como totalidade. Nova estética. Nova moral. Comunicar através da polêmica. Oswald de Andrade: 'Não estamos mais na Idade da Pedra, mas Idade da pedrada'. Que mundo é este? O físsil. O fóssil. Abaixo a cultura de elite. 'A arte é a etiqueta em suspenso'. Nada de engolir obras feitas. Participar. Cultura e arte sem deuses. De baixo pra cima. Tudo mudou. A imaginação no Poder. Terceiro mundo. Arte, o chiclete. Artista, o Quixote. Marginal, marginália. Eles, os rebeldes, pensam assim".[46] A imprensa popular deixou de perceber a Tropicália simplesmente como a reciclagem de ícones kitsch da cultura brasileira. O artigo apresentava frases de personalidades como Rogério Duarte (um instigador do grupo baiano), o escritor experimental José Agrippino de Paula, os cartunistas Ziraldo e Jaguar, os cineastas Glauber Rocha e Rogério Sganzerla, o ator Renato Borghi, os poetas concretos, bem como o grupo baiano – Caetano, Gil, Torquato Neto e José Carlos Capinam. Tratava-se ao mesmo tempo de um resumo da Tropicália para as massas e do canto do cisne do movimento.

Em retrospecto, a promulgação do AI-5 e o subsequente desfecho do movimento tropicalista pareciam ter marcado o fim dos anos 60 como um período cultural no Brasil. A década tinha começado com experimentações radicais e otimistas na mobilização política e no ativismo cultural, impulsionadas por um governo populista de esquerda. E acabou com a consolidação de um autoritarismo linha-dura, a margi-

---

45 Para mais detalhes sobre o AI-5, veja Alves, *State and Opposition in Military Brazil,* p.95-6, e Skidmore, *Politics of Military Rule in Brazil,* p.81-3.

46 Marisa Alves de Lima, Marginália: arte e cultura na idade da pedrada, *O Cruzeiro,* 14 dez. 1968. Esse artigo foi reproduzido no livro de Lima publicado em 1966, de mesmo título.

nalização de líderes moderados civis e militares e a brutal repressão de movimentos de oposição. Os cinco anos subsequentes costumam ser chamados de os "anos de chumbo" ou simplesmente "o sufoco", expressões que descrevem o clima restritivo vivenciado pelos opositores do governo militar. Nesse período ocorreu a destruição do movimento de guerrilha numa operação que dependia substancialmente da utilização de tortura, além do exílio forçado de professores, jornalistas e artistas da esquerda. No governo de Emílio Garrastazu Médici, que assumiu a presidência em outubro de 1969, o governo autoritário atingiu seu auge no Brasil.

◇◇◇◇◇◇◇◇◇◇◇◇◇◇◇◇

REVERBERAÇÕES TROPICALISTAS

Caetano e Gil ficaram presos durante dois meses no Rio de Janeiro e depois condenados a prisão domiciliar em Salvador, antes de poderem deixar o país. Nas vésperas de embarcar, receberam permissão para apresentar um show ao vivo em Salvador, posteriormente lançado como o LP *Barra 69*. Como movimento musical, a Tropicália chegava ao fim com a prisão dos dois artistas, mas sua estética e suas estratégias continuaram a orientar e fundamentar a produção cultural no Brasil. Em 1969, Gal Costa lançou seu primeiro álbum solo com alguns de seus sucessos do período tropicalista e composições de Jards Macalé e Jorge Ben, dois aliados do Rio, e das estrelas da Jovem Guarda, Roberto Carlos e Erasmo Carlos (ver imagem 5 do caderno de imagens). Com a prisão e o subsequente exílio de Caetano e Gil, Gal Costa se tornou a mais visível artista do grupo tropicalista.

No mesmo ano, Jorge Ben lançou seu próprio álbum inspirado na Tropicália. Cantor e compositor negro do Rio de Janeiro, Jorge Ben tinha elaborado um som próprio misturando bossa-nova, samba e rhythm and blues no início dos anos 60. Ele conquistou a popularidade em 1963 com o samba pop "Mas que nada", que se tornou um sucesso internacional com as interpretações de Sérgio Mendes e Miriam Makeba. No auge dos festivais de música televisionados, Jorge Ben caiu nas graças do público, ocupando um entre-lugar entre o grupo da MPB e a Jovem Guarda. Sua carreira foi ressuscitada em 1968, quando se aliou aos tropicalistas e se apresentou várias vezes no programa "Divino maravilhoso".

A capa do álbum de 1969 de Jorge Ben apresenta seu retrato em preto e branco emoldurado por uma colorida montagem psicodélica de super-heroínas dos quadrinhos, sambistas, plantas tropicais e uma bandeira do Brasil (ver imagem 6 do caderno de imagens). Com um tucano empoleirado no ombro, Jorge Ben segura um violão com a insígnia de seu time de futebol, o Flamengo. As correntes quebradas ao redor de seus pulsos são uma homenagem às lutas nacionais e internacionais dos negros. Várias músicas do álbum faziam referência explícita à história afro-brasileira e à vida contemporânea nas favelas. O álbum todo foi profundamente influenciado pela música *soul* afro-americana e por sua identidade como negro brasileiro. Essa identidade é mais bem exemplificada no soul-samba "Take it easy my brother Charles", que aconselha um jovem negro com o refrão bilíngue: "Take it easy my brother Charles / take it easy meu irmão de cor". Em "Crioula", ele canta louvores a uma mulher negra que trabalha em uma feira, mas também é a rainha do carnaval. Ele a identifica como "filha de nobres africanos /que pelo descuido geográfico / nasceu no Brasil, num dia de carnaval". O último verso cita a contracapa do álbum solo de Gilberto Gil de 1968: "E como já dizia o poeta Gil / que negra é a soma de todas as cores / você crioula é colorida por natureza". A celebração da beleza da mulher negra por Jorge Ben e a afirmação do orgulho racial relacionado à nobreza africana antecipavam um dos temas dominantes na música afro--brasileira da década seguinte. Como Caetano observou, "Jorge Ben não era apenas o primeiro grande autor negro desde a bossa-nova (...) mas era principalmente também o primeiro a fazer desse fato uma determinante estilística".[47]

Depois da experiência tropicalista, Os Mutantes continuaram a aprofundar suas invenções auditivas de rock psicodélico, pop rock, blues e vários gêneros brasileiros antes de mergulhar em rock progressivo na década de 1970. Seu melhor trabalho foi registrado nos três álbuns gravados entre 1968 e 1970. Como a banda que acompanhava Gil e Caetano, Os Mutantes representaram um componente-chave do híbrido som tropicalista. Em 1969, foram convidados a participar do influente festival do Midem em Paris, onde foram calorosamente recebidos como uma banda de rock vanguardista no mesmo nível dos Beatles (Calado, 1995, p.165). De volta a São Paulo, Os Mutantes assinaram um lucrativo contrato para filmar quatro comerciais de televisão da Shell para o mercado brasileiro. Os comerciais apresentavam breves quadros narrativos baseados em músicas d'Os Mutantes, como "Caminhante noturno", "Não vá se perder por aí" e "Dom Quixote", uma música que tinha sido alterada pelos censores no festival de 1968 da TV Record (ibidem, p.174). Em 1969 eles também participaram de um musical, "Planeta dos Mutantes", escrito com José Agrippino de Paula, autor do romance experimental *Panamérica*. Os Mutantes surgiram como a banda de rock mais aclamada do Brasil, atingindo sucesso tanto de crítica como comercial até Rita Lee sair da banda, em 1972, para seguir carreira solo.

---

47 Veloso escreve que ele e Gil admiravam profundamente a música de Jorge Ben, com referências específicas à música "Se manda" do álbum de 1967, *O Bidú*. Veja *Verdade tropical*, p.197.

Assim que foi libertado e submetido à prisão domiciliar em Salvador, Caetano começou a trabalhar no seu segundo álbum solo, gravado em junho de 1969 pouco antes de embarcar para Londres. Com arranjos de Rogério Duprat, o álbum apresentava um mix de músicas, incluindo um samba tradicional da Bahia ("Marinheiro só"), uma composição vanguardista baseada na poesia concreta ("Acrilírico"), um irreverente tango argentino da década de 1930 ("Cambalache"), um fado original português ("Os argonautas"), um rock no estilo tropicalista ("Não identificado"), duas composições originais em inglês ("The Empty Boat" e "Lost in Paradise") e um animado frevo ("Atrás do trio elétrico"), que se tornaria um clássico do carnaval baiano.

O álbum de 1969 pode ser considerado a leitura pessoal que Caetano fez da experiência tropicalista por apresentar a espécie de justaposições híbridas típicas do movimento em sua fase coletiva, mas sem a preocupação geral de alegorizar a modernidade brasileira. O distanciamento que Caetano mostrava em relação aos problemas sociais e políticos da sociedade contemporânea é palpável; a maioria das músicas diz respeito ao âmbito pessoal e existencial. Um bom exemplo disso é o fado "Os argonautas", uma música que traz a figura do explorador-navegador em uma aventura marítima repleta de angústia. O refrão cita o poeta modernista português Fernando Pessoa – "Navegar é preciso. Viver não é preciso" – mas o refrão final termina simplesmente com "viver", sugerindo uma visão imanente da existência cotidiana (Perrone, 1989, p.74-5).

Outras músicas do mesmo álbum diziam respeito ou retomavam os veementes debates referentes à música popular brasileira. "Não identificado", por exemplo, começa como uma música pop romântica, com a voz narrativa em primeira pessoa falando da intenção de compor uma "canção singela, brasileira" para uma mulher: "Eu vou fazer um iê-iê-iê romântico / um anticomputador sentimental". O verso seguinte, contudo, parodia o gênero das baladas românticas quando a voz narrativa anuncia que sua canção de amor é "para gravar um disco voador" de forma que sua paixão possa brilhar "como um objeto não identificado" no céu noturno de uma cidade provinciana. Nesse ponto, o ritmo se acelera e a canção de amor romântico se perde em meio aos urros de uma guitarra elétrica distorcida. O refrão final termina com a repetição de "como um objeto não identificado", um verso que ao mesmo tempo transmite a distância e a ambiguidade de seu amor, bem como a indeterminação da própria música. Recorrendo igualmente às tradições dos sereteiros rurais e do *acid rock* mais atual do final dos anos 60, a música propõe uma estética musical híbrida que brinca com uma espécie de tensão entre nacional e internacional, acústico e elétrico, rural e urbano e terrestre e cósmico, que definiu o exercício tropicalista.

A música mais controversa do álbum nem era uma composição de Caetano, mas uma versão despojada, de certa forma letárgica, de "Carolina", de Chico Buarque, uma bossa romântica bastante orquestrada apresentada em seu terceiro álbum. Como resultado do incidente no festival de 1968 da TV Record, no qual Gil supostamente vaiou sua música, Chico Buarque na época tinha se distanciado dos tropicalistas. Os críticos interpretaram a versão de Caetano para "Carolina" como uma paródia do lirismo de Chico Buarque. Em uma entrevista publicada n'*O Pasquim*, Chico expressou certa irritação com referência ao conflito real ou imaginado com os tropicalistas, argumentando que nunca foi um defensor ortodoxo da pureza na música popular brasileira.[48] Explicou que não gostou da interpretação de Caetano para "Carolina" basicamente por razões técnicas, mas que não tinha como dizer se de fato ela representava uma crítica. Fica claro na entrevista, contudo, que a versão de Caetano tinha irritado Chico.

Na mesma entrevista, Luiz Carlos Maciel, um dos primeiros defensores da Tropicália e jornalista de *O Pasquim,* tentou explicar o posicionamento de Caetano. Ele vinha se correspondendo regularmente com Caetano, que na ocasião estava exilado em Londres e também escrevia para *O Pasquim*.[49] Maciel relatou a insistência de Caetano de que sua versão de "Carolina" foi totalmente sincera, baseada em uma profunda identificação com o lirismo da música. O próprio Caetano escreveu um texto enigmático para *O Pasquim,* no qual tentava esclarecer suas intenções, mas o texto não foi publicado na época.[50] No artigo, ele propunha que a figura da Carolina na música de Chico poderia ser entendida como a "antimusa" da Tropicália, simbolizando o tipo de lirismo romântico que o movimento buscava criticar. No entanto, Caetano argumentou que o momento tropicalista já tinha passado e que múltiplas avenidas criativas haviam sido abertas, fazendo que fosse possível e necessário uma releitura sem ironia da música de Chico Buarque. Desse modo, a interpretação de Caetano para "Carolina" poderia ser vista mais como um pastiche no qual a música fora simplesmente assimilada a um estilo pessoal entre muitos outros, sem nenhuma pretensão de transcendê-la. A controvérsia ao redor de "Carolina" nos proporciona um bom exemplo das ambiguidades da música tropicalista, na qual a fronteira entre sinceridade e sarcasmo e cumplicidade e crítica muitas vezes não era clara.

A reação artística de Gilberto Gil ao martírio da prisão foi mais desafiadora. Ele começou a praticar ioga e macrobiótica, práticas que manteve nos anos subsequentes.

---

48 Veja entrevista com Chico Buarque, *O Pasquim* 16 (9-15 out. 1970).

49 Maciel publicou essa correspondência em seu livro *Geração em transe,* p.223-41.

50 O texto de Veloso sobre a polêmica em relação à sua interpretação de "Carolina", "Nossa Carolina em Londres Setenta", nunca chegou a ser publicado em *O Pasquim* por medo de o artigo também ser mal interpretado. Ele foi publicado posteriormente em *Alegria, alegria,* de Veloso, e em *Geração em transe,* de Maciel.

Quando estava em prisão domiciliar em 1969 ele também gravou um álbum, apresentando várias músicas compostas na prisão. Como o álbum pós-tropicalista de Caetano, o disco de 1969 de Gil foi mais tarde orquestrado com arranjos de Rogério Duprat, apresentando o mesmo grupo de músicos de rock. O álbum continua representando sua mais audaciosa incursão no rhythm and blues, no rock psicodélico e na música eletrônica experimental.

Nesse álbum de 1969, Gil também intensificou o estudo da relação entre a tecnologia e a consciência humana. Em várias músicas compostas enquanto estava preso, a tecnologia se mostrava um substituto do humano. Mais tarde ele explicou: "O fato de eu ter sido violentado na base de minha condição existencial – meu corpo – e me ver privado da liberdade de ação e do movimento, do domínio pleno de espaço-tempo, de vontade e de arbítrio, talvez tenha me levado a sonhar com substitutos e a, inconscientemente, pensar nas extensões mentais e físicas do homem..." (Gil, 1996, p.103). Em uma dessas músicas, "Cérebro eletrônico", um narrador em primeira pessoa questiona os limites da tecnologia cibernética descrevendo um computador capaz de fazer tudo, mas mesmo assim incapaz de falar, andar, refletir sobre a existência de Deus ou expressar emoções. O cérebro eletrônico não pode fazer nada para impedir o "caminho inevitável para a morte", um fato que paradoxalmente dá sentido e substância à vida. Em "Futurível", no entanto, a tecnologia espaço-idade se transforma no veículo para entrar em um estágio novo e mais esclarecido de consciência humana. A voz poética é a de um cientista ou ser extraterrestre que transforma humanos em pura energia, transportando-os a anos-luz de distância para ser reconstituídos como robôs cintilantes, felizes e mais inteligentes: "O mutante é mais feliz / feliz porque / na nova mutação / a felicidade é feita de metal". O desejo utópico de conciliar os avanços tecnológicos e a espiritualidade pessoal voltou com frequência nas composições posteriores de Gil.

O álbum de 1969 de Gil também incluiu sua composição mais experimental, "Objeto semi-identificado", uma colagem verbal esotérica baseada em conversas com Rogério Duarte, o filósofo baiano e artista gráfico que foi um dos principais interlocutores do grupo tropicalista. No estúdio, o compositor e arranjador Rogério Duprat mais tarde acrescentou uma montagem sonora de tons dissonantes, buzinas, efeitos de eco e fragmentos musicais. A montagem sonora também incluía fragmentos de outras músicas de Gil, como "Cultura e civilização", um rock contracultural posteriormente apresentado no segundo álbum de Gal Costa.[51] A música começa com um refrão

---

51 Um relançamento desse álbum, incluído na coleção de CDs *Ensaio Geral* (1998), apresenta a longa e até então inédita versão acústica de Gil para essa música.

similar a um slogan, repetido várias vezes ao longo da composição, que expressa uma contradição fundamental na cultura e na civilização no sentido iluminado, universalista (i.e., nas artes e humanidades): "a cultura / a civilização / elas que se danem / ou não". Nos versos seguintes, Gil propõe um entendimento da cultura como as práticas comuns da vida cotidiana. Ele cita aspectos da vida na Bahia como bater papo e tomar licor de jenipapo com os amigos nas festas de São João, comendo coentro e deixando o cabelo crescer "como a juba de um leão". O projeto tropicalista tinha chegado ao fim e Gil estava começando a explorar temas de identidade pessoal.

TROPICÁLIA E ALTERIDADE

Fredric Jameson afirmou que o radicalismo político e cultural dos anos 60 na Europa e nos Estados Unidos foi inspirado, em parte, pelas lutas anti-imperialistas de libertação no Terceiro Mundo (Jameson, 1988, p.180). O vanguardismo político no Brasil se originou do nacionalismo radical da década de 1950, dos experimentos do CPC e de outros movimentos sociais do período de João Goulart. Ele também foi influenciado por discursos e práticas anti-imperialistas na América Latina (especialmente em Cuba), na África e na Ásia. Em resumo, o Brasil foi ao mesmo tempo um gerador e um consumidor do que Jameson chama de "terceiro-mundismo". A década de 1960 também testemunhou a articulação de novas identidades individuais e coletivas baseadas em raça, etnia, sexo e orientação sexual nos Estados Unidos e na Europa. Jameson relaciona o surgimento desses novos "sujeitos da história" a "algo como uma crise na categoria mais universal que até o momento parecia incluir todas as variedades de resistência social, em outras palavras, a concepção clássica de classes sociais" (ibidem, p.181). A crise descrita por Jameson foi em certos aspectos similar ao dilema da esquerda brasileira no final dos anos 60.

Rogério Duarte mais tarde descreveu o contexto brasileiro na época: "Na visão elitista de então havia uma espécie de pseudonacionalismo purista, que era aquela ideia de nosso bom crioulo, nosso samba autêntico, tudo isso como se fosse uma forma estagnada, não destinada a um processo de transformação... O momento internacional na era do tropicalismo me parece basicamente uma visão terceiro-mundista... um momento de anticolonialismo, uma abertura muito grande para o pensamento negro-africano, ou seja, o ernocentrismo branco, oficial, começa a nível de estética a se esboroar".[52]

---

52 Duarte, Momentos do movimento. *Tropicália: 20 anos,* p.47. Ver também o livro de textos organizado por Narlan Mattos, *Tropicaos,* p.147.

Os movimentos culturais do início da década de 1960 tentaram introduzir uma crítica de classes, mas eram limitados pelo populismo paternalista e, em algumas ocasiões, etnocêntrico. A esquerda tradicional no Brasil, representada principalmente pelo Partido Comunista, não dedicava muita atenção a questões de desigualdade social e sexual, concentrando os esforços na resistência anti-imperialista e na luta de classes. Em uma entrevista em 1979, Caetano disse que se sentia alienado da política de esquerda desde o início dos anos 60, quando estudava na Universidade da Bahia:

> Em princípio, eu achava que as pessoas de esquerda eram boas e inteligentes e as outras burras e más. Ao mesmo tempo, eu me sentia um pouco solitário, estranho, porque não conseguia entrar em nenhum partido, nem naquelas coisas de chapa de diretório de faculdade. E sempre tive um pouco de grilo com o desprezo que se votava a coisas como sexo, religião, raça, relações homem-mulher... Tudo era considerado alienado, pequeno-burguês, embora todo mundo na universidade fosse na verdade pequeno burguês. (Pereira e Buarque de Hollanda, 1980, p.108).

Além de reagir ao autoritarismo militar, os tropicalistas também elaboraram discursos previamente ignorados ou subestimados pela esquerda brasileira. Liv Sovik detectou na Tropicália uma inclinação especificamente pós-moderna a evocar a vida cotidiana dos "outros internos" – subalternos sociais, raciais e sexuais – sem os exaltar como uma fonte de autenticidade cultural e transformação revolucionária (Sovik, 1998, p.60-7). Os tropicalistas não inauguraram uma política multiculturalista no Brasil, mas contribuíram com os discursos e as práticas emergentes concentradas nessas novas subjetividades. O posicionamento de Gilberto Gil foi especialmente significativo nesse sentido. Como dito acima, Gil começou a afirmar uma afinidade com a música negra durante os últimos meses de 1968, principalmente nas eliminatórias do FIC, quando apresentou "Questão de ordem".

Antes de deixar o Brasil para o exílio em Londres, Gil fez uma gravação ao vivo de "Aquele abraço", um samba eufórico apresentado em seu álbum solo de 1969. O título e o refrão da música eram uma expressão utilizada em um popular programa de televisão com a qual os guardas da prisão cumprimentavam Gil quando ele estava preso no início de 1969 (Gil, 1996, p.110). Tratava-se de uma exuberante expressão de alegria diante do desespero provocado pela repressão militar. Ele dedicou a música a Dorival Caymmi, João Gilberto e Caetano Veloso, três compositores e músicos baianos fundamentais para a consolidação de momentos distintos na música brasileira: a era dourada do rádio, a bossa-nova e a Tropicália. Na música, ele manda um abraço à cidade do Rio de Janeiro, aos moradores do bairro popular Realengo, aos torcedores do Flamengo, à moça da favela, à escola de samba da Portela e à Banda de Ipanema, ao Chacrinha e, por fim, a todos os brasileiros. Sua iminente partida para Londres tornava a música ainda mais penetrante e querida pelo público. Até mesmo um órgão do governo considerou a música atraente e útil apesar do fato de Gil ser *persona non grata* no Brasil. Enquanto Gil era deportado, a Petrobras, a companhia de petróleo do governo, utilizou "Aquele abraço" em uma campanha, exaltando o progresso industrial da nação (Vilarino, 1999, p.97-9).

Enquanto estava em Londres, Gil foi agraciado *in absentia* com o prestigiado prêmio "Golfinho de Ouro" pelo Museu da Imagem e do Som no Rio de Janeiro por "Aquele abraço". Lançado em 1967 e patrocinado pela Secretaria de Turismo do Estado, o "Golfinho de Ouro" era concedido a sete categorias: artes visuais, cinema, teatro, literatura, música popular, música artística e esportes. O prêmio "Golfinho de Ouro" foi criado para promover a arte brasileira e gerar boa publicidade para o governo do Estado.[53] Gil não era um candidato provável para o prêmio, concedido anteriormente a Chico Buarque e Paulinho da Viola, já que as autoridades do museu viam a música tropicalista com olhos negativos.

Em uma crítica mordaz ao MIS, posteriormente publicada em *O Pasquim*, Gil rejeitava o prêmio: "Embora muita gente possa realmente respeitar o que fiz no Brasil (...) acho muito difícil que esse Museu venha premiar a quem, claramente, sempre esteve contra a paternalização cultural asfixiante, moralista, estúpida e reacionária que ele faz com relação à música brasileira... E eu não tenho dúvida de que o Museu realmente pensa que 'Aquele abraço' é samba de penitência pelos pecados cometidos contra 'a sagrada música brasileira". O que começou como uma crítica ao MIS por sua concepção folclorizante da música popular brasileira transformou-se em uma crítica mais profunda do paternalismo e do racismo na sociedade brasileira:

> Eu não tenho por que não recusar o prêmio dado para um samba que eles supõem ter sido feito zelando pela "pureza" da música popular brasileira... E que fique claro para os que cortaram minha onda e minha barba que

---

53 Em uma carta de 20 de novembro de 1967, o diretor do museu, Ricardo Cravo Albim, escreveu ao governador Francisco Negrão de Lima dizendo que a premiação poderia representar um "verdadeiro ovo de Colombo em termos de publicidade, repercussão popular e originalidade". Essa carta pode ser encontrada nos arquivos do Museu da Imagem e do Som no Rio de Janeiro.

"Aquele abraço" não significa que eu tenha me "regenerado", que eu tenha me tornado "bom crioulo puxador de samba" como eles querem que sejam todos os negros que realmente "sabem qual é o seu lugar". Eu não sei qual é o meu, e não estou em lugar nenhum; não estou mais *servindo à mesa dos senhores brancos,* e nem estou mais triste na senzala em que eles estão transformando o Brasil. Por isso talvez Deus tenha me tirado de lá e me colocado numa rua fria e vazia onde pelo menos eu possa cantar como o passarinho. As aves daqui não gorjeiam como as de lá, mas *ainda* gorjeiam.[54]

Mais uma vez, Gil recorria ao poema romântico de Gonçalves Dias, "Canção do Exílio", que expressava o anseio de ouvir o gorjeio dos pássaros tropicais no Brasil. Com a intensificação da repressão sob o regime linha-dura de Médici, a referência irônica de Gil ao poema foi particularmente astuta. Em Londres, os músicos não cantavam como os brasileiros, mas pelo menos podiam cantar sem medo da censura e da prisão.

O argumento de que a dominação imperialista e o governo militar escravizavam todos os brasileiros, independentemente de raça, foi sustentado por artistas e intelectuais de esquerda durante a década de 1960. A produção de 1965 de *Arena conta Zumbi,* pelo Teatro de Arena, por exemplo, alegorizava a resistência ao governo militar com base na história de Zumbi, o líder heroico de uma comunidade de escravos foragidos, ou quilombo, durante o século XVII.[55] O comentário de Gil sobre os "senhores brancos" que estavam transformando o Brasil em "senzalas" pode ser interpretado, em um nível, como uma denúncia da opressão em geral. No entanto, suas referências aos "negros que sabem qual é o seu lugar" também sugerem uma crítica específica a hierarquias raciais reforçadas pelo governo autoritário.

Considerando a história do samba e do poder do governo desde a década de 1930, a rejeição explícita de Gil das noções dominantes de autenticidade constituía uma crítica ao Brasil mestiço tal como tinha sido institucionalizado pelo Estado. Isso com certeza não significa que Gil estivesse repudiando a mestiçagem como uma realidade cultural brasileira, ou que estivesse tentando defender a pureza da cultura afro-brasileira. Como a maioria dos outros artistas e intelectuais, os tropicalistas celebravam o sincretismo cultural do Brasil. A declaração de Gil pode ser interpretada como uma crítica àquilo que Carlos Guilherme Mota chamou de a "ideologia da cultura brasileira", que tende a minimizar o

---

54 Gil, Recuso + Aceito = Receito, *O Pasquim* 16 (9-15 out. 1970); reproduzido em Gil, *Gilberto Gil,* p.43-6.

55 Veja Claudia de Arruda Campos, *Zumbi, Tiradentes,* p.74-6. A produção apresentava atores brancos cantando bossas-sambas populares de Edu Lobo, como "Upa neguinho" e "Tempo de guerra".

conflito e a diferença na construção de uma identidade nacional homogênea e unificada (Mota, 1977, p.48-51). A imagem estereotipada do "bom crioulo puxador de samba", que Gil denunciava, adquiria um status simbólico como a representação da autenticidade cultural no imaginário nacional. O samba era associado, acima de tudo, com a brasilidade e raramente servia como veículo de protesto racial. Gil suspeitava que "Aquele abraço" tivesse sido bem recebido pela elite cultural justamente porque, como o samba, a música podia ser situada em um repertório aceito de práticas culturais por parte dos negros que "sabem qual é o seu lugar" na sociedade brasileira. Ao recusar o discurso da brasilidade, ele se posiciona à margem da identidade social. Gil insiste que "não está em lugar nenhum". Sua rejeição da "pureza" é especialmente visionária, ao questionar os limites impostos aos artistas negros em nome da autenticidade racial ou cultural, uma questão retomada anos mais tarde pelos músicos africanos e afrodiaspóricos ao redor do mundo.[56]

A Tropicália se consolidou como movimento em 1968, durante um período de intenso tumulto político e cultural. No início foi interpretada como uma adoção irônica do kitsch e do mau gosto na cultura brasileira. Os tropicalistas reciclavam conscientemente materiais anacrônicos, como os estilos melodramáticos anteriores à bossa-nova. A releitura de elementos datados feita pelos tropicalistas combinava uma mistura de paródia, que envolvia uma crítica irônica, e pastiche, que sugeria uma medida de cumplicidade. As autoridades militares se mantinham, em geral, indiferentes à atuação dos tropicalistas, mas se mostraram cada vez mais alarmadas pelas irônicas apresentações televisionadas e pelos "eventos" do grupo. Essas apresentações também intensificaram as tensões com os nacionalistas de esquerda, que assumiam uma postura crítica diante do flerte dos tropicalistas com o consumismo e a cultura de massa. Em uma defesa apaixonada do movimento e num ataque ao "policiamento da música popular brasileira", Caetano reagiu a seus críticos argumentando que ele e Gil tiveram "a coragem de entrar em todas as estruturas e sair de todas".

Mais para o final do movimento, os tropicalistas também começaram a adotar os movimentos internacionais de contracultura, uma postura que acelerou ainda mais o exílio de Gil e Caetano em Londres em 1969. Mais ou menos na mesma época, eles também começaram a elaborar posições que ocasionalmente divergiam dos discursos consagrados sobre a identidade nacional. Gil, em particular, exerceu um papel fundamental na introdução de estilos negros em sua música e forma de se vestir. Sua aproximação da cultura afrodiaspórica no final do movimento tropicalista viria a orientar grande parte de sua obra ao longo da década seguinte.

---

56 Veja a discussão de Timothy Taylor sobre "pureza" e "autenticidade" em relação aos artistas contemporâneos africanos Youssou N'Dour e Angélique Kidjo em *Global Pop,* p.125-45.

5
TROPICÁLIA, CONTRACULTURA E VÍNCULOS AFRODIASPÓRICOS

Como projeto coletivo, a Tropicália chegou ao fim em dezembro de 1968, mas inspirou artistas e grupos emergentes identificados com uma corrente "pós-tropicalista" na MPB. Para o grupo baiano e seus aliados no Rio e em São Paulo, a experiência tropicalista continuou orientando sua obra de modo difuso e não sistemático.

Com o Ato Institucional Número 5 e a intransigência do governo militar, o contexto cultural e político foi radicalmente alterado. Apesar do contexto de repressão e censura, é possível argumentar que a música popular brasileira foi a área mais resistente da produção cultural. Os artistas incluídos na segunda onda da bossa-nova, muitos dos quais conquistaram reconhecimento nacional nos festivais televisionados de música dos anos 60, atingiram a maturidade artística, produzindo em alguns casos as melhores obras de sua carreira. Elis Regina, Maria Bethânia e Gal Costa foram consagradas como as principais divas da MPB. Milton Nascimento e seu "Clube da Esquina" produziram impressionantes fusões de jazz contemporâneo, rock, samba, *nueva canción* latino-americana e estilos musicais tradicionais de Minas Gerais. Uma nova geração de "cantores universitários", como Ivan Lins, Luiz Gonzaga Jr. e João Bosco, ganhou projeção nacional no programa da TV Globo "Som Livre Exportação". Mulheres artistas como Joyce, Sueli Costa e Marlui Miranda conquistaram a aprovação da crítica como intérpretes e compositoras.[1] Depois de voltar do

---

1 Ana Maria Bahiana, A 'linha evolutiva' prossegue: A música dos universitários. In: Bahiana et al. *Anos 70,* p.25-39.

exílio, em 1972, Gilberto Gil e Caetano Veloso consolidaram sua posição como artistas populares e intelectuais. Tom Zé, cuja produção pós-tropicalista discutiremos no Capítulo 6, continuou compondo e gravando, mas permaneceu à margem da MPB, tendo optado por uma linha de pesquisa musical mais experimental.

Ao longo da década de 1970, o movimento tropicalista continuou influenciando a produção cultural no Brasil, em especial a música popular. Artistas que antes haviam criticado as estratégias culturais e as inovações estéticas do grupo tropicalista passaram a dialogar com o movimento e seu legado. As tensões nacionalistas que fundamentavam os debates referentes aos rumos da música popular diminuíam à medida que os artistas se envolviam em uma diversificação de informações musicais e culturais de fontes nacionais e internacionais. Os conflitos e rivalidades dos anos 60 arrefeceram, possibilitando colaborações antes inimagináveis. Em 1970, por exemplo, a cantora de MPB Elis Regina gravou um dueto com o cantor de soul Tim Maia, que antes se aliava à Jovem Guarda. O uso de instrumentos elétricos e de arranjos musicais típicos do rock parou de provocar grandes controvérsias. A MPB se tornou ao mesmo tempo menos controversa e mais heterogênea, à medida que os artistas se dedicavam a projetos individuais com menos ansiedade quanto à questão do nacionalismo cultural.

No início da década de 1970, a experiência tropicalista também foi o principal ponto de referência para jovens da classe média urbana que se identificavam com a incipiente contracultura no Brasil. Apesar de criticados por não articular uma oposição coletiva ao governo militar, os artistas e defensores da contracultura propunham novos discursos e práticas que visavam resistir ao controle social autoritário. Mais tarde naquela década, as práticas contraculturais brasileiras assumiram outras formas, convergindo, em alguns casos, com novos movimentos sociais e culturais. Gil e Caetano mantiveram um diálogo particularmente produtivo com as contraculturas musicais afro-brasileiras, que se tornaram sua principal fonte de inspiração cultural e política nos anos seguintes à experiência tropicalista.[2]

FRESTAS: A CONTESTAÇÃO AO REGIME

Com o estabelecimento de uma censura mais ampla e a ascensão da facção linha-dura dos militares, o agitado contexto cultural dos anos 60 deu lugar ao que alguns

---

2 Veja a discussão de Armstrong sobre a Tropicália e a música afro-brasileira em *Third World Literary Fortunes*, p.205-13.

Brutalidade jardim

críticos descreveram como um vazio cultural, no início da década de 1970. Após a promulgação do AI-5, em dezembro de 1968, o regime militar intensificou os esforços de silenciar a oposição e monitorar atentamente a produção cultural. Mais de trinta filmes e quase uma centena de peças de teatro foram proibidos entre 1969 e 1971. A música popular também foi um alvo para os censores que interditavam anualmente centenas de músicas desde o início dos anos 70.[3] Antes de gravar, os artistas eram obrigados a submeter suas composições ao Serviço de Censura Federal para obter aprovação. A censura intervinha no processo criativo de alguns compositores, forçando-os a elaborar uma linguagem poética cada vez mais sutil e ambígua para expressar a vida cotidiana sob o regime militar. Como afirmou José Miguel Wisnik, a música popular se desenvolveu para se tornar uma "rede de recados" transitando entre os artistas e o público, muitas vezes submetido ao radar dos censores (Wisnik, in: Bahiana, 1980, p.8).

O mestre da crítica política e do duplo sentido foi Chico Buarque, a estrela dos festivais de meados de 1960. Com exceção de um breve período de exílio italiano de 1969 a 1970, Chico permaneceu no Brasil e rapidamente se consolidou como uma das principais vozes de protesto na música popular brasileira. Considerando seu prestígio como cantor e compositor aclamado pela crítica e comercialmente bem-sucedido, ele passou a ser visado pelos censores. Em uma entrevista de 1971, afirmou ter medo de submeter novas composições aos censores porque naquela época eles aprovavam aproximadamente apenas um terço de suas músicas, forçando-o a praticar uma espécie de "autocensura".[4] Depois de ter várias composições proibidas, Chico Buarque passou a submeter suas músicas sob o pseudônimo "Julinho de Adelaide" para enganar os censores. De forma surpreendente, o samba de protesto "Apesar de você" foi inicialmente aprovado pelos censores e lançado em maio de 1971, vendendo 100 mil discos antes de ser banido pelas autoridades. A música foi posteriormente incluída em seu álbum de 1978, *Chico Buarque*. Velada como a queixa amarga de um enamorado desprezado, a letra era obviamente dirigida ao regime militar: "Você que inventou a tristeza, ora tenha a fineza de desinventar". Em grande medida seguindo a veia das músicas de protesto dos anos 60, essa canção fala do dia da redenção futura, da esperança e da promessa expressa no refrão: "Apesar de você, amanhã há de ser outro dia".

---

3 A crise da cultura brasileira, *Visão*, 5 jul. 1971. Para uma análise da censura e da música popular brasileira no início dos anos 70, veja Moby, *Sinal fechado*, p.127-43.

4 Veja a entrevista de Chico Buarque com Tarik de Souza em *Veja*, 15 set. 1971. Essa entrevista foi reproduzida em Souza, *Rostos e gostos*, p.61-8.

Os tropicalistas foram relativamente menos afetados pela censura, em grande parte porque sua música em geral não era associada ao protesto político. Mesmo assim, tanto Gil como Caetano compuseram músicas que criticavam o regime, depois de voltar do exílio no início dos anos 70. Esse período também marcou a reconciliação pública entre os tropicalistas e Chico Buarque, após vários anos de distanciamento. Em 1972, Buarque e Caetano gravaram um álbum ao vivo, *Chico e Caetano juntos e ao vivo,* no qual interpretavam as músicas um do outro. Gil e Chico compuseram juntos uma importante balada de protesto, "Cálice", que também foi incluída no álbum de Chico de 1978. O refrão cita uma passagem bíblica do Evangelho de São Marcos: "Pai, afasta de mim este cálice". Homófona do imperativo "cale-se", "Cálice" relaciona o ritual católico ao contexto da censura e da repressão política (Perrone, 1989, p.33-4). Na primeira vez em que Chico e Gil apresentaram a música, policiais desligaram o microfone, dramatizando involuntariamente a mensagem da música ao literalmente forçar os músicos a "calarem-se". Caetano também compôs músicas para Chico, incluindo "Festa imodesta", um samba estimulante sobre a figura do malandro que atua à margem da sociedade, recorrendo a artimanhas ardilosas para iludir as autoridades: "Tudo aquilo / que o malandro pronuncia / que o otário silencia / passa pela fresta da cesta / e resta a vida". Sob o regime da censura, artistas censurados como Chico foram forçados a adotar os estratagemas habilidosos do malandro, comunicando-se pelas "frestas" do crivo do regime (Vasconcellos, 1977, p.72).

CANÇÕES DO EXÍLIO

Sob o regime Médici, o poder ideológico e de coerção dos militares atingiu o ápice. Entre 1968 e 1974, a economia do Brasil cresceu em média 11%, com a ajuda da dramática expansão industrial, agrícola e de exportação de minérios, também facilitada pela supressão de demandas por direitos trabalhistas. O chamado "milagre econômico" desfavoreceu a classe operária, privilegiando o crescimento em detrimento do bem-estar coletivo e exacerbando a desigualdade socioeconômica. No entanto, o regime desenvolveu meticulosamente uma campanha de relações públicas ao redor do conceito de "Brasil Grande", chamando atenção para os abundantes recursos naturais e industriais da nação que impulsionavam seu crescimento econômico. O regime linhadura se aproveitou da vitória do Brasil na Copa do Mundo de futebol na Cidade do México, tornando-se a primeira seleção nacional a conquistar três copas. O hino da torcida para o time da Copa do Mundo, "Pra Frente, Brasil", foi apropriado pelo regime e executado por bandas militares em paradas militares oficiais. Em outdoors, imagens de Pelé, a celebridade do futebol, vinham acompanhadas do slogan de encorajamento do regime, "Ninguém segura mais este país".[5] Para os oponentes do regime militar, que rejeitavam a badalação patriótica, o governo tinha um outro lema: "Brasil: ame-o ou deixe-o". Esse lema repetia o slogan *love it or leave it* utilizado nos Estados Unidos para os que protestavam contra a Guerra do Vietnã.[6]

Na final da década de 1960 e início da de 1970, o lema do regime teve consequências concretas para milhares de brasileiros que foram expulsos do país ou optaram pelo exílio voluntário, para evitar a prisão e a intimidação. Entre os exilados estavam políticos da oposição, líderes estudantis, ex-guerrilheiros, acadêmicos proeminentes, escritores e artistas. Vários dos artistas mais importantes identificados com o movimento tropicalista buscaram refúgio e trabalho no exterior. Glauber Rocha trabalhou na Europa e na África entre 1969 e 1976, produzindo quatro filmes, incluindo *Der Leone Have Sept Cabeças,* uma alegoria ao colonialismo e seu colapso no Terceiro Mundo, filmado na República do Congo (Johnson, 1984, p.148-50). Zé Celso, diretor do Teatro Oficina, buscou exílio na Europa em 1974 depois de ser preso e torturado pela polícia de São Paulo. Viajou para Moçambique em 1975 para um documentário chamado 25, sobre a independência da nação que se libertava de Portugal após uma prolongada luta anticolonialista (George, 1992, p.73). Ao longo dos anos 70, Hélio Oiticica dividiu seu tempo entre o Rio e Nova York, onde continuou a trabalhar com arte experimental e ambiental.

Em 1970, muitas das maiores estrelas da MPB, que haviam se tornado famosas na década de 1960, já estavam vivendo no exterior por razões tanto políticas como profissionais. As condições de trabalho para os artistas brasileiros eram precárias, já que a indústria fonográfica nacional se mostrava cada vez mais dominada por artistas estrangeiros. Alguns artistas brasileiros chegaram a adotar nomes artísticos anglicizados e gravaram músicas pop em inglês, ao passo que outros gravaram versões em português de sucessos internacionais.[7] Enquanto isso, muitos cantores e compositores

---

5 Para uma análise da vitória da Copa de 1970 no contexto do regime Médici, ver Gilberto Agostinho e Francisco Carlos T. da Silva. *Vencer ou morrer.*

6 Posteriormente, na mesma década, Gilberto Gil viria a parodiar o slogan patriótico em "O seu amor", uma simples evocação da liberação afetiva ("o seu amor / ame-o e deixe-o livre para amar"), apresentada no álbum *Doces Bárbaros.*

7 Em 1970, 47% de todos os discos fabricados no Brasil apresentavam artistas estrangeiros e muitos outros eram versões brasileiras de sucessos internacionais. Veja As duas invasões da música brasileira, *Veja.* 11 mar. 1970. Veja também Margarida Autran, O Estado e o músico popular. In: Bahiana et al., *Anos 70,* p.94.

dos anos 50 e 60 tentavam desenvolver sua carreira no exterior. Sérgio Mendes e Oscar Castro Neves se mudaram para Los Angeles em meados da década de 1960 e posteriormente foram seguidos por Edu Lobo, o organista Walter Wanderley, o acordeonista e arranjador Sivuca, o percussionista Airto Moreira e a vocalista Flora Purim. Outros artistas da bossa-nova, como João Gilberto, Carlos Lyra e Leni Andrade, moraram no México por um tempo, ao passo que Vinicius de Moraes e Dori Caymmi se mudaram para o Uruguai. Chico Buarque morou e trabalhou em Roma por mais de um ano, participando de uma turnê pela Itália com Toquinho e a cantora e dançarina afro-americana Josephine Baker. Outros músicos foram forçados a sair do Brasil por razões políticas. Geraldo Vandré, autor do famoso hino de protesto "Caminhando", seguiu a trajetória de muitos exilados da esquerda, fugindo primeiro para o Chile socialista de Allende e depois para a Europa quando Allende foi deposto e morto por golpistas da direita sob o comando de Pinochet, em 1973.

Gilberto Gil e Caetano Veloso moraram em Londres de julho de 1969 até janeiro de 1972. Caetano recebeu permissão de voltar ao Brasil duas vezes em 1971 para comemorar o 40º aniversário de casamento dos pais e gravar um especial musical para a TV Tupi com Gal Costa e João Gilberto. Durante a primeira visita, Caetano foi detido por várias horas no aeroporto do Galeão no Rio, enquanto policiais tentaram, sem sucesso, forçá-lo a compor uma música em apoio à Rodovia Transamazônica, um projeto de desenvolvimento segundo o discurso do regime, o "Brasil Grande". Cada visita provocava uma cobertura na imprensa nacional, consagrando Caetano e Gil como heróis e mártires.

Apesar dessas duas visitas, o exílio de Caetano em Londres foi extremamente angustiado, especialmente no primeiro ano. Ele enviava comunicados periódicos que eram publicados na revista *O Pasquim*. Muitos desses textos se referiam a experiências cotidianas na "swinging London" e descreviam o cenário musical local, como o famoso festival da Ilha de Wight, ao qual ele assistiu com Gil.[8] Em uma das primeiras cartas para *O Pasquim*, ele se referiu ao sofrimento na prisão, citando o samba de Gil, "Aquele abraço", como um gesto de desafio às autoridades militares: "Talvez alguns caras no Brasil tenham querido me aniquilar; talvez tudo tenha acontecido por acaso. Mas eu agora quero dizer 'aquele abraço' a quem quer que tenha querido me aniquilar porque o conseguiu. Gilberto Gil e eu enviamos de Londres aquele abraço para esses caras. Não muito merecido porque agora sabemos que não era tão difícil assim

---

8 Essas cartas e relatórios foram reproduzidos em 1977 na primeira compilação de textos de Veloso, *Alegria, alegria*.

nos aniquilar. Mas virão outros. Nós estamos mortos. Ele está mais vivo do que nós" (Veloso, 1977, p.49). Caetano explicou que a última frase foi uma referência indireta a Carlos Marighella, o líder guerrilheiro assassinado pelas forças de segurança logo depois que os baianos chegaram a Londres. A capa de uma revista brasileira apresentava a foto do cadáver de Marighella ao lado das fotos de Gil e Caetano no exílio (Veloso, 1997, p.427).

Várias músicas do primeiro LP de Caetano no exílio, como "In the Hot Sun of a Christmas Day" (Sob o sol quente de um dia de Natal), também aludiam à atmosfera repressiva no Brasil, no Natal do ano em que ele foi preso: "Machine gun / in the hot sun of a Christmas day / they killed someone else / in the hot sun of a Christmas day" (Metralhadora / sob o sol quente de um dia de Natal / eles mataram uma outra pessoa / sob o sol quente de um dia de Natal). Além de novas composições em inglês, Caetano gravou uma longa e melancólica versão de "Asa branca" (1947), o clássico baião de Luiz Gonzaga e Humberto Teixeira que narra a história de um migrante rural forçado a deixar a amada durante uma terrível seca no interior do Nordeste. O narrador promete voltar assim que o verde dos olhos da amada se espalhar pelo campo. Considerando que Caetano foi forçado a sair do país, a composição foi prontamente interpretada como uma incisiva canção de exílio, expressando seu desejo de voltar ao Brasil.

A reação existencial e artística de Gilberto Gil à vida no exílio foi mais leve. Quase desde o início, ele mergulhou na vida cultural de Londres. Seu quarto álbum solo (1971) apresentava novas músicas em inglês em um rico estilo folk-rock que evocava Richie Havens. A contracapa do disco proclama o impacto sobre Gil da vivência londrina: "Alguma coisa o pegou, porque os sons e as músicas deste álbum apresentam uma sutil pulsação latina e uma fascinante sensação folk-rock, diferente de tudo o que já ouvimos". O álbum *London,* de Gil, estava em sintonia com a contracultura internacional, apresentando músicas como "The Three Mushrooms" (Os três cogumelos), que aludia às experimentações do compositor com alucinógenos para estimular a inventividade artística.[9]

Em Londres, Caetano e Gil escutaram pela primeira vez o reggae que surgiu na Jamaica no fim da década de 1960 e que rapidamente se espalhou com a diáspora caribenha. Apesar de mais privilegiados que a maioria dos imigrantes caribenhos, eles se identificaram com a luta por direitos e respeito na sociedade britânica. As experiências

---

9 Calado *(Tropicália,* 270) afirmou que Gil foi muito influenciado por Politics of Ecstasy, de Timothy Leary, e tomou quase 80 doses de LSD durante seu exílio em Londres.

de recusa e alienação de Gil foram registradas em uma música escrita com Jorge Mautner chamada "Babylon", um termo utilizado pelos rastafáris para denotar um local de exílio fora da terra natal africana: "When I first came to Babylon I felt so lonely / I felt so lonely and people came along to mistreat me / calling me so many names in the street" (Quando cheguei pela primeira vez à Babilônia me senti tão sozinho / me senti tão sozinho e as pessoas vieram me destratar / me xingando de tantos nomes nas ruas). Por sua vez, Caetano se tornou o primeiro artista brasileiro a fazer referências explícitas ao reggae na música "Nine out of Ten" (Nove em cada Dez), incluída em *Transa* (1972): "I walk down Portobello Road to the sound of reggae / I'm alive" (Eu caminho pela Portobello Road ao som do reggae / estou vivo). Apesar de ambos os artistas ainda registrarem maior afinidade musical com o folk-rock anglo-americano, sua condição de exilados políticos provenientes de um país periférico em contato com imigrantes caribenhos abriu novas perspectivas com base na diáspora africana que eles exploraram posteriormente, na década de 1970.

COLAGENS E PALIMPSESTOS

Em Londres, Caetano deu início a novos experimentos musicais que radicalizaram ainda mais a estética de colagem da Tropicália. Seu segundo álbum gravado em Londres, *Transa,* apresentava composições originais em inglês contendo breves citações da história da música brasileira. *Transa* criou um "mosaico de referências" sem uma única pitada de distanciamento irônico (Chaves, 2000, p.74-5). A primeira faixa, "You Don't Know Me" (Você não me conhece), citava músicas dos anos 60, incluindo "Maria Moita" (Lyra-Moraes), "Reza" (Lobo-Guerra) e "Saudosismo", composta pelo próprio Caetano. Em "It's a Long Way" (É um longo caminho – uma homenagem a "Long and Winding Road", dos Beatles), Caetano citava músicas de sua infância, incluindo "A lenda do Abaeté", de Dorival Caymmi. Ao utilizar a técnica da colagem, Caetano interligava diversas referências espaciais e temporais, transitando continuamente do presente ao passado, de Londres ao Rio e Salvador.

A composição mais ambiciosa de *Transa* foi "Triste Bahia", baseada em "A cidade da Bahia", um soneto do século XVII do poeta barroco Gregório de Matos, que, por sua vez, era uma paródia de um soneto do poeta português Francisco Rodrigues Lobo (Herrera, 1992, p.24). Um notório satirista da sociedade colonial baiana, especialmente da elite mercantilista e do clero, Gregório de Matos acabou sendo exilado para a colônia portuguesa de Angola, de onde vinham os escravos e um local conveniente para enviar excomungados e críticos. Em "A cidade da Bahia", Matos lamenta sarcasticamente a corrupção e a decadência da capital baiana sob o controle de colonos avarentos e comerciantes portugueses. O soneto alegoriza a Bahia como uma cidade em ruínas após o declínio da indústria do açúcar.

"Triste Bahia", de Caetano, também é alegórica, apresentando uma colagem de diversos referenciais históricos que nunca se consolidam em uma totalidade coesa. No entanto, diferentemente do soneto de Gregório de Matos, "Triste Bahia" vai além do olhar melancólico, escavando as "ruínas da história" e expondo as fundações africanas da cultura e da sociedade baianas. Nenhuma outra região do Brasil foi tão dependente de escravos africanos como a Bahia. Após a abolição, ex-escravos e seus descendentes ocuparam posições subalternas na economia local, ao passo que manifestações da cultura afro-baiana, como o candomblé e a capoeira, eram depreciadas, sujeitas ao controle oficial e muitas vezes suprimidas. Até 1976, por exemplo, os terreiros de candomblé em Salvador precisavam ser registrados na polícia e obter autorização para realizar festivais públicos. "Triste Bahia" é mais bem interpretada como uma colcha de retalhos sonora, composta de fragmentos musicais e poéticos heterogêneos. Seu referencial espacial é a Bahia, em especial Salvador e o Recôncavo, a região onde Caetano cresceu. O escopo temporal é amplo, incluindo a era colonial, o século XIX e o presente.

A perspectiva histórica multitemporal encontra eco nas propriedades formais da música, que consistem em várias camadas de polirritmos superpostos. Começando com as notas em *staccato* de um berimbau e uma salva de atabaques, a introdução evoca os rituais de convocação que dão início à dança/luta de capoeira. Caetano canta as primeiras estrofes do soneto de Gregório de Matos com a lenta pulsação de um ritmo de capoeira acompanhada por um violão. O lamento é abruptamente interrompido por uma referência a Vicente Pastinha, o aclamado mestre da capoeira de Angola: "Pastinha já foi à África / pra mostrar a capoeira do Brasil". Nesse verso, Caetano se refere à viagem de Pastinha à África em 1966 para representar o Brasil no primeiro Festival Internacional de Arte Negra em Dakar, Senegal.

Após a referência a Pastinha, o ritmo é intensificado e a elegia barroca à "triste Bahia" dá lugar ao cântico de capoeira. Nesse ponto, Caetano cita diretamente a famosa ladainha de Pastinha que expressa desilusão em relação ao mundo: "Eu já vivo tão cansado / de viver aqui na terra / minha mamãe, eu vou pra Lua / eu mais a minha mulher / vamos fazer um ranchinho / todo feito de sapé" (veja Browning, 1995, p.111-2). O verso presta homenagem a Pastinha, mas também insinua o próprio sentimento de alienação em que Caetano vivia no exílio. O ritmo se acelera com o acréscimo de mais camadas rítmicas, incluindo o ijexá (um ritmo utilizado por grupos de percussão afro-baianos chamados afoxés) e o samba de roda. Caetano canta breves fragmentos de músicas de afoxé e sambas tradicionais baianos. Em um ponto, ele cita um cântico litúrgico católico à Virgem Maria, seguido de uma referência a uma "bandeira branca enfiada em pau forte", símbolo comum em terreiros de candomblé. No final da música, as camadas de ritmos são velozes e abundantes, lembrando a atmosfera de um candomblé, quando os devotos começam a entrar em transe e receber os orixás. "Triste Bahia", de Caetano, representa o que Robert Stam chamou de "estética do palimpsesto", um conjunto em camadas de traços culturais superpostos ou justapostos de diferentes épocas e locais (Stam, 1999, p.61). Apesar de começar com o lamento de Gregório de Matos pela Bahia, a música de Caetano sugere a possibilidade de recuperação por meio das expressivas culturas afro-brasileiras.

Caetano radicalizou ainda mais seus experimentos com a estética de colagem e palimpsesto em *Araçá azul,* seu primeiro LP pós-exílio, de 1972. O araçá é uma fruta tropical que Caetano colhia na infância, mas não existem araçás azuis. A música traz memórias de um passado que nunca existiu, ou de um passado obscuro e desconhecido. Na comovente e bela faixa-título, Caetano identifica o araçá azul com um "sonho-segredo" e com um "brinquedo". De fato, a Polygram deu a Caetano carta branca para "brincar" no estúdio e criar um álbum profundamente pessoal e críptico. *Araçá azul* foi seu álbum mais experimental e se provou inacessível a todos, com exceção dos ouvintes mais audaciosos. Tornou-se o disco mais devolvido ou trocado da história da indústria fonográfica brasileira (Veloso, 1997, p.486; Calado, 1997, p.294-5).

Durante a fase tropicalista, Caetano se tornou uma popular celebridade na mídia, defendendo a música pop como um produto cultural para o consumo da massa. Foi justamente seu status de artista consagrado que lhe permitiu fazer um álbum experimental com pouco apelo popular. Ele ironicamente comenta em uma música: "Destino faço não peço / tenho direito ao avesso / botei todos os fracassos / nas paradas de sucesso". *Araçá azul* era menos uma renúncia ao seu entusiasmo da juventude pela indústria cultural e mais uma afirmação de seu contínuo interesse pela exploração do "avesso" (i.e., o experimentalismo de vanguarda e práticas musicais tradicionais) da música popular (Perrone, 1989, p.77). Uma homenagem pessoal à vanguarda brasileira, especialmente a Oswald de Andrade e aos poetas concretos de São Paulo, *Araçá azul* representou uma continuação dos experimentos vanguardistas iniciados durante o período da Tropicália. Estruturado como um mosaico de fragmentos musicais incluindo bossa-nova, rock, sonoros "objetos encontrados" nas ruas de São Paulo, arranjos dodecafônicos de Rogério Duprat e sambas de roda afro-baianos, *Araçá azul* foi descrito como um "álbum cubista" (Risério, 1973, p.4). Para os sambas, Caetano convidou Edith Oliveira, uma mulher de sua cidade natal, para cantar e tocar percussão com uma faca em um prato de porcelana.

A estética da colagem é mais bem demonstrada em "Sugarcane Fields Forever", uma alusão óbvia a "Strawberry Fields Forever", dos Beatles, de 1967. Alternando entre sambas tradicionais afro-baianos, sons dissonantes de orquestra, bossa-nova e *jingles* no estilo do rock, os elementos constituintes nunca são sintetizados em uma fusão estável, mas permanecem suspensos em um estado de tensão dialógica. Justo quando o ouvinte começa a se acostumar com a voz estridente de Edith Oliveira, uma orquestra cacofônica intervém abruptamente, só para ser sucedida por uma suave bossa-nova, que, por sua vez, é interrompida pelo retorno do samba de roda. A música não pode ser consumida passivamente; ela nunca permite que o ouvinte se acomode. Em vez disso, ela convida à reflexão sobre as afinidades e conexões entre a experimentação de vanguarda, a música popular tradicional e formas contemporâneas urbanas, como o rock e a bossa-nova.

Como a revisão do soneto barroco de Gregório de Matos, "Sugarcane Fields Forever" também escava a história baiana. Enquanto os campos de morango *(strawberry fields)* dos Beatles evocam um paraíso bucólico ideal para viagens alucinógenas, os campos de cana-de-açúcar de Caetano servem como lembrança da vida nas plantações na Bahia, fundadas no trabalho dos escravos africanos. No entanto, a música também alude a uma história consolidada de miscigenação e hibridismo cultural, que constitui a própria identidade do compositor. Em um interlúdio no estilo da bossa-nova, ele entoa repetidamente: "Sou um mulato no sentido lato, um mulato democrático do litoral". Referindo-se a identidades raciais, políticas e regionais, a autoafirmação de Caetano como um "mulato democrático" do litoral baiano questionava implicitamente as pretensões do regime autoritário que alegava ser democrático, ao mesmo tempo em que também se referia às dimensões raciais de qualquer luta pela democracia no Brasil.

Araçá azul é muitas vezes considerado a última experiência da fase tropicalista de Caetano (Favaretto, 1996, p.45). O álbum retomava e radicalizava os experimentos poéticos e musicais da Tropicália, interrompidos pelo regime militar. Nele, Caetano acentuava as produtivas justaposições exploradas pela primeira vez em 1968 entre a música popular e o experimentalismo de vanguarda, o arcaico e o ultramoderno, o rural e o urbano. No entanto, tendo em mente que os tropicalistas também estavam envolvidos na produção da "música pop" para o consumo de massa, *Araçá azul* quase chega a constituir uma anomalia na obra de Caetano. Sua obra subsequente, embora não excessivamente comercial, foi mais facilmente assimilada pelo mercado da música popular em geral.

Christopher Dunn

⬦⬦⬦⬦⬦⬦⬦⬦⬦⬦⬦⬦⬦⬦⬦

OS TROPICALISTAS E A CONTRACULTURA

Gil e Caetano voltaram definitivamente ao Brasil em janeiro de 1972, durante a fase mais repressiva do governo militar. Na época, a oposição armada foi em grande parte liquidada e muitos ativistas políticos estavam na prisão ou no exílio. O controverso terreno cultural do final da década de 1960 deu lugar à desilusão política e às mazelas sociais. Com quase todas as vias de oposição política organizada bloqueadas, a juventude urbana da classe média se voltou para buscas mais pessoais e espirituais, muitas vezes recorrendo ao consumo de drogas, à psicanálise, dieta macrobiótica e religiões orientais. Como no resto do mundo, a contracultura brasileira produziu seu próprio repertório de modas e códigos linguísticos para marcar distinções entre os "bacanas" e os "caretas". Apesar de Caetano Veloso gostar de dizer que era careta (em parte porque não usava drogas), tornou-se um formador de opiniões da contracultura, com seus cabelos longos e roupas andróginas.

A nova inclinação contracultural, muitas vezes chamada de "desbunde" ou "curtição", encontrou expressão em periódicos alternativos como *Flor do mal, Bondinho, Verbo Encantado* e uma edição brasileira de vida curta da revista *Rolling Stone*. Enquanto isso, uma nova geração de diretores do pós-Cinema Novo fazia filmes de baixo orçamento, conhecidos como "cinema do lixo", ou simplesmente undigrudi (i.e., *underground)*. Da mesma forma como a cidade de São Paulo, agitada e saturada pela mídia, foi o palco para o movimento tropicalista, o Rio de Janeiro se tornou o epicentro da nova tendência contracultural. Artistas, intelectuais e simpatizantes se reuniam em badalados pontos de encontro na praia de Ipanema, com nomes como "Hippilândia", "Dunas do Barato" e "Monte da Gal", nome em homenagem à mais famosa representante, Gal Costa.

Juntamente com expressões da contracultura internacional, que circulavam na forma de revistas, livros, filmes e discos, a Tropicália foi o principal ponto de referência para a contracultura brasileira, no início dos anos 70. Vários tropicalistas surgiram como importantes ícones culturais do cenário da contracultura. O compositor Torquato Neto, por exemplo, transitava em meio a produtores e diretores de cinema que se posicionavam contra os consagrados diretores do Cinema Novo. Antes de cometer suicídio, em 1972, ele manteve uma coluna regular na edição do Rio do jornal *Última Hora,* chamada "Geleia geral", o título de sua mais famosa composição tropicalista. Com Waly Salomão e Hélio Oiticica, Torquato Neto organizou o *Navilouca,* uma coletânea de poemas, prosa e artes visuais, apresentando os principais proponentes da contracultura brasileira.

198

Gal Costa passou a ser foco da atenção da mídia, surgindo como a mais importante voz da contracultura brasileira. Seus álbuns desse período mantiveram a tendência tropicalista, apresentando uma mistura de interpretações de clássicos da música brasileira no estilo do hard rock, blues, samba e bossa-nova. Em 1969, ela começou a trabalhar com Waly Salomão e Jards Macalé, que foram interlocutores do grupo tropicalista. Salomão e Macalé compuseram "Vapor barato", um hino da contracultura gravado por Gal Costa em seu álbum ao vivo de 1971, *Gal Fatal, A todo vapor*. Uma balada acústica blues ao estilo de Janis Joplin, a música retrata um hippie vestindo "calças vermelhas, meu casaco de general, cheio de anéis" que abandona sua *"honey-baby"* para embarcar em uma viagem pessoal de autodescoberta.

Na época, também surgiram outros artistas e bandas que se identificavam com a contracultura brasileira pós-tropicalista. Em 1968, um outro grupo de jovens músicos e compositores de Salvador se uniu para formar os Novos Baianos. Liderado pelo cantor e compositor Moraes Moreira, com o compositor Luiz Galvão, o guitarrista Pepeu Gomes e os vocalistas Paulinho Boca de Cantor e Baby Consuelo, os Novos Baianos desenvolveram um som distinto, acertadamente descrito como um encontro do carnaval baiano com Woodstock.[10] Misturando o ritmo veloz do frevo dos trios elétricos, o rock conduzido por guitarras e a bossa-nova, o grupo exerceu um grande impacto na música pop baiana a partir da década de 1970. Por um tempo, o grupo morou junto em uma comunidade alternativa semirrural no Rio de Janeiro, funcionando como um coletivo musical. Diferentemente dos tropicalistas, contudo, os Novos Baianos nunca propuseram nenhuma espécie de "movimento", visando criticar as tradições musicais e as ideologias culturais.

Outro músico baiano que surgiu como importante personalidade da contracultura brasileira foi Raul Seixas, um roqueiro cabeludo e barbudo que combinava um rock 'n' roll ao estilo de Elvis Presley com formas musicais do Nordeste, como o baião e a capoeira. Raul é, em certos aspectos, único em sua geração por aparentemente ter ignorado totalmente a bossa-nova, a Tropicália e até mesmo as inovações d'Os Mutantes no rock. Raul Seixas se posicionou conscientemente fora do âmbito da MPB, declarando abertamente em uma música de 1974 que não tinha "nada a ver com a linha evolutiva da Música Popular Brasileira", uma referência à famosa declaração de 1966 feita por Caetano. O próprio Caetano afirmou anos depois que "tudo o que não era americano em Raul Seixas era baiano", sugerindo que sua trajetória musical do

---

10 McGowen e Pessanha, *Brazilian Sound*, p.130. Para uma história dos Novos Baianos. veja Luiz Galvão, *Anos 70: Novos Baianos*.

Nordeste do Brasil aos Estados Unidos não passou pelo Rio nem por São Paulo, os centros tradicionais de influência cultural (Veloso, 1997, p.49).

Seixas ganhou fama por suas composições radicalmente não conformistas e gestos performáticos, que incluíam encorajar uma multidão de fãs a jogar fora os documentos de identidade e tirar as roupas durante um show (McGowen e Pessanha, 1998, p.19). Com Paulo Coelho, Seixas compôs alguns dos grandes rocks da contracultura brasileira, como "Ouro de tolo", na qual ironiza sua fama de estrela pop, "Metamorfose ambulante", uma veemente defesa da mudança constante e das contradições interiores, e "Sociedade alternativa", um convite para montar uma "sociedade alternativa" durante o período de governo militar.[11]

A tendência contracultural também encontrou expressão em artistas que desestabilizaram as distinções entre os sexos e, em alguns casos, afirmaram abertamente sua homossexualidade. Com uma voz aguda de tenor alto, Ney Matogrosso se apresentava no palco com um estilo provocativo, vestido com poucas roupas, totalmente maquiado e enfeitado com plumas (Trevisan, 2000, p.289-91). Matogrosso conquistou proeminência nacional aproximadamente na mesma época em que Caetano Veloso lançou seu primeiro álbum experimental, *Araçá azul.* O texto de capa anuncia que *Araçá azul* é "um disco para entendidos", um termo ambíguo que convencionalmente se refere a pessoas esclarecidas, mas que também é utilizado coloquialmente para se referir a gays. Apesar de as músicas não fazerem referências explícitas à sexualidade, a foto de capa do álbum mostrando o corpo esbelto e pálido de Caetano diante do espelho sugere ambiguidade sexual.

Na qualidade de líderes exilados de um movimento cultural em grande medida reconhecido como o momento inaugural da contracultura brasileira, Caetano e Gil foram recebidos com entusiasmo e expectativa quando voltaram do exílio. No entanto, os dois deixaram claro que não tinham nenhuma intenção de liderar um movimento ou de atuar como porta-vozes da nova contracultura. Ao chegar ao Brasil, Caetano anunciou à imprensa: "Eu não quero assumir nenhum tipo de liderança. Quero só cantar as minhas músicas, para as pessoas verem que continuamos cantando e trabalhando. Não existe mais nenhuma esperança de organizar as pessoas em torno de um ideal comum".[12] Gil também expressou indefinição em relação às expectativas de que

---

11 Mesmo após sua morre, em 1989, Raul Seixas continuou a atrair jovens brasileiros de todas as classes sociais na qualidade de um ícone do não conformismo e da rebeldia. Veja André Barcinski, O general do exército de malucos, *Folha de São Paulo,* 16 ago. 1999.

12 Caetano no templo do caetanismo, *Veja,* 1º jan. 1972.

ele assumisse um papel de liderança cultural e política. Em uma entrevista, ele disse: "Teve um momento em minha vida em que eu achei que tinha obrigações políticas com a sociedade, no sentido de contribuir o mais intensamente possível para as transformações desejadas. E, de uma certa forma, eu ainda penso assim e ainda faço assim, só que eu tive desilusões muito grandes, eu aprendi que a gente não pode tanto, não pode. A gente pode outras coisas, mas não necessariamente transformar o mundo da noite pro dia" (Gil, 1982, p.161).

Foi Gil quem demonstrou mais interesse pessoal pelo espírito e o estilo de vida da contracultura. Ele seguia uma dieta macrobiótica e deleitava a plateia com referências a suas buscas espirituais. O primeiro álbum pós-exílio de Gil, *Expresso 2222*, foi o que melhor expressou a mistura de desilusão política e libertação pessoal dos participantes do universo contracultural brasileiro. A música "Oriente", composta em Ibiza, Espanha, um santuário da contracultura, enquanto ele ainda estava no exílio, é um bom exemplo da obra de Gil no início dos anos 70. A lenta e meditativa música evoca o som de uma *raga* indiana, começando com o convite: "Se oriente rapaz / pela constelação do Cruzeiro do Sul". A expressão "se oriente" é ambígua, sugerindo que a autodescoberta ou a orientação pessoal pode ser encontrada no Oriente. Durante esse período, a juventude da contracultura em todo o Ocidente era atraída por religiões e filosofias orientais. Gil observou que a referência ao Cruzeiro do Sul, um símbolo nacional incluído na bandeira brasileira, foi uma expressão de "saudade do Hemisfério Sul" (Gil, 1996, p.127). A menção ao mesmo tempo lembra o lar e atua como um guia celeste para outros pontos do globo.

Nos Estados Unidos, os movimentos contraculturais foram submetidos a várias interpretações conflitantes. Theodore Rosnak argumentou que a contracultura foi produzida pelos "filhos da tecnocracia", uma geração excepcionalmente afluente que atingiu a maturidade na década de 1960 durante a luta pelos direitos civis e os protestos contra a Guerra do Vietnã. Para Rosnak, a maior importância da contracultura foi sua recusa do complexo militar-industrial e sua visão profundamente destrutiva e antiecológica visando o eterno crescimento econômico. A contracultura exigia novas formas de encarar a sexualidade, a comunidade, a natureza e a psique individual (Rosnak, 1995, p.156). Outros críticos argumentaram que a contracultura, com sua imagem de juventude rebelde e sua mensagem de não conformismo, era típica do desenvolvimento de uma cultura de consumo robusta e segmentada. Com base em vários exemplos do setor de publicidade, Thomas Frank demonstrou que executivos do setor exerciam papéis fundamentais na invenção e no marketing de estilos contraculturais e na promoção do *hip consumerism* (consumismo da moda) nos Estados Unidos (Frank, 1997, p.26-33).

Apesar de influenciada pelo fenômeno norte-americano e europeu, a contracultura da classe média brasileira surgiu em diferentes circunstâncias históricas. O Brasil tinha uma sociedade relativamente pobre vivendo sob um regime militar brutal. Certos aspectos do estilo da contracultura frequentemente surgiam em revistas de moda, mas relativamente pouco esforço era feito para promover o "consumismo da moda" no início da década de 1970. Por outro lado, a crítica antitecnológica e ecológica identificada por Rosnak era menos proeminente do que a crítica à violência militar e ao controle social.

O antiautoritarismo da contracultura brasileira não assumiu a forma da conscientização coletiva que caracterizou os movimentos de protesto dos anos 60. Por esse motivo, os observadores criticavam o fenômeno como uma forma de escapismo não politizado. Em uma análise da "geração do AI-5", por exemplo, Luciano Martins argumentou que a contracultura brasileira era "uma expressão de alienação produzida pelo autoritarismo" (Martins, 1979, p.74). Análises mais favoráveis da contracultura, contudo, apontavam para a resistência à cultura institucionalizada, à racionalidade tecnocrática e à miríade de formas de controle social sob o governo militar. O viés anti-imperialista que orientou o discurso revolucionário da década de 1960 tornou-se menos relevante à medida que os artistas questionavam a própria noção de "cultura nacional" unificada. Silviano Santiago argumentou que a contracultura inseriu "no contexto universal aqueles valores que foram marginalizados durante o processo de construção da cultura brasileira" (Santiago, 1978, p.134). Foram feitas tentativas de criticar a cultura nacional a partir de suas margens, inspirando-se nas contraculturas internacionais e em comunidades internamente marginalizadas no Brasil.

DOCES BÁRBAROS

Heloísa Buarque de Hollanda observou que a contracultura urbana do início da década de 1970 tendia a se identificar menos com o povo ou com o proletariado revolucionário e mais com minorias raciais e sexuais (Buarque de Hollanda, 1992, p.66). Essas comunidades pareciam oferecer um refúgio simbólico a hippies e outros defensores da contracultura que se sentiam alienados do discurso patriótico do "milagre econômico" alardeado pelo regime militar. No início da década de 1970, muitos deles foram para a Bahia, que consideravam um local privilegiado para prazeres telúricos e lúdicos, longe da vida alucinada do Rio e de São Paulo. Caetano lembra que "Salvador – com seu carnaval elétrico e libertário, com suas praias desertas e suas praias citadinas, com sua arquitetura colonial e seus cultos afro-brasileiros – tornou-se a cidade preferida dos desbundados" (Veloso, 1997, p.469). Depois de voltar do exílio, Caetano e Gil logo surgiram como personalidades do carnaval baiano. Em 1972, Caetano se apresentou no próprio trio elétrico chamado Caetanave, um palco móvel no formato de uma espaçonave. Ele compôs vários frevos novos tocados pelos trios elétricos. No ano seguinte, Gil entrou no afoxé Filhos de Gandhi, um grupo fundado por estivadores negros e que na ocasião estava quase desaparecido. Ele compôs uma homenagem popular ao afoxé, intitulada "Filhos de Gandhi", que invoca todos os orixás para assistir ao desfile do grupo no carnaval (Gil, 1996, p.146). A participação de Gil nos Filhos de Gandhi estimulou a revitalização do grupo, que se tornou um símbolo consagrado do carnaval baiano.

Nessa época, Antonio Risério notou uma troca recíproca de discursos, práticas e estilos entre a contracultura em grande parte formada pela classe média e a juventude negra da classe baixa da Bahia (Risério, 1981, p.23). Houve o ressurgimento das músicas pop celebrando a cultura afro-brasileira, em especial o candomblé, uma corrente religiosa temática desenvolvida por Dorival Caymmi desde o final dos anos 30.[13] A confluência dos pontos de vista contraculturais e afrodiaspóricos foi enfatizada em 1976, quando Gil, Caetano, Gal Costa e Maria Bethânia embarcaram em uma turnê nacional para promover os *Doces Bárbaros,* um álbum duplo reunindo o grupo baiano original que se consolidou em Salvador em 1964. *Doces Bárbaros* sintetizava a cosmologia do candomblé com a astrologia, uma prática espiritual que ganhou popularidade no Brasil nos anos 70.

Comparando-se aos bárbaros que invadiram Roma, o grupo baiano decidiu "conquistar" as capitais do Brasil, anunciando na faixa-título de Caetano: "Com amor no coração / preparamos a invasão / cheios de felicidade / entramos na cidade amada". Em vez de conquistar a cidade pela força, os Doces Bárbaros propunham tomar a cidade transformando-a em um espaço dionisíaco de eterno carnaval. Utilizando o linguajar dos hippies brasileiros, o refrão anuncia a irradiação do "alto-astral, altas transas, lindas canções / afoxés, astronaves, aves, cordões". Evocando as divindades iorubá do candomblé, os orixás, os Doces Bárbaros propunham uma insurgência com a ajuda da "espada de Ogum", da "bênção de Olorum" e do "raio de Yansã". Uma outra música popular do álbum, "São João, Xangô Menino", celebra o sincretismo religioso

---

13 Reginaldo Prandi, The Expansion of Black Religion in White Society: Brazilian Popular Music and the Legitimacy of Candomblé. Trabalho apresentado no 20th Congress of the Latin American Studies Association, Guadalajara, México, 1997.

na Bahia, no qual cada orixá é identificado com um santo católico específico. O que começou como uma reação estratégica à perseguição oficial e à supressão da religião africana no Brasil cresceu até se transformar em uma nova religião afrodiaspórica com um panteão próprio de divindades africanas, católicas e indígenas. Na música, Caetano e Gil faziam referência ao festival de inverno de São João, associado a Xangô, orixá do fogo e do trovão. Durante a turnê, os Doces Bárbaros apresentaram várias outras músicas celebrando o candomblé, não incluídas no álbum *Doces Bárbaros,* entre elas "Oração para Mãe Menininha" (1972), o tributo de Dorival Caymmi à mais famosa mãe de santo de candomblé do século, e "As ayabás" (Caetano-Gil), baseada nos ritmos sagrados dos orixás do sexo feminino. Apesar de nenhum dos quatro baianos ter sido criado nas tradições religiosas afro-brasileiras, eles passaram a se envolver cada vez mais com o candomblé durante os anos 70.

Enquanto as músicas dos Doces Bárbaros citadas acima tinham a Bahia como principal ponto de referência, "Chuck Berry Fields Forever", de Gil, uma outra alusão ao sucesso dos Beatles, esboçava as conexões afrodiaspóricas da música popular. Em certo sentido, a música é uma coda afro da "Sugarcane Fields Forever". No estilo do rock 'n' roll dos anos 50, essa canção descrevia em termos míticos a gênese transnacional do rock na África, na América Latina e nos Estados Unidos. No Brasil, como no resto do mundo, o rock costuma ser visto como domínio cultural da juventude branca das classes operária e média. Com o surgimento de Elvis Presley como a primeira estrela internacional do rock e a subsequente invasão inglesa, as origens afrodiaspóricas do rock 'n' roll foram em grande parte minimizadas. Na música de Gil, Chuck Berry, o inovador afro-americano do rock 'n' roll, serve como símbolo desse esquecimento. Gil retrata o surgimento do rock 'n' roll como a colisão entre uma Europa feminina e uma África masculina:

Vertigem verga a virgem branca tomba sob o sol
rachado em mil raios pelo machado de Xangô
E assim gerados, a rumba, o mambo, o samba, o rhythm'n'blues
tornaram-se ancestrais, os pais do rock and roll

A cultura europeia, representada como a "virgem banca", é dilacerada em vários pedaços por Xangô, uma divindade guerreira na religião iorubá, gerando um conjunto de ritmos diaspóricos em Cuba, no Brasil e nos Estados Unidos, que viriam a se tornar as raízes do rock moderno. Nesse mito, os Doces Bárbaros surgem como os quatro cavaleiros do "após-calipso", um inteligente trocadilho para se referir ao ritmo de Trindade, outra forma do pré-rock diaspórico. O maior valor de "Chuck Berry Fields Forever" reside em sua recusa de construir a cultura africana como vítima passiva do domínio europeu.[14] A música também chama atenção por insistir na gênese transnacional, diaspórica, do rock, localizando-a além de outras culturas musicais afro-atlânticas.

A turnê dos Doces Bárbaros foi um símbolo da contracultura brasileira da década de 1970, expressando as aspirações de uma geração da juventude da classe média urbana durante a ditadura. Em uma declaração, Caetano afirmou que o grupo baiano não se interessava em discutir leis, moral, religião, política ou estética. Em vez disso, os Doces Bárbaros buscavam irradiar "uma imensa carga de luz de vida" em cada cidade que "invadiam" (Veloso, 1997, p.214). O desfecho fora de hora da turnê foi igualmente simbólico do Brasil contracultural sob o regime militar. Durante a visita a Florianópolis, a capital de Santa Catarina, os policiais locais invadiram os quartos de hotel dos músicos em busca de drogas ilícitas. Gilberto Gil e o baterista do grupo foram presos por posse ilegal de maconha e posteriormente internados em uma casa de saúde.

Gil transformou o incidente em oportunidade para provocar um debate público sobre o uso de drogas. Enquanto esteve internado, deu uma entrevista na qual afirmava seu posicionamento sobre o uso de drogas: "Eu acho que é importante, é uma coisa que foi culturalmente discutida em níveis profundos no mundo inteiro. Por que não no Brasil? Por que manter esse obscurantismo todo, esse medo da modernidade, esse medo da atualidade, esse medo de estar no mundo de hoje?" (Gil, 1982, p.143). É evidente que o uso de drogas certamente não estava sendo discutido "no mundo inteiro", mas com certeza era tema de debates em algumas regiões da Europa Ocidental e nos Estados Unidos. No governo de Jerry Brown, por exemplo, o Estado da Califórnia legalizou a posse de pequenas quantidades de maconha para consumo pessoal em 1975, um fato que não passou despercebido pela imprensa brasileira depois que Gil foi detido.[15] Gil tentou transformar seu tormento em um plebiscito sobre o consumo de drogas e seu policiamento, que propôs como um dilema de modernidade e não como uma questão de moralidade e criminalidade.

Sua referência à noção sartriana de "estar-no-mundo" lembra o posicionamento previamente esboçado pelos tropicalistas em relação à influência das tecnologias e

---

14 Aparentemente Gil estava ciente das implicações de "Chuck Berry Fields", afirmando tratar-se de uma reafirmação dos "arquétipos populares" referentes à virilidade africana e à racionalidade europeia. Veja Gil, *Todas as letras*, p.179.

15 Depois de ele ser preso, o *Jornal do Brasil* publicou uma piada na qual Gil informa ao policial que o prende que as drogas foram legalizadas na Califórnia. Quando o policial replica: "Mas nós estamos em Florianópolis", Gil arremata: "É, mas eu pensei que era a Califórnia" (Gil, Gilberto Gil, p.151).

dos estilos estrangeiros sobre a música popular brasileira. Como o rock, experimentar drogas era fundamental para as práticas e os discursos da contracultura internacional que muitos brasileiros estavam absorvendo.

◇◇◇◇◇◇◇◇◇◇◇◇◇◇◇◇

CONTRACULTURAS AFRO-BRASILEIRAS

Concentrando-se primariamente no Atlântico Norte anglófono, Paul Gilroy enfatizou o papel da música popular na gênese e no desenvolvimento de uma "contracultura da modernidade" do Atlântico Negro, posicionada simultaneamente dentro do legado do Iluminismo no Ocidente e contra esse legado (Gilroy, 1993, p.74-5). Gilroy enfatiza o fluxo dialógico e multidirecional da cultura no mundo afro-atlântico e menciona a música popular como um veículo-chave para essas trocas transnacionais. Junto com Cuba, a Jamaica e os Estados Unidos, o Brasil foi um dos mais importantes produtores e receptores de formas musicais do mundo afro-atlântico. Nos anos 70, esses fluxos culturais transnacionais foram particularmente significativos para o desenvolvimento de novas formas de música brasileira urbana que denunciavam desigualdades raciais, confirmavam vínculos históricos e culturais com a África e articulavam uma identidade negra coletiva. Como no restante do mundo afro-atlântico, a música popular no Brasil serviu como o principal veículo para a circulação de valores de oposição baseados em inúmeras origens transnacionais (Lipsitz, 1994, p.31).

Personalidades famosas da MPB contribuíram para esse avanço. De particular importância foi a obra de Jorge Ben. No início da década de 1970, ele produziu várias composições explorando temas da história afro-brasileira. Sua música "Zumbi" (1974) é uma homenagem ao líder do famoso Quilombo dos Palmares, a grande comunidade de escravos foragidos do século XVII. Apesar de não ser uma música de protesto contra o governo militar, ela expressava certa medida de orgulho racial e de questionamento político. Jorge Ben conquistou um enorme sucesso em 1976 com "Xica da Silva", um irresistível funk-samba apresentado como a música-tema do filme de Carlos Diegues sobre a amante negra de um abastado comerciante de diamantes em Minas Gerais no século XVIII.

A década de 1970 testemunhou a proliferação de formas commoditizadas da cultura popular afro-americana no Terceiro Mundo, com ressonância especialmente intensa nas nações pós-coloniais da África e do Caribe. Em vários contextos, a música soul, os filmes que exploravam o estereótipo dos negros e as celebridades afro-americanas dos esportes exerceram um grande impacto sobre a juventude africana e diaspórica, gerando expressões que muitas vezes divergiam das culturas nacionais sancionadas pelo governo (veja Joseph, 1998; Diawara, 1998). Jovens afro-brasileiros se apropriaram desses produtos e ícones culturais para contestar a inclinação nacionalista de brasilidade, que tendia a minimizar a discriminação e a desigualdade racial exaltando a identidade mestiça. Culturas transnacionais, diaspóricas, muitas vezes foram utilizadas para criticar as tradicionais noções modernistas de identidade nacional. Quando a juventude afro-brasileira urbana começou a contestar abertamente a hegemonia racial na década de 1970, ela muitas vezes recorreu a outras formas de música diaspórica como o veículo mais eficaz de afirmação racial.

Em meados da década de 1970, um movimento cultural apelidado de "Black Rio" ou "Black Soul" surgiu nos bairros da classe operária na zona norte do Rio de Janeiro. Inspirado diretamente pelo movimento da consciência negra nos Estados Unidos e seus estilos musicais, visuais e de vestuário, o movimento foi rapidamente reproduzido em outras capitais brasileiras, como São Paulo, Belo Horizonte e Salvador. A palavra inglesa *black* entrou no vocabulário da juventude afro-brasileira como indicativo de identidade pessoal e coletiva. O movimento Black Soul girava principalmente ao redor de festas dançantes, atraindo milhares de jovens com estilos de cabelo afro, sapatos plataforma e calças boca de sino. Disc-jóqueis com sistemas de som portáteis tocavam os últimos sucessos do soul e do funk nos Estados Unidos (veja Bahiana, 1980, p.218-9). Gravadoras começaram a investir em cantores renomados, como Tim Maia, Cassiano e Luiz Melodia, e em grupos locais de fusão funk-samba como a Banda Black Rio.

Em certo nível, o movimento Black Soul foi um empreendimento comercial baseado no reconhecimento das comunidades negras urbanas como mercados potencialmente lucrativos para empresas multinacionais e suas filiais brasileiras. No entanto, isso também deu ímpeto a um emergente movimento de consciência negra no Brasil liderado pelo Movimento Negro Unificado (MNU), fundado em 1978 após a morte de um jovem trabalhador negro sob custódia policial em São Paulo. O movimento Black Soul salientava afinidades culturais transnacionais, muitas vezes com implicações políticas, que atraíram muitos jovens afro-brasileiros. Como Jorge Watusi, artista e ativista afro-brasileiro, observou ironicamente sobre o fenômeno do Black Soul em Salvador, a "consciência veio como moda" (Risério, 1981, p.31). A expressão de consciência racial no movimento Black Soul se baseava mais no estilo, tanto musical como visual, do que no conteúdo lírico das músicas dançantes.

O movimento Black Soul foi criticado na imprensa brasileira sob vários ângulos. Críticos conservadores aliados ao regime militar, como Gilberto Freyre, atacavam a música soul dizendo tratar-se de uma mera importação insidiosa dos discursos culturais e políticos afro-americanos irrelevantes para a "democracia racial" no Brasil (veja Turner, 1985, p.79; Hanchard, 1994, p.115). Alguns ativistas afro-brasileiros, incluindo sambistas, criticavam o movimento pela falta de autenticidade cultural. Negros da classe média também expressavam certa ansiedade em relação ao movimento, temendo a intensificação de tensões sociais. Esquerdistas tradicionais criticavam o Black Soul alegando tratar-se de mero entretenimento, produzido e commoditizado pelo capital multinacional, que desviava a atenção da política de classes. O movimento soul era, em última instância, ambíguo: por um lado era um produto commoditizado, mantido por empresas fonográficas internacionais, mas, por outro, também desenvolvia uma identidade diaspórica autoconsciente entre jovens afro-brasileiros.

Em Salvador, o movimento Black Soul teve repercussões específicas, contribuindo para um fenômeno local conhecido como "blackitude baiana" (Risério, 1981, p.23). Entre 1974 e 1980, novas organizações de carnaval conhecidas como blocos afro, entre eles Ilê Aiyê, Malê Debalê, Olodum e Muzenza, foram criadas para protestar contra a desigualdade racial e promover a cultura afro-brasileira. Esses avanços foram inspirados tanto por práticas culturais locais, como o candomblé e o samba, quanto por fenômenos transnacionais, como o pan-africanismo, o movimento de libertação anticolonialista (particularmente na África lusófona) e o movimento Black Power, além do soul, do funk e, posteriormente, do reggae e do rap.[16] Quase desde o início, a nova música afro-baiana foi transnacional e diaspórica em termos de valores musicais e discursivos.

Gil e Caetano investiram seu considerável capital cultural nesses novos movimentos culturais afro-brasileiros, tanto em entrevistas como em suas composições. Em resposta às denúncias contra o Black Soul divulgadas na imprensa nacional, Caetano defendeu o movimento em termos de política de identidade: "Eu gosto quando vejo o preto brasileiro identificado com o preto americano. Eu adoro o Black Rio. Acho que os pretos ficam mais afirmados como pretos do que como brasileiros, e isso é importante" (Risério, 1981, p.31). Lélia Gonzales, uma das líderes fundadoras do Movimento Negro Unificado disse que Gil deu um grande impulso à organização ao se apresentar em eventos patrocinados pelo MNU, quando outros artistas se recusavam a fazer o mesmo, temendo ser associados a um movimento percebido como radical e desagregador (Pereira e Buarque de Hollanda, 1980, p.210). Apesar de outros artistas

---

16 Há uma extensa bibliografia sobre o carnaval afro-baiano. Para um relato do surgimento do movimento, veja Risério, *Carnaval ijexá*. Vários artigos sobre o movimento na década de 1990 podem ser encontrados em Sansone e Santos, *Ritmos em trânsito*. Para um bom histórico sobre o movimento, com excelentes fotos, veja Guerreiro, *A trama dos tambores*.

e estudiosos criticarem esses movimentos, muitas vezes com base no argumento de que não eram autenticamente brasileiros, os tropicalistas os defendiam com uma expressão da modernidade afrodiaspórica e um componente vital da crítica geral contra o autoritarismo no Brasil.

REINVENTANDO ⊙ BRASIL

Sob a pressão de setores moderados da sociedade civil, o regime militar deu início a um período de distensão desde meados até o final da década de 1970. Novas possibilidades e necessidades vieram à tona com o surgimento de movimentos sociais e políticos independentes representando negros, mulheres, gays e trabalhadores. Esse período também marcou o ressurgimento de controvérsias públicas entre vários setores da oposição. Muitas dessas discussões referentes ao papel dos artistas e intelectuais, à eficácia social e política da arte e à relação entre produtores culturais, indústrias da mídia e o Estado já vinham sendo ensaiadas desde década de 1960. A pedra de toque para a polêmica mais acalorada foi uma entrevista concedida em agosto de 1978 pelo cineasta Carlos Diegues, que denunciou o fantasma das "patrulhas ideológicas" para denunciar seus críticos da esquerda ortodoxa. Os jornais e revistas tradicionais e alternativos imediatamente começaram a solicitar opiniões de intelectuais e artistas. Dois professores universitários compilaram uma coletânea das próprias entrevistas relativas à polêmica.

Vários artistas e intelectuais entrevistados tinham acabado de voltar do exterior devido à promulgação de uma lei de anistia para exilados políticos em agosto de 1979. Muitos assumiam uma postura de ceticismo em relação a projetos revolucionários e criticavam os posicionamentos ideológicos da década de 1960. Fernando Gabeira, um ex-guerrilheiro urbano envolvido no sequestro do embaixador norte-americano em 1969, declarou: "Nos anos 60, fiz uma crítica da minha condição de intelectual pequeno-burguês; agora, nos anos 70, estou fazendo uma crítica um pouco mais avançada, me criticando enquanto macho latino, enquanto branco e enquanto intelectual" (Ibidem, p.187). Em uma época na qual os adversários do regime militar começavam a questionar a autoridade intelectual, os privilégios raciais, a identidade sexual e a preferência sexual, o movimento tropicalista representou um importante ponto de referência.

No final dos anos 70, tanto Caetano como Gil compuseram e gravaram músicas que expressavam ambiguidade sexual e relações homossociais, envolvendo-se diretamente em debates relativos à sexualidade no Brasil. Em "Pai e mãe" (1975), Gil expressa a afeição homossocial como uma extensão do amor filial pelo pai: "Eu passei muito tempo aprendendo a beijar / outros homens como beijo o meu pai". Posteriormente gravou "Super-homem (A canção)" (1979), na qual declarava sua "porção mulher". Depois de confessar que no passado acreditava que "ser homem bastaria", ele proclama que "minha porção mulher / que até então se resguardara / é a porção melhor / que trago em mim agora / é que me faz viver". Caetano foi ainda mais explícito ao apresentar uma *persona* andrógina no palco e em público, e suas letras ocasionalmente incluíam o desejo homoerótico. Uma de suas músicas mais famosas, "Menino do Rio" (1979), é dedicada a um jovem surfista do Rio com um "coração de eterno flerte". A música termina com a declaração: "Quando eu te vejo / eu desejo o teu desejo". Esses preâmbulos homoeróticos eram ambíguos porque os dois artistas eram casados, insistiam em se afirmar como heterossexuais e também compuseram várias canções de amor para mulheres. No entanto, a ambiguidade sexual de suas músicas e apresentações (especialmente as de Caetano) contribuiu de forma difusa para uma crítica da masculinidade tradicional no Brasil.

Gil e Caetano participaram de forma mais decisiva do movimento de afirmação da cultura afro-brasileira e seus vínculos com a África e outros pontos da diáspora. Em 1977, fizeram parte de uma delegação de 160 representantes enviados para o Segundo Festival Mundial de Artes e Cultura Negra (FESTAC), um importante evento internacional envolvendo 75 países. Com um grande grupo de artistas visuais, cineastas e professores universitários, a delegação brasileira incluiu uma mãe de santo do candomblé, Olga de Alaketo, o grupo de dança da Universidade Federal da Bahia e o saxofonista Paulo Moura.[17] Sob a proteção dos Ministérios de Relações Exteriores e da Educação, a participação oficial do Brasil nesse evento cultural internacional foi repleta de ambiguidades e contradições. A participação no FESTAC atendeu aos interesses do governo brasileiro, ansioso por se beneficiar dos vínculos históricos e culturais com a África Ocidental. Críticos veementes das relações raciais no Brasil, como o artista e ativista Abdias do Nascimento, foram excluídos da delegação oficial brasileira.[18] No entanto, o festival também deu ímpeto à aproximação afrodiaspórica do Brasil na música popular. Depois do festival, Gil e Caetano gravaram álbuns inspirados em suas experiências na África Ocidental e nos novos movimentos culturais afro-brasileiros.

---

17 Veja Rumos às origens, *Veja* (19 jan. 1977), p.99.

18 O governo brasileiro estava desenvolvendo extensas relações diplomáticas e comerciais com a África pós-colonial (especialmente as nações lusófonas recentemente independentes) ao mesmo tempo em que governava uma nação marcada por uma pronunciada desigualdade racial e mantinha vínculos estreitos com o regime de apartheid da África do Sul. Veja Dzidzienyo, *African Connection*. p.135-53.

Brutalidade jardim

O álbum de 1977 de Caetano, *Bicho,* apresentava uma música baseada no estilo musical nigeriano *juju,* "Two Naira Fifty Kobo" (o preço de uma corrida de táxi em Lagos, na época), que cita uma força divina que "fala tupi, fala iorubá" e confirma as afinidades culturais entre o Brasil e a Nigéria. *Bicho* também incluía várias músicas alegres e dançantes como "Odara", um termo iorubá comumente utilizado por praticantes do candomblé significando "bom" ou "positivo". Na música de Caetano, "odara" significa um estado de êxtase atingido pela dança: "Deixe eu dançar / pro meu corpo ficar odara / minha cara / minha cuca ficar odara". Essa utilização do termo "odara" deve muito à perspectiva contracultural romântica que normalmente associava a cultura negra à liberação corporal e à euforia coletiva. Por outro lado, músicas como "Odara" colocavam a cultura afro-brasileira no centro da modernidade brasileira em vez de lhe atribuir um papel pré-moderno como detentora da pureza cultural. Caetano promoveu o álbum com uma série de apresentações com a Banda Black Rio chamada "Bicho Baile Show" e incentivava o público a dançar, o que era incomum em shows de MPB.

Em outra música dançante do álbum, "Gente", Caetano celebra a força vital dos humanos lutando para sobreviver, para satisfazer as necessidades do corpo e atingir a plenitude espiritual, mesmo nas circunstâncias mais adversas. A convincente simplicidade de afirmações como "gente é pra brilhar, não pra morrer de fome" dividiu os críticos. Versos como esses provocavam ridicularização por parte dos céticos e ao mesmo tempo eram utilizados como slogans de crítica social pichados nos muros da cidade. *Bicho* também incluiu os sucessos "O leãozinho", uma bela homenagem ao signo astrológico de Caetano, e "Tigresa", inspirada em Sônia Braga, estrela em ascensão no cinema nacional. Em uma análise da controvérsia ao redor do álbum de Caetano, um crítico perguntou incisivamente: "Um compositor deve adornar suas letras com convites à ofensiva social ou lhe é facultado o direito de viver apenas um universo somente povoado de borboletas, felinos, leõezinhos e gente linda?"[19] Os críticos mais incisivos de Caetano foram os articulistas e cartunistas de *O Pasquim,* o jornal satírico que dava ampla cobertura dos baianos quando estavam exilados. O celebrado cartunista de *O Pasquim,* Henfil, afirmou com sarcasmo que Caetano era o líder da "Patrulha Odara". Caetano se apropriou do apelido e reagiu, acusando os críticos de preconceito contra os baianos, chegando a compará-los com os sul-africanos brancos no regime do apartheid.[20]

---

19 Nirlando Beirão, Baiunos? Baianaves?, *IstoÉ,* 10 ago. 1977.

20 Reynivaldo Brito, Caetano desabafa: sou da patrulha Odara. E daí? *A Tarde,* 2 mar. 1979. Veja também Ridenti, *Em busca do povo brasileiro,* p.220.

No mesmo ano, Gil produziu *Refavela,* uma brilhante e extensa reflexão sobre a África e os afro-brasileiros, dentro de uma perspectiva diaspórica contemporânea. A capa do álbum apresentava uma foto em *close up* de Gil usando uma touca bordada e um colar de contas do candomblé. Aquele era o segundo de uma série de álbuns intitulados com o prefixo "re", sugerindo um período de reinvenção e regeneração do artista e da nação, à medida que ela entrava em um período de gradativa abertura política. O álbum de 1975, *Refazenda,* sintetizou diversas reflexões pessoais sobre a natureza, a renovação espiritual e a herança rural nordestina do artista. Por outro lado, *Refavela* era dedicado à contracultura urbana negra de Rio de Janeiro e Salvador.

A faixa-título celebrava as favelas como local de lutas cotidianas, ativismo social e movimentos culturais emergentes como o Black Rio. "Refavela" contestava as noções familiares da favela como um espaço de criminalidade e anomia social, sugerindo o modo como seus moradores participam da vida econômica e cultural da cidade. Combinando elementos de funk, reggae, *juju* nigeriano e ritmos afro-baianos, o estilo musical é sui generis, refletindo o escopo transnacional na música. Com referências específicas ao movimento Black Rio, "Refavela" situa os jovens afro-brasileiros urbanos em uma "contracultura da modernidade", para utilizar a expressão cunhada por Gilroy. Uma estrofe, por exemplo, descreve a relação "paradoxal" entre a cultura diaspórica local e a transnacional: "A refavela / revela a escola de samba paradoxal / brasileirinho pelo sotaque / mas de língua internacional". "Refavela" é uma colagem verbal e musical de referências sociais e culturais, incluindo favelas, projetos habitacionais, escolas de samba e salões de dança. Como proclama uma das estrofes finais, a música é uma alegoria da vida urbana negra na década de 1970 (Perrone, 1989, p.123-4).

No mesmo álbum, Gil gravou uma versão funk-pop da música do bloco de carnaval Ilê Aiyê, de 1975, "Que bloco é esse?", uma rebelde confirmação do "mundo negro" diante do preconceito racial. Misturando o humor sardônico com a política racial, a música representava uma reversão simbólica do branqueamento, uma perniciosa ideologia de progresso racial baseada nos modelos eurocêntricos de beleza e modernidade:

branco se você soubesse
o valor que preto tem,
tu tomava um banho de piche
e ficava preto também

O disco de Gil foi particularmente oportuno, já que o Ilê Aiyê era repreendido com frequência pela imprensa baiana por suas incisivas críticas contra o racismo em

Cercado de fãs locais, Gilberto Gil (à esquerda) e a mãe de santo do candomblé (no centro) recebem Jimmy Cliff (à direita) no aeroporto de Salvador, 1980. Gil e Cliff vestem a fantasia de carnaval do bloco afro Ilê Aiyê e seguram o tecido do afoxé Badauê *(A Tarde)*

Salvador. Outras composições de *Refavela* salientavam os vínculos culturais históricos e contemporâneos entre a África Ocidental e o Brasil, especialmente a Bahia. A música "Babá Apalá", com inflexões do funk, por exemplo, conta a história de Aganjú, uma manifestação do orixá do trovão, Xangô, e seu vínculo ancestral com os afro-brasileiros contemporâneos. Versões em inglês dessas músicas foram gravadas posteriormente no álbum de 1979 *Nightingale*, a primeira tentativa de Gil de entrar no mercado pop norte-americano.

Refavela provocou controvérsia na imprensa popular, sugerindo que esse tipo de gesto de afirmação racial impunha algumas dificuldades a certos setores da classe dominante brasileira. Dois anos mais tarde, em uma entrevista para o *Jornegro*, Gil esboçou uma análise das reações desfavoráveis a *Refavela*, salientando a tensão entre a articulação nacional e a diaspórica de identidade racial implícita nas denominações "negro" e *"black"*, respectivamente: "Ainda teve a imprensa que caiu de pau em cima por causa da atitude do disco que era black e eles na época estavam todos contra black, não contra o negro, mas contra o *black,* a consciência que vem e que é internacional e está ligada a tudo e não é uma coisa brasileira só".[21] Em um artigo para a *Veja,* Tarik de Souza rotulou o esforço de Gil de "rebobagem" e descreveu o álbum como uma imitação da música soul com "letras confusas".[22] Ele se mostrou particularmente irado com o fato de Gil ter "reduzido ao mero soul" a canônica composição da bossa--nova de Tom Jobim "Samba do avião". Outros críticos ridicularizaram a nova estética pessoal de Gil, quando ele começou a usar tranças com conchas e *dashikis* da África. Lélia Gonzales, do MNU, observou na época que Gilberto Gil "é um cara que incomoda" por atuar no nível "simbólico" (Pereira e Buarque de Hollanda, 1980, p.209). Em outras palavras, a crítica de Gil contra o autoritarismo, o racismo e as pretensões universalistas de "identidade nacional" dependia menos de suas declarações verbais e mais de sua expressa afirmação de uma estética musical e sartorial africana.

O maior sucesso da carreira de Gil, "Não chore mais", uma versão para o português da balada reggae de Bob Marley "No Woman, No Cry", foi composta em 1979. Essa versão coincidiu com a abertura política e foi associada a um movimento social exigindo a anistia para os exilados políticos. Segundo Gil, a música buscava associar os rastafáris jamaicanos com os hippies brasileiros que eram perseguidos por fumar maconha (Gil, 1996, p.204). Mas também se trata de uma balada de luto pelas vítimas do governo autoritário e uma canção de esperança, incentivando os brasileiros a se concentrar no futuro:

amigos presos
amigos sumindo assim
pra nunca mais
tais recordações
retratos do mal em si
melhor é deixar pra trás

No final da música, o ritmo se acelera até se transformar em uma batida dançante enquanto Gil entoa "tudo, tudo, tudo vai dar pé", uma tradução literal de "everything is gonna be all right", de Bob Marley. O efeito geral da música é situar as aspirações

---

21 Veja Gilberto Gil, *Jornegro* 2, n.7 (1979).
22 Tarik de Souza, Rebobagem, *Veja,* 20 jul. 1977; reproduzido em Souza, *Rostos e gostos,* p.227-8.

democráticas do Brasil no contexto do Terceiro Mundo e das lutas afrodiaspóricas. Em 1980, Gil realizou uma turnê pelas principais capitais brasileiras com uma estrela do reggae, Jimmy Cliff. A gravação da música de Marley e a turnê subsequente com Cliff posicionaram Gil como o principal expoente do reggae no Brasil. Suas contínuas incursões nesse estilo contribuíram decididamente para a expansão e a nacionalização do reggae por todo o Brasil nos anos 80 e 90.

Ao longo da década de 1970, o grupo tropicalista contribuiu de diversas formas para as contraculturas jovens que se interessavam menos pelo protesto político convencional e mais pela articulação de novas identidades pessoais e coletivas. Gilberto Gil e Caetano Veloso se posicionavam no cruzamento dos fenômenos da contracultura da classe média, como o desbunde e os emergentes movimentos afrodiaspóricos envolvendo o soul, o reggae e a nova música negra do carnaval da Bahia. Esses fenômenos culturais fizeram parte, de forma difusa, de uma ampla iniciativa da sociedade civil em defesa do retorno a um governo democrático no Brasil. Fundamentais para essa ampla exigência de abertura foram os novos "movimentos sociais", incluindo o ativismo popular dos trabalhadores, que levou à fundação do Partido dos Trabalhadores (PT), o movimento afro-brasileiro (MNU), o movimento gay (SOMOS) e várias organizações feministas.

Em "Pipoca moderna", do álbum *Joia,* de 1975, Caetano Veloso abordou o surgimento de formas difusas porém irrepreensíveis de protesto contra o governo autoritário. Originalmente idealizada como uma composição instrumental por Sebastião Biano para a Banda de Pífanos de Caruaru, um grupo de flauta e percussão do interior de Pernambuco, Caetano acrescentou versos aliterativos que denunciavam a violência do governo militar como em "era nê de nunca mais". No refrão onomatopeico, o aquecimento e o estouro da pipoca sugerem o surgimento das forças de oposição: "Pipoca ali aqui / pipoca além / desanoitece a manhã / tudo mudou". Apesar de criticados com frequência por não ser "politizados", os tropicalistas inspiraram vários movimentos sociais e culturais que começavam a pipocar para contestar o autoritarismo no Brasil.

6
TRAÇOS DA TROPICÁLIA

o longo dos anos 70 e 80, os tropicalistas permaneceram extremamente sensíveis às contínuas transformações e inovações na música brasileira e internacional. Seus primeiros experimentos com instrumentos elétricos e com o rock prepararam o terreno para uma explosão do rock brasileiro na década de 1980. Sua apropriação do reggae, disco, soul, *juju* e formas musicais afro-baianas contribuíram para vários movimentos musicais afro-brasileiros nesse mesmo período. Os tropicalistas também contribuíram significativamente para a dissolução das hierarquias culturais produzindo música para o consumo de massa ao mesmo tempo em que utilizavam técnicas literárias e musicais antes associadas ao âmbito da arte erudita. Eles desenvolveram uma proposta para a produção cultural híbrida, gerando uma tradição própria na música popular brasileira. Durante a década de 1990, os tropicalistas sustentaram uma ampla presença na mídia nacional, continuaram a produzir músicas inovadoras e muitas vezes foram reconhecidos como uma importante influência para artistas emergentes. Gil e Caetano, em particular, exerceram uma enorme influência na música popular brasileira, que excede sua popularidade em termos de vendas de discos. Os anos 90 também testemunharam a renovação do interesse de público e crítica por Tom Zé, o mais radical inovador do grupo tropicalista, que lutou por muitos anos à margem da MPB. Seu extraordinário retorno artístico e profissional colocou em primeiro plano dimensões da Tropicália antes ignoradas.

Os problemas e necessidades da produção cultural no Brasil sem dúvida mudaram desde a era da Tropicália. No final do século, havia consideravelmente menos ansiedade em relação à hegemonia cultural dos Estados Unidos. A variedade da produção musical aceita como "brasileira" aumentou e atualmente inclui várias espécies de estilos originados fora do Brasil, como o rock, o reggae, o funk, o rap e o metal, bem como novos híbridos resultantes do diálogo com as tradições brasileiras. Em muitos aspectos, a experiência tropicalista e suas reverberações ajudaram a criar as condições que possibilitaram a proliferação desses estilos híbridos. Artistas progressistas também abdicaram do papel de vanguarda política voltada a orientar o povo na direção da revolução social. Isso não significa, é claro, que a música popular brasileira tenha se tornado apolítica ou acrítica, mas que suas mensagens tendem a ser menos redentoras. Já se foram os tempos da figura do músico de protesto cantando verdades ao violão, como Geraldo Vandré. Em seu lugar, no entanto, existe uma miríade de artistas e grupos envolvidos com as modernas tecnologias da mídia, apresentando críticas incisivas à desigualdade social, ao racismo, ao machismo, à violência política, às depredações ambientais, à corrupção política e outros dilemas da sociedade brasileira. Apesar de extremamente heterogênea, grande parte dessa música se deve, por mais indiretamente que seja, à experiência dos tropicalistas na década de 1960.

A RETOMADA DA TROPICÁLIA

Talvez a primeira reavaliação autoconsciente do momento tropicalista tenha sido realizada em 1989 com o lançamento do álbum *Estrangeiro,* de Caetano Veloso, gravado e produzido por Peter Sherer e Arto Lindsay, duas importantes figuras do cenário musical da arte-rock de Nova York. O magnífico cenário expressionista de Hélio Eichbauer para o segundo ato da produção de 1967 de *O rei da vela* pelo Teatro Oficina foi utilizado na capa do disco e como cenário de palco para as apresentações de Caetano ao vivo. A faixa-título do álbum evocava a visão do Brasil da perspectiva de estrangeiros como Cole Porter, Claude Lévi-Strauss e Paul Gauguin, que visitaram o Rio. Para Caetano, a perspectiva distanciada e deslocada do estrangeiro define seu próprio senso de alienação, enquanto ele vaga pelas ruas: "E eu, menos estrangeiro no lugar que no momento / sigo mais sozinho caminhando contra o vento". A referência textual a seu primeiro sucesso pop do período tropicalista, "Alegria, alegria", reinsere o solitário urbano que "caminha contra o vento" no contexto contemporâneo.[1]

---

1 Lucchesi e Dieguez, *Caetano,* p.203. Veja também a discussão de Veloso sobre a música em Dunn, *Tropicalista Rebellion,* p.135; *Caetano Veloso: Tropicalismo Revisitado,* p.108.

Diferentemente do jovem artista de "Alegria, alegria", o narrador em primeira pessoa de "O estrangeiro" se sente fora de sintonia com o presente e alienado do espaço urbano pelo qual vai passando. O mundo antiutópico que Caetano evoca em "O estrangeiro" é sustentado por ideologias reacionárias e uma violência extraoficial, que são o legado do governo autoritário. Em grande parte como as sátiras tropicalistas da lógica militar, Caetano cita os discursos mais retrógrados que proclamam que "o certo é louco tomar eletrochoque" e que o melhor é manter "o macho adulto branco sempre no comando". Na música de Caetano, a elite no poder assume a postura de "reconhecer o valor necessário do ato hipócrita / riscar os índios, nada esperar dos pretos".

A pesada batida dançante e a guitarra penetrante criam um clima bem definido e perturbador que contesta as percepções estrangeiras em relação à música brasileira como sempre suave e melodiosa. Caetano comenta essa generalização e sua própria relação com ela no verso final da música, parafraseando Bob Dylan: "Some may like a soft Brazilian singer / but I have given up all attempts at perfection" (Alguns podem gostar de um suave cantor brasileiro / mas eu desisti de todas as tentativas de perfeição). Essa observação foi retirada do texto de capa do álbum de Bob Dylan de 1965, *Bringing It All Back Home,* no qual ele usou o rock elétrico pela primeira vez para o horror dos puristas tradicionalistas. O Rio de Janeiro dos anos 50 e 60, que produziu o "suave cantor brasileiro", deixou de existir, levando o artista a criar uma impetuosa estética de imperfeição.

Traços da experiência tropicalista também podem ser vistos no álbum de 1991 de Caetano, *Circuladô.* O conceito geral do álbum é esboçado na faixa de abertura, "Fora de ordem", uma incisiva resposta à proclamação triunfalista de George H.W Bush de uma "nova ordem mundial" após o colapso do socialismo do bloco oriental. Nessa música, uma voz narrativa em primeira pessoa alegoriza o Brasil contemporâneo com cenas fragmentadas do Rio e de São Paulo, da mesma forma como a canção-manifesto de 1968 "Tropicália" utilizou Brasília para alegorizar a nação sob o governo militar. A música começa com uma referência à descoberta do cadáver de um jovem traficante de drogas "na ruína de uma escola em construção", uma imagem alegórica de decadência social que sugere uma relação entre a juventude que opta por entrar no mundo do crime e a falta de infraestrutura educacional. Referências subsequentes a crianças órfãs vagando pelas ruas à noite, um monte de lixo e um esgoto aberto no elegante bairro do Leblon no Rio completam o retrato do Brasil urbano contemporâneo. Esse é o outro lado da nova ordem mundial, sustentada pelo capital global e pelo poder político e militar dos Estados Unidos. Apenas momentos efêmeros de prazer aliviam o desespero e o artista se envolve em um rápido flerte com um michê em São Paulo e um caso com uma "acrobata mulata", provocando uma "pletora de alegria, um show de Jorge Ben Jor dentro de nós". No fim, não há resolução ou redenção, apenas "diversas harmonias bonitas possíveis sem juízo final".

Apesar de menos explícitas, as músicas de Gil compostas na década de 1990 também retomaram e atualizaram as abordagens tropicalistas à cultura brasileira. Como Caetano, ele produziu muitas críticas sociais ao racismo, à pobreza, à corrupção e à destruição ambiental apesar de sua postura tender a ser mais otimista em relação à vida contemporânea. Sua música "Parabolicamará", de seu álbum de 1991, *Parabolicamará*, por exemplo, celebra a expansão mundial dos meios de comunicação de massa como uma força de unificação global: "Hoje mundo é muito grande / porque terra é pequena / do tamanho da antena / parabólica". O título da música é um neologismo que se refere a "antenas parabólicas" e "camará", uma palavra comumente utilizada em cânticos de capoeira. Com base no ritmo e na vocalização dos cânticos de capoeira, a música retoma o sucesso de Gil "Domingo no parque", que ajudou a lançar o "som universal" em 1967. Em termos do entusiasmo pelas utilizações potencialmente libertadoras da tecnologia, a música também lembra algumas de suas músicas compostas na prisão, em 1969.

Nos anos 90, Gil também se tornou um entusiasta da internet e montou um sofisticado website documentando suas atividades musicais, sua obra e conversas com importantes intelectuais brasileiros. Em uma música do álbum *Quanta* (1997), ele comparou a internet a jangadas dos pescadores nordestinos. A jangada cibernética conduz seu *oriki* (a alegoria sagrada de sua divindade iorubá pessoal, ou orixá) através de uma maré de informações para chegar a um computador em Taipei. Na estrofe final dessa música, chamada "Pela internet", ele cita "Pelo telefone", uma música de 1917 considerada o primeiro samba gravado. Como em muitas de suas canções tropicalistas, a tecnologia moderna funciona como veículo de reflexão sobre as tradições.

O aniversário de 50 anos de Caetano e Gil, em 1992, ocasionou dezenas de tributos retrospectivos na imprensa nacional. A TV Manchete transmitiu um documentário em cinco episódios sobre Caetano Veloso, cobrindo todas as principais fases de sua carreira artística, com foco especial na Tropicália. Depois de anos compondo, gravando e se apresentando separadamente, Gil e Caetano voltaram a se unir em 1993 para gravar o *Tropicália 2*, em comemoração ao 25º aniversário do movimento. Os dois baianos realizaram uma turnê pelo Brasil, Europa e Estados Unidos com o show acústico "Tropicália Duo". Apesar de haver um elemento de nostalgia no álbum, o dueto baiano confirmava a contínua relevância e vitalidade do projeto tropicalista. Na década de 1960, os tropicalistas fundiram gêneros locais como o samba e o baião com o rock e o soul. Em *Tropicália 2*, o dueto baiano misturou o rap com o samba-reggae, um ritmo híbrido da Bahia, surgido na década de 1980.

Caetano Veloso (à esquerda) e Gilberto Gil se apresentam no Avery Fisher Hall em Nova York na turnê do "Tropicália Duo", 1994 (Claudia Thompson)

O álbum apresentava uma mistura de novas composições e releituras inovadoras de conteúdos da década de 1960 até os anos 90. Gil homenageou uma de suas principais fontes de inspiração, Jimi Hendrix, gravando uma versão de "Wait until Tomorrow". Caetano Veloso retomou "Tradição", de Gil, uma música que fala sobre crescer em Salvador nos anos 50, originalmente apresentada no álbum *Realce,* de Gil. Eles também celebraram a música afro-baiana contemporânea, com uma nova interpretação de "Nossa gente", do bloco afro Olodum. Várias músicas novas eram tributos a artistas e movimentos nos quais a Tropicália se baseou. O samba-enredo "Cinema Novo" conta a história do cinema brasileiro dos clássicos dos anos 30, como *Ganga bruta,* de Humberto Mauro, às superproduções da Embrafilme da década de 1970, como *Xica da Silva,* de Carlos Diegues. Eles salientavam a fundamental intervenção do Cinema Novo na década de 1960 e seu impacto sobre outras áreas da cultura brasileira. Outras faixas retomavam o diálogo com as vanguardas musical e poética de

São Paulo, como no poema concreto musicado de Gil ("Dadá") e na colagem sonora de fragmentos de cantores de rádio brasileiros do século XX, escolhidos digitalmente de forma aleatória ("Rap popcreto"). Uma homenagem mais pessoal é apresentada em "Baião atemporal", de Gil, um baião nordestino que conta a história de "um da família Santana" (uma referência à família estendida de Tom Zé), que deixa a pequena cidade rural de Irará em um pau-de-arara na direção da cidade grande.

Tropicália 2 foi mais do que um simples projeto nostálgico ou uma demonstração de orgulho pelos feitos do passado. Como no caso da maior parte da obra de Caetano e Gil, o álbum também incluía grandes doses de crítica social. A faixa de abertura, "Haiti", por exemplo, é uma poderosa denúncia da violência do Estado contra a juventude urbana negra. Para compor a música, Caetano e Gil realizaram experimentações com o rap, um gênero que conquistou um grande número de fãs entre os jovens urbanos afro-brasileiros na década de 1990. Breves citações rítmicas de samba-reggae preenchem a lenta batida rap e os arranjos dispersos. A letra de Caetano documenta uma cena que presenciou no Femadum (o festival de música anual do Olodum) de 1993, quando recebeu o prêmio "Olodum de Cidadania" concedido todos os anos a artistas que contribuíram para a luta pela justiça racial e social. Considerando os objetivos cívicos imbuídos de elevados ideais do evento do Femadum, Caetano ficou ultrajado com os incidentes de violência policial que testemunhou do palco montado na frente da Casa de Jorge Amado, um prédio de frente para o Pelourinho, o centro histórico de Salvador. Na música, ele descreve uma fileira de policiais, em sua maioria negros, espancando jovens negros, mulatos e brancos pobres. O ponto de vista privilegiado de Caetano, que estava no palco, permitiu-lhe testemunhar a brutal repressão policial de jovens identificados e estigmatizados tanto pela cor da pele como pela pobreza. Os ensaios públicos do Olodum no Pelourinho vêm há muito tempo sendo ocasiões para pequenos crimes, brigas de rua e confrontos violentos com policiais brandindo cacetetes. Mas, dessa vez, Caetano chama a atenção dos "olhos do mundo inteiro... voltados para o Largo":

> não importa nada
> nem o traço do sobrado
> nem a lente do "Fantástico"
> nem o disco de Paul Simon
> ninguém, ninguém é cidadão

Ele faz referência à majestosa mansão colonial que abriga um museu dedicado à vida e à obra de Jorge Amado, o mais consagrado novelista da Bahia; à equipe de filmagem do "Fantástico", e, por fim, à aclamada colaboração entre o Olodum e Paul Simon. Apesar dos vínculos do grupo com indivíduos e instituições detentoras de poder econômico e cultural nos âmbitos local, nacional e internacional, ataques flagrantes aos direitos básicos continuam a oprimir o público do Olodum.

Nas estrofes de "Haiti", Caetano denuncia uma ampla variedade de injustiças sociais e políticas, incluindo o parco financiamento para a educação, o massacre dos presidiários, em sua maioria negros, em uma prisão de São Paulo e o boicote norte-americano a Cuba. "Haiti" é uma música multifacetada que traça comentários sobre várias questões relativas à cidadania no Brasil e a conflitos e dilemas globais. O refrão compara a Bahia e, mais adiante na música, o Brasil em geral, ao Haiti de 1993 sob o regime militar de Raoul Cedrás. Trata-se de uma paródia do refrão do sucesso de Caetano "Menino do Rio" (1979), composto para um jovem surfista do Rio de Janeiro: "O Havaí, seja aqui, tudo o que sonhares..." Com base na citação melódica do refrão original, ele altera o ponto de referência geográfico: "Pense no Haiti, reze pelo Haiti / o Haiti é aqui / o Haiti não é aqui". A fusão do rap com o samba-reggae, dois idiomas musicais associados ao protesto racial, salienta ainda mais o paradigma afrodiaspórico que estrutura a música (Browning, 1998, p.4). Como a principal faixa do álbum, "Haiti" estabelece o tom do trabalho todo, que atualizava o projeto tropicalista à luz de outros avanços na música popular brasileira.

FAZENDO CÓCEGAS NAS TRADIÇÕES: TOM ZÉ

Talvez o fenômeno mais notável da revitalização tropicalista na década de 1990 tenha sido a ressurreição profissional de Tom Zé. Após o movimento tropicalista, Tom Zé continuou compondo e gravando, mas sua trajetória foi marcadamente diferente da dos colegas baianos. Na década de 1970, enquanto Gil, Caetano, Gal Costa e Maria Bethânia usufruíam o sucesso comercial e a aprovação da crítica, Tom Zé caiu em obscuridade. Diferentemente dos outros baianos, ele ficou em São Paulo, permanecendo à margem da indústria da MPB e do cenário da contracultura, baseados principalmente no Rio de Janeiro. Na imprensa brasileira, foi descrito como um "errante navegante" responsável por várias opções erradas que comprometeram sua carreira profissional.[2] Tom Zé desenvolveu as implicações mais experimentais da

---

2 Veja Rodrigo Leitão, Errante navegante, *Jornal de Brasllia,* 23 jan. 1991.

Tropicália, apropriando-se seletivamente de elementos da música de vanguarda contemporânea, da música tradicional do sertão rural, do samba moderno e do rock. Sua trajetória artística pode ter sido "errante" em termos de apelo comercial, mas também gerou algumas das músicas mais inovadoras do final do século XX e início do século XXI. Quando algumas músicas suas da década de 1970 foram compiladas em um CD, cerca de vinte anos mais tarde, foram consideradas de vanguarda pelo público no Brasil, na Europa e nos Estados Unidos.

A carreira de Tom Zé foi revitalizada no início da década de 1990 depois que David Byrne, o produtor e artista de Nova York, descobriu por acaso *Estudando o samba* (1975) enquanto comprava discos no Rio.[3] Com base principalmente nesse álbum e em *Todos os olhos* (1973), Byrne produziu uma compilação pelo selo Luaka Bop intitulada, com ironia intencional, *The Best of Tom Zé: Massive Hits* (O melhor de Tom Zé: sucessos estrondosos). A compilação recebeu aplausos de críticos musicais norte-americanos e europeus, resultando em comparações com John Zorn, Frank Zappa e Captain Beefheart, bem como o próprio Byrne. No *New York Times,* um crítico observou: "O público americano nunca ouviu uma amostra mais empolgante da vigorosa inteligência que tende a se ocultar por baixo das belas superficialidades do pop brasileiro".[4] Em 1991 o disco permaneceu durante várias semanas na lista da *Billboard* na categoria Alternativos Adultos e chegou ao quarto lugar no levantamento realizado com críticos musicais pela revista *Downbeat* para escolher o Melhor Álbum da categoria de *world music*.

Com o marketing da música de Tom Zé, o público fora do Brasil passou a notar a diversidade da música popular brasileira. Tom Zé conquistou um substancial grupo de fãs na Europa e nos Estados Unidos, com destaque para ouvintes que não eram entusiastas da música brasileira, mas eram atraídos pelos experimentos sonoros do artista. Os brasileiros também passaram a notar esse importante tropicalista negligenciado durante anos pela indústria fonográfica e pela mídia. Depois de anos se apresentando para pequenas plateias de músicos, estudantes universitários e críticos, ele passou a conquistar um maior reconhecimento no Brasil entre o público mais jovem. Em abril de 1999, Tom Zé se apresentou no festival de música ProRock no Recife, com foco em artistas emergentes do Nordeste. Foi recebido calorosamente por uma

---

3 David Bryne visitou o Brasil em 1986 para o festival Rock in Rio e novamente em 1988 para filmar o documentário sobre a religião afro-baiana, *The House of Life.* Na ocasião, ele estava no estágio de planejamento das compilações de música brasileira extremamente aclamadas e de grande sucesso, incluindo *Beleza tropical, O samba* e *O forró.* Em uma loja de discos do Rio de Janeiro, ele comprou uma cópia reeditada de *Estudando o samba,* de Tom Zé, achando que se tratasse de um disco de samba convencional.

4 Veja a revisão de Julian Dibbell, Tom Zé: "Massive Hits", *New York Times,* 9 dez. 1990.

Tom Zé e John Herndon da banda Tortoise em Chicago, 1999
(Christopher Dunn)

multidão de 5 mil jovens fãs do rock, muitos dos quais provavelmente desconheciam a participação do músico no movimento tropicalista.[5]

Tom Zé não tinha apelo de massa no início dos anos 70, mas continuou a conquistar a aprovação de outros artistas e críticos no Brasil. Ele exerceu um impacto sobre jovens músicos como Itamar Assumpção, Arrigo Barnabé e Walter Franco, que se identificavam com uma vanguarda paulista dos anos 70 e 80.[6] Sua música também chamou a atenção de compositores de vanguarda no Brasil que admiravam a utilização da polifonia e de compassos incomuns e dissonância calculada. Hans-Joachim Koellreutter, o compositor alemão que introduziu a técnica dodecafônica no Brasil nos anos 40, disse sobre Tom Zé em um documentário que ele "representa uma nova forma de pensar [sobre a música], cujas características ainda não compreendemos".[7]

---

5 Silvio Essinger, A redenção do tropicalista esquecido, *Folha de São Paulo*, 20 abr. 1999.
6 Pedro Só, A volta por cima de Tom Zé, *Jornal do Brasil*, 2 set. 1993.
7 A citação é proveniente de uma entrevista com Koellreutter em *Tom Zé, ou quem irá colocar uma dinamite na cabeça do século* (2000), um maravilhoso documentário em vídeo dirigido por Carla Gallo.

Talvez mais que qualquer outro músico brasileiro, Tom Zé realizou uma significativa contribuição para dissolver as barreiras entre a música erudita e popular.

Tal qual o instrumentalista brasileiro Hermeto Pascoal, Tom Zé é um inventor de sons que experimentou incansavelmente e muitas vezes de forma lúdica com uma ampla variedade de materiais naturais e mecânicos da vida cotidiana. Recorrendo ao que aprendeu na Universidade da Bahia com o músico e inventor suíço Walter Smetak, ele começou a criar os próprios instrumentos nos anos 70. Em 1978, fundou a Orquestra de Hertz, na qual os músicos tocavam vários instrumentos inventados e "descobertos". Um desses instrumentos, o HertZé, era uma versão primitiva e análoga do que mais tarde viria a ser chamado de *sampler*. Envolvia uma série de gravações de diferentes frequências de rádio conectadas a um painel de botões. Cada botão acessava uma gravação diferente, permitindo que o instrumentalista produzisse breves explosões de sons aleatórios de várias gravações. Outros músicos tocavam eletrodomésticos e ferramentas elétricas (liquidificador, máquina de lavar roupas, enceradeira, motosserra), enquanto Tom Zé mantinha a estrutura rítmica básica tocando um agogô com um afiador elétrico, produzindo um estridente som metálico. O equipamento de Hertz foi acidentalmente destruído no final dos anos 70, mas reconstruído no final da década de 1990. Quando Tom Zé voltou a realizar turnês nessa época, ele dedicou parte de seus shows a esses experimentos sonoros com ferramentas elétricas. Usando um capacete, pesadas luvas de couro, óculos de proteção e uma capa de chuva, criava no palco uma atmosfera de oficina que apresentava a invenção musical como um "trabalho especializado", similar a qualquer outra forma de construção.

Em conjunto com seus experimentos formais na música, Tom Zé também continuou a pesquisar a poesia vanguardista, dialogando com os poetas concretos de São Paulo e criando o que um crítico chamou de "poemúsica" (Ávila, 1973, p.4-5). Com Augusto de Campos, escreveu "Cademar" (1973), uma letra consistindo em uma frase básica fragmentada em grupos fonêmicos, produzindo duas perguntas separadas sem resposta: "Ô ô cadê mar/ia que não vem". Em outras músicas, Tom Zé utilizou técnicas da poesia concreta para reconfigurar significados discursivos com traduções homofônicaso. Ele recorria com frequência a esse tipo de jogo linguístico como veículo de humor, mais bem exemplificado pelo rock "Jimmy, rende-se" (1970), que, em português, soa como "Jimi Hendrix". Outros versos, como "Bob dica, diga", "Billy Rolleyflex" e "Janis Chopp", se aproximavam dos equivalentes fonéticos Bob Dylan, Billy Holiday e Janis Joplin. O humor irônico da música dependia da transformação desses nomes de consagrados artistas norte-americanos, pronunciados de forma conscientemente "errada", em expressões banais e itens de consumo da vida cotidiana no Brasil.

A questão da "tradição" musical da música brasileira tem sido fundamental na obra de Tom Zé, desde a época da Tropicália. Como vimos em capítulos anteriores, os tropicalistas se envolveram profundamente na tradição da música brasileira, mas também buscaram subvertê-la por meio da utilização calculada da paródia e da sátira. De todos os tropicalistas, Tom Zé talvez tenha sido o mais explícito em sua crítica à tradição, particularmente quando era utilizada para acusar artistas de inautenticidade ou alienação da cultura brasileira. Em uma música de seu primeiro álbum, "Quero sambar meu bem", ele considerava o samba como uma fonte de prazer, mas também rejeitava seu status de objeto mumificado de contemplação melancólica para os tradicionalistas musicais:

quero sambar também
mas eu não quero
andar na fossa
cultivando tradição embalsamada

Em outras composições, Tom Zé aludia a formas nas quais a tradição foi construída ou "inventada" no processo de formação nacional. Por mais rica e vibrante que a tradição musical brasileira possa ser, ela também inspira uma reverência exagerada e uma timidez que, em última instância, impede a inovação. Um de seus shows de 1971, por exemplo, foi provocativamente intitulado "Com quantos quilos de medo se faz uma tradição?", um verso da música "Sr. Cidadão". A implicação dessa crítica é multifacetada, referindo-se simultaneamente à rigidez criativa imposta pela "tradição", mas também às convenções sociais mantidas pelo "senhor cidadão", descrito por Marilena Chauí como o burguês conservador que "conserva a cidadania como privilégio de classe" (Chauí, 1986, p.33). A crítica à tradição é direcionada especificamente aos músicos brasileiros em "Complexo de Épico", no disco *Todos os olhos*. Na música, Tom Zé usou de humor para espinafrar o compositor brasileiro que faz tudo – falar, parecer, ser, sorrir, chorar, brincar e amar – "tão sério". As tradições musicais cristalizadas pelo tempo parecem pairar sobre os compositores brasileiros como frágeis fantasmas do passado: "Como se algum pesadelo / estivesse ameaçando / os nossos compassos / com cadeiras de roda".

Seria um erro, contudo, concluir que Tom Zé buscava uma total ruptura com o passado. Na verdade, ele manteve um diálogo com as tradições musicais e literárias que em alguns casos revela uma afeição sincera. A música "Augusta, Angélica e Consolação" (1973), por exemplo, é um tributo a Adoniran Barbosa, o mestre ítalo-brasileiro do samba paulistano, uma forma que costumava documentar a paisagem urbana sombria e nublada da cidade de São Paulo. Como em seu sucesso de 1968 "São São Paulo", a composição também foi uma homenagem à sua cidade de adoção. A letra antropomorfiza três famosas vias do centro de São Paulo, representando-as como três mulheres com personalidades distintas. As mulheres incorporam as características desses locais. A Augusta era uma rua de lojas elegantes, enquanto a Avenida Angélica abrigava muitos consultórios médicos. Na música de Tom Zé, a primeira "gastava o meu dinheiro com roupas importadas" ao passo que a outra "andava com a roupa cheirando a consultório médico" e sempre cancelava os encontros. Como o nome sugere, só a Consolação lhe dava algum conforto na solidão urbana de São Paulo. Tom Zé desenvolveu ainda mais sua peculiar releitura da tradição da música brasileira em um álbum de 1975, sugestivamente intitulado *Estudando o samba*. Nele explorou várias formas de samba, incluindo as formas rurais e urbanas de São Paulo, samba de roda, samba-canção, maxixe e bossa-nova, ao mesmo tempo em que introduzia elementos da música de vanguarda e da poesia concreta (Vasconcellos, 1977, p. 75-6).

Em 1992, o Luaka Bop lançou *The Hips of Tradition*, um CD apresentando em sua maioria músicas novas que faziam referência explícita às diversas tradições fundamentando o processo criativo de Tom Zé. Quase todas as músicas eram acompanhadas de uma breve referência a uma obra literária, incluindo textos de autores canônicos como Cervantes, Guimarães Rosa, William Faulkner, Thomas Mann e os poetas concretos brasileiros, além do linguista Stanislaw Len e do autor de livros infantis Elifas Andreato. Algumas músicas foram inspiradas por jovens roqueiros brasileiros ou simplesmente pelas "dificuldades da vida cotidiana em São Paulo". Conforme o texto de capa, Tom Zé descreve sua música como uma mistura de Beethoven, Arnold Schoenberg – um compositor de vanguarda – e o paraibano Jackson do Pandeiro, famoso por seus ritmos híbridos e texturas ricas que recorrem a fontes tanto regionais como internacionais. Jackson do Pandeiro é mais conhecido por sua gravação de "Chiclete com banana", um comentário irônico sobre o intercâmbio desigual de influências musicais entre o Brasil e os Estados Unidos (veja Perrone e Dunn, 2001). Inspirado em Jackson do Pandeiro, Tom Zé utilizou uma grande variedade de fontes musicais, incluindo formas nordestinas, como a embolada e o baião, além de reggae, rock e funk.

Diferentemente das músicas anteriores, nas quais a "tradição" era evocada como um transtorno que gerava conformismo, as músicas desse álbum abordam a "tradição" como um interlocutor em constante diálogo com a inovação. Em "Tatuarambá", um neologismo que combina "samba" com "tatuagem", ele começa com a exortação cantada em inglês "to expose the hips of tradition / to the burning iron of ads" (expor as ancas das tradições / para o ferro em brasa dos anúncios). Na qualidade de uma parte do corpo que proporciona sustentação e gera movimentos sensuais, as "ancas" simultaneamente denotam estabilidade e atividade. Para Tom Zé, as tradições musicais não devem ser preservadas e reverenciadas com deferência, mas desmontadas e eternamente reconstituídas, utilizando novas informações poéticas e musicais. Trata-se de uma operação ao mesmo tempo lúdica e dolorosa, como sugere o último verso da música, no qual ele propõe "coçar, fazer cócegas nas tradições / itching, scratching the tradition".

Tom Zé avançou ainda mais suas reflexões sobre a tradição no CD *Fabrication Defect: Com defeito de fabricação,* um projeto que colocava explicitamente a intertextualidade em primeiro plano, um conceito proveniente da teoria literária que propõe que todos os textos mantenham uma relação dialógica com os outros. O reconhecimento da intertextualidade questiona qualquer alegação de que determinado texto, ou qualquer outra forma de expressão cultural, é original e independente. Cada texto necessariamente plagia outros textos em alguma extensão. Tom Zé usa o termo "arrastão" para descrever as implicações sociais e culturais da intertextualidade no contexto brasileiro. Normalmente utilizada para descrever um tipo de rede usada por pescadores, a palavra "arrastão" entrou no vocabulário coloquial brasileiro para se referir a um tumulto coordenado em local público lotado, permitindo que os ladrões fujam com dinheiro e objetos de valor. No início da década de 1990, os arrastões provocaram pânico e fúria entre moradores da zona sul do Rio e contribuíram para a repressão das "galeras" da classe trabalhadora constituídas predominantemente de negros e associadas aos movimentos funk e hip-hop, acusadas de provocar confusão nas praias.[8]

Nas músicas e no texto de capa de Tom Zé, o arrastão atua como uma metáfora multifacetada para as práticas musicais que utilizam a paródia, o pastiche e outras formas de citação para gerar uma "estética do plágio". Ele propõe o conceito como uma estratégia para reciclar "o lixo civilizado sonoro" coletado dos ruídos do dia a dia na vida contemporânea. Essa elaboração lembra a estética do lixo dos cineastas *underground* pós-tropicalistas dos anos 60 e 70 que reciclavam o material e os detritos simbólicos de uma sociedade industrial periférica (Stam, 1999, p.69-70). Como estratégia para a produção literária e cultural, o arrastão também atualiza a antropofagia de Oswald de Andrade, que recomendava a canibalização da herança cultural dos co-

---

8 Para uma discussão sobre os arrastões e a contracultura funk no Rio de Janeiro, veja Yúdice, *A funkificação do Rio.*

lonizadores. No entanto, Tom Zé se distanciava da estética antropofágica: "Eu nunca li Oswald de Andrade... Eu não ouvi o pop internacional dos anos 60 porque não tive tempo quando estudava na Faculdade de Música da Universidade da Bahia. Eu não pude me envolver no ócio antropofágico. Trago diferentes elementos das músicas e danças do meu mundo primitivo, junto com a Escola de Viena; tudo depois de Schoenberg: atonalidade, polifonia, dodecafonismo, serialismo".[9] Apesar de grande parte da obra de Tom Zé sugerir uma tendência similar à antropofagia oswaldiana-tropicalista, seu quadro de referência é uma tradição secular de apropriação inter-textual musical e literária.

Como no álbum anterior, cada música faz referências musicais ou discursivas a diversos textos, composições, estilos e gêneros. O material apropriado ou "plagiado" do álbum forma uma densa rede de referências literárias e musicais multitemporais, incluindo Santo Agostinho, trovadores provençais, Padre Antônio Vieira, Gustave Flaubert, Alfred Nobel, Jorge Luis Borges, os poetas concretos de São Paulo, Tchaikovsky, Rimsky-Korsakov, a música do Renascimento italiano, pagode, música caipira, acordeonistas nordestinos e Gilberto Gil e Caetano Veloso. Na faixa de abertura, "Gene", ele chegou a "plagiar" alguns versos de "Escolinha de robô", uma de suas próprias músicas do início dos anos 70. Ao final de sua declaração que soa como um manifesto, ele proclama o fim da era dos compositores e o início da "era do plagicombinador".

Fundamental para o projeto de Tom Zé é a figura do androide, um autômato humanoide explorado como mão de obra barata, regrado e controlado pelo capital transnacional. Conforme a formulação do artista, essas entidades, fabricadas com o propósito exclusivo de produzir excedente de capital, têm "defeitos de fabricação". Ele explica: "O Terceiro Mundo tem uma crescente população. A maioria se transforma em uma espécie de "androides", quase sempre analfabetos e com escassa especialização para o trabalho... Mas revelam alguns 'defeitos' inatos como criar, pensar, dançar, sonhar; esses são defeitos muitos perigosos para o Patrão Primeiro Mundo". A capacidade de agir é restaurada por meio de práticas culturais do cotidiano, apesar de, em última instância, estas poderem ser commodificadas para o consumo de massa.

O melhor exemplo da estética do arrastão de Tom Zé é a música "Esteticar", que, no refrão, faz referência à teoria por trás do projeto como um todo: "Se segura milord aí / que o mulato baião / (tá se blacktaiando) / smoka-se todo /

---

9 Comunicação do autor com Tom Zé. 4 nov. 1998.

na estética do arrastão". A música é um baião modificado que dá voz a um migrante nordestino pobre em São Paulo questionando os preconceitos dos ricos e poderosos: "Pensa que eu sou um androide candango doido / algum mamulengo molenga mongo / mero mameluco da cuca lelé". Ao se referir aos "mamelucos", termo arcaico usado para descrever pessoas de ascendência africana e indígena, o artista chama atenção para a discriminação contra os migrantes nordestinos, especialmente os de pele escura, que moram em uma cidade dominada por brasileiros de origem europeia.

Tom Zé elaborou ainda mais o conceito do arrastão no CD *Jogos de armar* (2000), um disco que propunha um conjunto de práticas baseadas na teoria esboçada em *Fabrication Defect*. Cada música foi concebida explicitamente como uma composição a ser plagiada por outros músicos. Ele vinha com um CD auxiliar com faixas dos fragmentos constitutivos de cada uma das músicas para facilitar a apropriação dos ritmos, melodias e coros vocais para outras composições. Muitos desses sons foram produzidos usando versões reconstruídas dos instrumentos originais de 1978, como o HertZé. Várias letras chegam a conter versos para possível colaboração, que não foram utilizados na versão gravada. De acordo com o texto de capa, cada faixa é "um tipo de canção-módulo, aberta a inúmeras versões, receptiva à interferência de amadores ou profissionais, proporcionando jogos de armar nos quais qualquer interessado possa fazer, por si mesmo". Como cada música já foi concebida como um arrastão plagiado de outra música ou estilo, o CD buscava dar início a uma cadeia intertextual colaborativa de citações musicais.[10]

Antes mesmo de gravar *Jogos de armar,* a música de Tom Zé já era citada ou *sampled* por músicos nos Estados Unidos. Logo após o lançamento de *Fabrication Defect*, várias de suas composições foram gravadas por importantes personalidades do cenário musical experimental, como John McIntire, da banda Tortoise, Sean Lennon e Yuka Honda, da Cibbo Mato, e os High Llamas. O álbum remixado *Postmodern Platos* (1999) se mostrou particularmente adequado ao projeto de Tom Zé, que promovia a estética do "plagicombinador". Essa colaboração coincidiu com a moda tropicalista do final da década de 1990 nos Estados Unidos.

---

10 Para uma discussão mais extensa de *Jogos de armar,* de Tom Zé, veja meu artigo Tom Zé põe dinamite nos pés do século, *O Estado de São Paulo,* 25 fev. 2001.

TROPICALISTA INTERNACIONAL

Diferentemente da bossa-nova, a música da Tropicália não chegou a receber muita atenção fora do Brasil no final dos anos 60.[11] Há várias razões possíveis para explicar isso. Em primeiro lugar, a música tropicalista apresentava pouca semelhança com a bossa--nova e, dessa forma, foi ignorada por entusiastas europeus e norte-americanos do jazz, os principais consumidores da música brasileira no exterior. Em segundo lugar, o movimento coincidiu com uma explosão do rock anglo-americano ligado a vibrantes movimentos da contracultura concentrados quase exclusivamente em contextos nacionais. Em terceiro lugar, o mercado para a música popular internacional era extremamente pequeno na década de 1960. O fenômeno da *world music* levaria ainda vinte anos para surgir. Mesmo com o surgimento da *world music* como uma categoria de marketing no final dos anos 80, a Tropicália era um candidato improvável para ter sucesso internacional já que muitas vezes não seguia os estereótipos dos países dominantes em relação a como a música popular de outros países deveria soar. A Tropicália era um movimento cultural basicamente concentrado no contexto nacional. Os tropicalistas não tinham interesse em desenvolver a carreira fora do Brasil, o que muitos músicos da bossa-nova estavam fazendo na época. Caetano e Gil trabalharam na Inglaterra no início da década de 1970, mas conquistaram um sucesso popular limitado e voltaram ao Brasil assim que as condições permitiram. Apesar de eventualmente conquistar alguns fãs no exterior, a experiência tropicalista dos anos 60 nunca foi uma referência para ouvintes estrangeiros, como a bossa-nova foi para os fãs internacionais de Tom Jobim e João Gilberto.

Essa situação mudou na década de 1990. Em 1989, o selo Luaka Bop, de David Byrne, lançou *Beleza tropical,* uma compilação de música popular brasileira que fez muito sucesso apresentando Caetano, Gil e Gal Costa e contendo um texto de capa que descrevia o movimento tropicalista. O lançamento em 1990 do álbum *Tom Zé: Massive Hits,* também pela Luaka Bop, provocou uma mudança em como a música brasileira era ouvida no exterior. Para muitos, essa coletânea de músicas gravadas na década de 1970 chegou com a força de uma revelação. Era música popular brasileira "de vanguarda" que não soava como a MPB pós-bossa-nova nem se enquadrava dentro do esquema *world music,* apesar de ser premiada nessa categoria pela revista *Billboard.* A música de Tom Zé sugeria mais afinidades com a música experimental de Nova York. O próprio

---

11 Christopher Dunn, Gringos amantes do Brasil, *Revista Bravo,* agosto, 2007.

David Byrne declarou sua irmandade artística com o ex-tropicalista. O texto de capa da compilação subsequente de Tom Zé também o apresentava como um veterano do movimento tropicalista. Em 1991, Caetano Veloso publicou um longo artigo no *New York Times* sobre Carmen Miranda, explicando a importância da artista para os tropicalistas. Foi esse artigo que levou um editor de Nova York a convencer Caetano a escrever sua biografia tropicalista, *Verdade tropical*. Na época, referências à Tropicália eram comuns em textos jornalísticos sobre a música brasileira nos Estados Unidos.[12]

Em algum ponto em meados da década de 1990, discos tropicalistas do final dos anos 60 começaram a circular entre músicos, críticos e especialistas norte-americanos em busca de novas tendências na música popular.[13] Com o sucesso comercial do rock pós-punk (i.e., o "grunge" de Seattle) no início dos anos 90, a categoria "rock alternativo" parecia cada vez mais obsoleta. Muitos artistas do rock se voltaram para o rap e o hip-hop em busca de inspiração, incorporando em sua música pesadas batidas funk, *turntable scratching* e produção digital. Outros grupos desenvolveram uma estética pós-moderna baseada em pastiches irônicos de uma ampla variedade musical, incluindo trilha sonora de filmes, música lounge e outras obras obscuras descobertas na história da música popular do mundo todo (Harvey, 2001).

Com o desenvolvimento das tendências pós-rock na música popular, as condições eram propícias para que a música tropicalista fosse recebida com entusiasmo fora do Brasil. No final da década de 1990, a maioria dos álbuns tropicalistas tinha sido relançada em CD e era facilmente encontrada nos Estados Unidos e na Europa.[14] Um crítico do *New York Times* observou: "Dizem que algumas das bandas de rock *underground* mais reverenciadas no momento, particularmente o Stereolab e o

---

12 Veja, por exemplo, Julian Dibbell, A Brazil Classic, *Spin,* jul. 1989, e Notes on Carmen, *The Village Voice,* 29 out. 1991; Chris McGowan, A Nation of Cannibals, *The Beat* 10, n.4 (1991); e meus artigos It's Forbidden to Forbid, *Americas,* set.-out. 1993, e Taking Their Cues from the Cannibals, *Rhythm Music Magazine* 3, n.9 (1994). Encontrei apenas uma referência à projeção internacional da Tropicália no ano de sua ocorrência. A edição de julho de 1968 da revista britânica *World Pop News* apresentou um artigo de capa sobre o movimento intitulado Tropicália: The New Brazilian Wave!

13 Várias bandas americanas descobriram a música tropicalista anos antes de o movimento atrair tanta atenção da imprensa dos Estados Unidos. Desde o final dos anos 80, a Birthday, banda de art-rock de Boston, já tinha gravado uma versão bem-humorada e nonsense de "2001", mas que nunca foi lançada comercialmente. O grupo de Los Angeles Tater Totz apresentou uma versão de "Batmacumba" no álbum de 1988, *Alien Sleestacks from Brazil*. Kurt Cobain, da banda Nirvana, se tornou fã de Os Mutantes depois de obter alguns de seus discos durante uma viagem ao Brasil em 1993.

14 A Polygram lançou uma coleção de cinco discos incluindo álbuns tropicalistas de Veloso, Gil, Gal Costa e Os Mutantes, além do álbum-conceito coletivo de 1968. A gravadora Omplatten relançou os três primeiros discos de Os Mutantes. Em 1999, a gravadora Luaka Bop também lançou uma compilação de Os Mutantes, *Everything is Possible!,* o primeiro da série *World Psychedelic Classics*. No mesmo ano, a Hip-O Records (um selo da Universal) produziu uma coleção, *Tropicália Essentials*.

Gilberto Gil se apresenta em Nova Orleans, 1999 (Christopher Dunn)

Tortoise, adoram esses discos; elas falam sobre eles em entrevistas para os fãs".[15] Os tropicalistas foram aclamados como precursores de grupos dos países dominantes em busca de uma estética baseada na apropriação irônica, na justaposição e na reciclagem de material datado de diversas fontes. Músicos e críticos expressavam um sentimento de "finalmente alcançar" o tipo de música recombinante e híbrida desenvolvida no Brasil, mais de trinta anos atrás.[16] A Tropicália se tornou a última encarnação da "poesia de exportação" de Oswald de Andrade.

Talvez os melhores exemplos do tipo de canibalização irônica típica da Tropicália podem ser ouvidos nos discos d'Os Mutantes. O som da banda se inspirava indiscriminadamente em rock psicadélico, blues-rock, iê-iê-iê, os Beatles, bossa-nova, pop francês e italiano, música latina e uma série de formas brasileiras. Em muitas de suas

---

15 Ben Ratliff, From Brazil, the Echoes of a Modernist Revolt, *New York Times*, 17 maio de 1998. Para uma análise mais extensa da Tropicália incluindo uma discografia anotada, veja Ben Ratliff, The Primer: Tropicália and Beyond, *The Wire* 184 (jun. 1999).
16 Gerald Marzorati, Tropicália, Agora!, *New York Times Magazine*, 25 abr. 1999.

músicas, eles brincavam de forma divertida com "erros de tradução" estranhos e engraçados do pop metropolitano, transmitindo afeição e um irônico distanciamento em relação ao rock anglo-americano (Harvey, 2001). Um dos iconoclastas pop mais aclamados da década de 1990, Beck expressou surpresa após ouvir pela primeira vez Os Mutantes, com suas misturas baseadas na seleção e combinação que fora praticada pela banda trinta anos antes da estética de colagem do próprio Beck.[17] Em 1998, ele lançou um álbum intitulado *Mutations,* apresentando o *single* do rádio "Tropicália", um samba que lembra "Aquele abraço", de Gil, e os soul-sambas de Jorge Ben do início dos anos 70. A letra da música também sugeria a poética alegórica de "Tropicália" (1968), de Caetano, mas de um ponto de vista decisivamente dominante. "Tropicália" de Beck é contada na perspectiva de um expatriado desencantado, vivendo em um lugar que "reeks of tropical charms... where tourists snore and decay" (fede a encantos tropicais... onde os turistas roncam e se decompõem).

A onda tropicalista nos Estados Unidos atingiu o ápice no verão de 1999. Várias revistas convencionais e especializadas apresentaram artigos sobre o movimento e as atividades dos principais participantes. Tom Zé, Caetano Veloso e Gilberto Gil se apresentaram em vários locais nos Estados Unidos, onde atraíram grandes plateias e foram citados em resenhas altamente elogiosas em revistas de música e para o público geral. Caetano Veloso viajou em turnê com uma banda de doze pessoas com material do disco gravado em estúdio *Livro* e o álbum ao vivo *Prenda minha.* Gilberto Gil e sua banda apresentaram músicas do CD duplo de 1997, *Quanta,* e do álbum ao vivo, *Quanta Live.* Enquanto isso, Tom Zé se apresentava em várias cidades norte-americanas com a banda Tortoise, um grupo instrumental de Chicago.

No verão de 2000, o grupo Portastatic (um projeto paralelo de Mac McCaughan, da banda Superchunk) lançou um *extended play* (EP) de músicas brasileiras, *De mel, de melão,* apresentando *covers* inventivos de "Baby" e "Objeto não identificado", dois clássicos de Caetano Veloso. McCaughan explicou no texto de capa que se inspirou a gravar as músicas porque "a energia, a emoção e as melodias puras concebidas pelos artistas originais são universalmente empolgantes". O disco foi bem recebido pelos entusiastas da Tropicália nos Estados Unidos. Um crítico musical expressou na internet extrema alegria, aparentemente com uma pitada de ironia: "Ainda bem que existe a globalização. No delicioso novo EP da Portastatic, Mac McCaughan se inspira na nova onda da Tropicália brasileira do final dos anos 60, que, na época, se inspirava nos

---

17 Jackson Griffith, Boogaloo with Beck, *Pulse!* 188 (dez. 1999), p.81; Eric Gladstone, Música, Mutato, Muto, Mutante, Mutatio, *Raygun* 63 (jan. 1999), p.42-9.

movimentos acid e pop dos Estados Unidos e da Inglaterra. E agora, trinta anos mais tarde, garotos universitários conseguem interpretar as letras com a ajuda de ferramentas de tradução on-line em um cibercafé, enquanto comem rosquinhas".[18] Os críticos brasileiros acompanharam com interesse a onda da Tropicália entre roqueiros dos Estados Unidos e da Europa. Escrevendo para a *Folha de São Paulo,* Hermano Vianna cautelosamente afirmou que "o lugar da cultura brasileira no 'concerto das nações' já sofreu um pequeno, mas decisivo, deslocamento com o tal 'culto' do tropicalismo."[19] Após conversar sobre a tendência com um observador norte-americano, Vianna concluiu que a Tropicália não foi recebida no exterior como uma curiosidade exótica da *world musico.* Na verdade, o movimento foi "saudado quase como se fosse uma escola de vanguarda dentro da já longa história do rock ou da música pop internacional". No entanto, a interpretação dos países dominantes em relação à Tropicália como um movimento precursor da estética musical pós-moderna global muitas vezes ignora a intenção crucial do movimento e seu impacto no Brasil.

⬦⬦⬦⬦⬦⬦⬦⬦⬦⬦⬦⬦

TROPICÁLIA E MÚSICA BRASILEIRA CONTEMPORÂNEA

Tom Zé observou que o legado da Tropicália tem mais relação com a "arquitetura" da criação musical do que com a imitação do estilo. Com "arquitetura", ele se referia à forma na qual os artistas se utilizam de influências locais e internacionais, novas tecnologias de produção e mecanismos de difusão de mídia em qualquer dado momento histórico. Referindo-se ao gesto vanguardista que concluiu formalmente o movimento no final de 1968, Tom Zé prossegue: "Não se pode imitar as coisas do tropicalismo, elas já se esvaziaram" (Dunn, 1994, p.120). Qualquer revitalização formal do "som universal" do final da década de 1960 inevitavelmente seria sobrecarregada com um kitsch nostálgico. Nos últimos dez anos, contudo, a experiência tropicalista tem sido renovada, assimilada e rearticulada de forma surpreendente.

Em 1992, o sucesso "Alegria, alegria", de Caetano, foi inesperadamente retomado como música de protesto pela juventude urbana da classe média que saiu às ruas para denunciar um escândalo de corrupção envolvendo Fernando Collor de Melo. A música de Caetano foi escolhida para ser o tema para *Anos rebeldes,* uma popular minissérie

---

18 Veja a resenha de Brent DiCrescenzo sobre De mel, de melão na revista on-line *Pitchfork* (pitchforkmedia.com).

19 Hermano Vianna, A epifania tropicalista, *Folha de São Paulo,* Mais!, 19 set. 1999.

Brutalidade jardim

exibida durante seis semanas pela TV Globo. Escrita por Gilberto Braga, *Anos rebeldes* foi a primeira telenovela a dramatizar os conflitos políticos e culturais sob o governo militar desde o golpe em 1964 até 1979, quando a Lei da Anistia permitiu o retorno dos exilados políticos. Vários episódios abordavam o clima de opressão em 1968, mostrando imagens de arquivo de manifestações populares no Rio de Janeiro e os confrontos com batalhões da polícia. A série retratava os acalorados debates em torno da MPB por meio de personagens que discutiam os méritos relativos da música de protesto, do rock e da MPB, com referência a Caetano Veloso, Chico Buarque e Geraldo Vandré. Em uma cena, o protagonista e a namorada discutiam tempestuosamente sobre os resultados do Festival Internacional da Canção de 1968, no qual Tom Jobim e Chico Buarque foram vaiados pela plateia depois de vencer o festival, apesar da enorme torcida popular pelo hino de resistência de Geraldo Vandré, "Caminhando".

A popularidade da série provavelmente foi um resultado da representação da luta política contra o autoritarismo em uma época na qual a nação estava decepcionada com a Nova República e enojada com um escândalo de corrupção (Xavier, 1998, p.193). *Anos rebeldes* também apresentou aos jovens da classe média brasileira os debates políticos e culturais que haviam empolgado a geração de seus pais. Muitos jovens manifestantes se inspiraram na série quando invadiram as ruas para exigir o impeachment de Collor, ocorrido vários meses após a transmissão da série. As marchas de protesto incluíram um sistema de som itinerante tocando repetidamente "Alegria, alegria", que os manifestantes acompanhavam cantando. Em uma irônica reviravolta, o primeiro sucesso tropicalista de Caetano sobre um *flaneur* solitário pouco interessado na política acabou ressurgindo como um hino de protesto coletivo, 25 anos mais tarde.

Ao longo dos anos 90, a Tropicália foi tema de várias celebrações públicas, especialmente durante o carnaval. Em 1994, a famosa escola de samba da Mangueira prestou uma homenagem aos Doces Bárbaros (Gil, Caetano, Gal Costa e Maria Bethânia), os quatro mais consagrados artistas baianos que, na maior parte do tempo, moravam no Rio de Janeiro desde a década de 1970. O samba-enredo de 1994 da Mangueira, "Atrás da Verde-e-Rosa só não vai quem já morreu", foi uma homenagem a "Atrás do trio elétrico", de Caetano, composta em 1969, quando o artista estava em prisão domiciliar.[20] O samba também fazia referência a momentos fundamentais do início da carreira artística do grupo baiano, como as aclamadas apresentações de Bethânia em 1965 nos shows do Opinião, "Alegria, alegria", de Caetano, "Domingo no

---

20 Veloso mais tarde incluiu essa música em seu álbum ao vivo, *Prenda minha* (1998).

parque", de Gil, e o sucesso de 1969 de Gal, "Meu nome é Gal". Caetano retribuiu o gesto vários anos mais tarde em uma música de seu álbum *Livro* (1997), que proclamava que "a Mangueira é onde o Rio é mais baiano".

O bloco afro Olodum, de Salvador, também celebrou a Tropicália e seu legado no carnaval baiano de 1994. Combinando crítica social com um apelo pop, o Olodum ganhou fama nacional e internacional no final dos anos 80 e início dos anos 90 com suas fusões percussivas de samba, reggae e outros ritmos afro-caribenhos. Nos anos 80, o grupo surgiu como um importante defensor da afirmação cultural e da política negra. No início dos anos 90, o Olodum alterou seu formato acrescentando instrumentos elétricos à sua bateria, em uma tentativa de concorrer com o mercado pop local. O grupo continuou a apresentar e gravar músicas de protesto político e racial, mas também expandiu seus temas. Apesar de grande parte das músicas da década de 1980 se referir às histórias e aos heróis das lutas negras no Brasil e na África, o sucesso de 1994, "Alegria geral" (uma alusão a "Alegria, alegria" e a "Geleia geral"), proclamava abertamente: "Olodum tá hippie / Olodum tá pop / Ola dum tá reggae / Olodum tá rock! Olodum pirou de vez". Outra música do mesmo álbum, *O movimento,* abordava a modernização tecnológica de dois famosos terreiros do candomblé, muitas vezes associado à tradição africana: "Parabólicas pro Gantuá / computadores no Opó Afonjá / tropicalistas poetas de luz". O Olodum escolheu o legado da Tropicália como plataforma para salientar a modernidade e a vitalidade da cultura afro-baiana. A virada tropicalista na música e no discurso do Olodum teve resultados ambíguos. Para alguns críticos, isso prejudicou o posicionamento do grupo como a principal voz da consciência negra na Bahia. Por outro lado, a manobra também permitiu que o grupo transmitisse sua mensagem a um público mais amplo nos mercados pop local e nacional (veja Guerreiro, 2000, p.165-7).

Como descrito nos parágrafos de abertura deste livro, a badalação comemorativa ao redor da Tropicália no Brasil atingiu o auge em 1998, no 30º aniversário do movimento. Em conjunto com as atividades do carnaval, a prefeitura e a Bahiatursa de Salvador organizaram um evento comemorativo, "30 anos de Tropicália", envolvendo mostras de artes visuais, leituras dramatizadas e palestras no Museu de Arte Moderna da Bahia.[21] Artistas e críticos afirmaram para a imprensa que a Tropicália exerceu um profundo impacto sobre o carnaval contemporâneo da Bahia, com trios elétricos tocando de tudo, desde frevo até hard rock, e blocos afros apresentando novos

---

21 Luís Lasserre, Tropicalismo: Banquete pós-antropofágico, *A Tarde,* 12 fev. 1998.

ritmos híbridos, como o samba-reggae.[22] Caetano afirmou que o novo carnaval da Bahia, "eletrificado, rockificado, cubanizado, jamaicanizado, popificado", se originou da experiência tropicalista em oposição ao carnaval do Rio de Janeiro, que ainda é dominado pelas escolas de samba (Veloso, 1997, p.50). O carnaval tropicalista resultou na gravação de novas versões de clássicos tropicalistas por blocos afros e bandas pop da chamada "axé music".[23] Durante o carnaval, grupos de axé e grupos de percussão percorriam a cidade tocando músicas tropicalistas. Gil comandou um trio elétrico especial (apelidado de "Trio Eletrônico") com convidados como Milton Nascimento, Djavan, Elba Ramalho, Carlinhos Brown e a principal vocalista feminina do movimento tropicalista, Gal Costa. Enquanto Gil, Caetano e Gal apresentavam seus sucessos do período tropicalista, as celebridades que tinham vindo para os festejos, como o renomado escritor Jorge Amado e o patriarca da política baiana, Antônio Carlos Magalhães, aplaudiam nos camarotes VIP.[24]

Como em qualquer celebração comemorativa ou retrospectiva, o carnaval da Tropicália tendeu a reduzir os contornos da memória cultural, transformando-a em ícones e estilos prontamente consumíveis, enquanto outros aspectos do movimento foram deixados de lado. As avenidas da cidade foram enfeitadas com imagens de *cartoon* de Caetano, Gil e Costa, grandes manequins de Carmen Miranda e símbolos kitsch da vida nos trópicos, envolvendo bananas e abacaxis. Referências a Tom Zé e outros tropicalistas foram lamentavelmente ausentes. O carnaval de 1998 tendeu a dar destaque às representações mais abertamente kitsch da "vida nos trópicos" que, no início de 1968, haviam sido objeto da sátira tropicalista. Todo um complexo conjunto de referências históricas foi resumido a representações festivas, em grande medida destituídas de distanciamento crítico.

A influência da Tropicália vai mais além das homenagens mencionadas acima. Diversos artistas aclamados que iriam surgir no cenário nacional na década de 1990 demonstram claras afinidades com o projeto tropicalista. A música popular brasileira dos anos 90 foi marcada pela nacionalização de algumas práticas musicais de origem exógena (como o rock, o reggae, o rap e o funk) e pelo surgimento de novos híbridos combinando

---

22 Baby Consuelo, ex-vocalista dos Novos Baianos e uma eterna favorita do carnaval baiano, observou que "o tropicalismo é a raiz de tudo que se vê hoje no carnaval de Salvador". Veja Christiane Gonzalez, Tropicalistas derrubam axé music em Salvador, *Folha de São Paulo*, 24 fev. 1998.

23 Essa gravação, *Tropicália: 30 anos,* apresentou *Batmacumba,* interpretada pelo Ilê Aiyê, *Domingo no parque,* interpretada por Margareth Menezes, e *Alegria, alegria,* interpretada por Daniela Mercury.

24 A memorável celebração da Tropicália, *A Tarde,* 25 fev. 1998.

gêneros de fontes nacionais e internacionais. Isso não representa uma novidade, já que a apropriação de estilos estrangeiros tem sido fundamental para a gênese da música popular brasileira desde o século XIX. Como demonstrou Christina Magaldi, a novidade reside na forma como esses novos estilos musicais se posicionaram em relação às noções essencialistas de "cultura nacional". Segundo Magaldi, a brasilidade deixou de exercer um papel central na produção e no consumo da música popular e formas musicais exógenas foram "utilizadas e reinterpretadas no cenário brasileiro para articular as identidades sociais e érnicas locais" (Magaldi, 1999, p.310-1). Gêneros como o rock, o rap e o reggae foram "abrasileirados" de forma a ser vivenciados como um repertório mais amplo de práticas reconhecidas e aceitas como brasileiras.

Grande parte da música popular produzida hoje apresenta marcas da Tropicália e da musicalidade da contracultura do início da década de 1970. Músicas desse período foram reinterpretadas por artistas como Marisa Monte, Daúde e Andrea Marquee. Outros cantores e compositores se inspiraram no que Tom Zé chama de "arquitetura" da Tropicália para produzir novos experimentos na música pop, envolvendo a poética e as técnicas musicais vanguardistas. Arnaldo Antunes, ex-líder da banda de rock Titãs, concentrou-se na convergência da música brasileira com a poesia concreta, explorada pela primeira vez pelos tropicalistas. Carlinhos Brown, a cosmopolita estrela pop da Bahia, desenvolveu uma estética decisivamente híbrida, inspirada em várias formas musicais do Nordeste do Brasil, bem como o reggae, o funk e a música dançante tecno. Outro jovem músico pop baiano, Lucas Santtana, fez uma homenagem explícita aos tropicalistas em seu álbum de estreia, *EletroBenDodô*. O disco começa com uma amostra digital de "Tropicália", de Caetano, com sobreposições de guitarra elétrica distorcida e um samba tocado no pandeiro.

Os melhores exemplos de música contemporânea inspirada nas estratégias da Tropicália são provenientes do Recife, no Nordeste do Brasil. Nos anos 90, Recife deu origem ao mangue beat, um movimento musical que combinava as formas locais do baião, da embolada e do maracatu com elementos de heavy metal, rap, funk e reggae. Antes da morte precoce de seu líder, a banda mais aclamada do movimento mangue beat foi o grupo multirracial Chico Science & Nação Zumbi. O texto de capa do primeiro álbum do grupo, *Da lama ao caos,* continha um divertido manifesto sugerindo afinidades com a Tropicália, a contracultura dos anos 70 e a música afrodiaspórica: "Os mangueboys e manguegirls são indivíduos interessados em quadrinhos, TV interativa, antipsiquiatra, Bezerra da Silva, hip-hop, midiotia, artismo, música de rua, John Coltrane, acaso, sexo não virtual, conflitos étnicos e todos os avanços da química aplicada ao terreno da alteração e expansão da consciência". O segundo álbum da banda, *Afrociberdélia,* incluiu *samplings* de discos tropicalistas, vocais de Gilberto Gil e uma versão do hino pós-tropicalista de Jorge Mautner, de meados da década de 1970, "Maracatu atômico", que fundia o ritmo maracatu com música dançante drum and bass.

Hermano Vianna se referiu à música de Chico Science & Nação Zumbi como "uma versão pós-moderna da obra de seu conterrâneo Gilberto Freyre" (Vianna, 1995, p.144). Com efeito, uma música desse álbum, "Etnia", traça teorias sobre a produção da música híbrida que reflete sobre a identidade cultura e racial mestiça do Brasil e a celebra: "Somos todos juntos uma miscigenação / e não podemos fugir da nossa etnia / índios, brancos, negros e mestiços / nada de errado em seus princípios". A música celebra a identidade nacional mestiça e confirma a unidade cultural de uma nação heterogênea. No entanto, ela também incorpora formas híbridas transnacionais ("é hip-hop na minha embolada") que não se restringem a nenhum nacionalismo cultural de definição estreita. O nome da banda, "Nação Zumbi", sugere formas alternativas de nacionalismo com base na experiência de Palmares, o quilombo de escravos africanos foragidos, índios e brancos marginalizados que, no século XVII, viveram juntos sob a liderança de Zumbi, seu maior guerreiro negro. A banda adotou uma forma democrática e utópica de "brasilidade", com base na história das lutas afro-brasileiras.

Os artistas que conquistaram o reconhecimento do público e da crítica na década de 1990 sem dúvida também conseguiram se distinguir dos tropicalistas em termos de estilo, repertório, utilizações da tecnologia e apropriações de material musical internacional. Chico César, cantor e compositor de sucesso, chegou a alegar que os tropicalistas tiveram um efeito sufocante sobre a sua geração de artistas. Alguns nomes da MPB surgidos na década de 1960 de fato mantiveram um nível extraordinário de influência que vai muito além da popularidade e do prestígio cultural dos artistas da mesma geração dos Estados Unidos e da Europa. Chico César sugeriu que os tropicalistas se venderam aos interesses comerciais e deixaram de produzir novidades. Falando para um público norte-americano no Festival de Jazz de Nova Orleans, ele alfinetou: "Hoje, Caetano Veloso é um pop star. Gilberto Gil é apenas um grande artista. E Gal Costa virou uma senhora que se dedica a cantar bossa-nova. Até Tom Zé, que viveu durante anos no semianonimato, virou um *darling* da mídia brasileira depois de receber a bênção de David Byrne. O tropicalismo já virou stablishment, virou parte do sistema".[25] Considerando o fato de que Chico César também usufruiu um sucesso considerável como artista pop tanto no Brasil como no exterior, esse

---

25 Veja Carlos Calado, Chico César esquenta debate sobre Tropicália, CliqueMusic (cliquemusic.com.br), 5 maio 2000.

ressentimento parece mal colocado, especialmente em relação a Tom Zé, que ainda permanece à margem da música popular no Brasil.

A publicação da autobiografia de Caetano Veloso, *Verdade tropical,* em 1997, provocou outra rodada de discussões em relação ao movimento, seu legado e sua relevância contemporânea. A *Folha de São Paulo* dedicou uma seção inteira no caderno dominical de artes ao movimento tropicalista e à interpretação de Caetano. A maioria dos críticos considerou a biografia uma grande contribuição às intermináveis discussões em relação à modernidade no Brasil, sua identidade nacional, música popular e produção cultural sob o governo autoritário. No entanto, outros a criticaram como uma narrativa pretensiosa e autoelogiosa, escrita para consolidar a posição hegemônica de Caetano na cultura brasileira. Em grande contraste com sua análise entusiasta dos tropicalistas em 1977, Gilberto Vasconcelos comentou com sarcasmo que Caetano escreveu a biografia "de olho numa vaga na Academia Brasileira de Letras".[26] É improvável que Caetano tivesse a Academia em mente quando escreveu sua autobiografia, mas, ao mesmo tempo, cabe perguntar: Por que não? Considerando a complexidade e a variedade da obra poética de Caetano, por que não nomeá-lo para a instituição literária de maior prestígio do Brasil? Com quase cinquenta anos de carreira artística e seis como ministro da Cultura no governo Lula, não caberia a Gilberto Gil uma cadeira na instituição que satirizou na capa de seu álbum de 1968?

Liv Sovik argumenta que a Tropicália é um "pop canônico", cujas estratégias formais se tornaram uma prática-padrão nas artes brasileiras. As misturas ecléticas e pastiches de elementos locais e globais, além de justaposições líricas de realidades sociais contraditórias, perderam a eficácia que tinham na década de 1960. O debate ao redor da Tropicália tornou-se "uma forma de falar sobre outras coisas" (Sovik, 2000, p.114-5). No fim da década de 1960, a Tropicália era a pedra de toque para a controvérsia em relação à cultura e à política sob o governo militar. Os debates da década de 1990 sobre o movimento tendem a dizer respeito à globalização e seu impacto sobre a cultura, a economia e a política brasileira. No passado, tanto Caetano como Gil apoiaram publicamente o então presidente do Brasil Fernando Henrique Cardoso (FHC), um ex-sociólogo reconhecido por seus estudos da teoria da dependência e que se tornou defensor do liberalismo de livre mercado. Em uma entrevista, FHC elogiou a dupla tropicalista por suas qualidades "universais" e caracterizou Chico Buarque, que manteve o leal apoio da oposição de esquerda, como um artista "convencional" da "elite tradicional".[27]

---

26 Gilberto Vasconcellos, Sem mentira não se vive, *Folha de São Paulo,* Mais!, 2 nov. 1997.
27 Veja Sinceridade Reveladora, *Revista Época* 14 (24 ago. 1998). *How to Organize a Movement,* p.109.

Os críticos de Caetano acusaram-no de ser cúmplice da ordem neoliberal pós-ditatorial durante a época de FHC. Vasconcellos diz que o sucesso comercial de Caetano e a aprovação da sua crítica foram legados do governo militar: "Depois do proprietário da Rede Globo e do atual presidente da República, o cantor tropicalista talvez tenha sido o grande beneficiado do golpe de 64". Vasconcellos ecoa a crítica de José Ramos Tinhorão, quando diz que a Tropicália era a vanguarda cultural do regime militar. Apesar de Caetano de fato ter tido uma carreira de sucesso desde a década de 1960, sua situação atual não é resultado da modernização conservadora sob o governo militar nem da transição neoliberal conduzida por Collor e FHC. Como muitos outros artistas da MPB, Caetano certamente se beneficiou da expansão institucional da indústria cultural desde a década de 1960, mas ele também expressou sistematicamente críticas incisivas à sociedade brasileira contemporânea.

Caetano é sem dúvida um artista consagrado no Brasil e, como diz Sovik, a Tropicália de fato entrou para o cânone da cultura brasileira. Em um levantamento de 1999 realizado pela revista brasileira *IstoÉ*, contudo, Chico Buarque foi eleito "O Brasileiro do Século" no mundo da música, por um júri de críticos e músicos.[28] Foi seguido de Tom Jobim, Vinicius de Moraes e Milton Nascimento. Os principais articuladores da Tropicália, Caetano Veloso e Gilberto Gil, foram eleitos respectivamente em quinto e décimo lugares. A Tropicália pode ser canônica, mas não há um consenso em relação a seu legado na cultura brasileira.

◇◇◇◇◇◇◇◇◇◇◇◇◇◇◇◇◇

TROPICÁLIA E BRASILIDADE

O projeto tropicalista manifestou-se durante um período de intensos conflitos políticos e culturais no Brasil, criticando simultaneamente o governo militar e o projeto nacional-popular da esquerda brasileira. O posicionamento ambíguo dos tropicalistas gerou uma situação curiosa na qual eles foram vigorosamente criticados pela esquerda e também perseguidos pelo regime militar como subversivos. A Tropicália contribuiu igualmente para debates sobre a questão da modernidade e nacionalidade brasileiras, teorizadas e representadas nas várias correntes e fases do Modernismo, um projeto orientado tanto pela experimentação formal como pelo nacionalismo cultural.

Se pudéssemos apontar o início e o fim do Modernismo no Brasil, há razões convincentes para marcar seu início em 1922, quando o grupo modernista se consolidou,

---

28 Veja edição especial de *IstoÉ*, O brasileiro do século: música, mar. 1999.

Christopher Dunn

e seu término em 1968, com a Tropicália. Em sua análise do cinema, Ismail Xavier caracterizou a produção cultural do final dos anos 60 no Brasil como uma "situação de fronteira" marcando o "estágio final" do Modernismo e o limiar da "condição pós-moderna" no Brasil (Xavier, 1993, p.26). O movimento tropicalista se esquiva de qualquer tentativa de rotulá-lo como "modernista" ou "pós-modernista". Em seu questionamento sobre o nacionalismo populista, o envolvimento com a cultura de massa e a sociedade de consumo, além da adoção da estética pop e de uma iconografia kitsch, a Tropicália parece ser claramente pós-moderna. No entanto, o movimento tropicalista também deve muito ao projeto moderno de Oswald de Andrade e sua antropofagia cultural da década de 1920, ao vanguardismo internacional dos poetas concretistas dos anos 50 e, em certa medida, à cultura do protesto "revolucionário romântico" da década de 1960. A exigência de Caetano de "retomar a linha evolutiva" da música popular brasileira certamente sugere uma visão teleológica normalmente associada ao Modernismo. A experiência tropicalista sugere que as práticas e estratégias modernistas e pós-modernistas no Brasil com frequência atuam em séries contínuas e não como uma sucessão organizada de estágios ou condições.

As ambiguidades fundamentais do projeto tropicalista são particularmente notáveis em relação à "brasilidade", o discurso modernista para a identidade nacional. Nos anos 60, os tropicalistas criticaram e satirizaram os vários discursos de brasilidade, seja em sua vertente progressista "nacionalista-participante", seja na forma patriótica conservadora. A autobiografia de Caetano está repleta de referências depreciativas aos "nacionalistas" no Brasil durante a década de 1960. Contra os essencialismos do regime e sua oposição, os tropicalistas propunham uma alegoria contraditória e fragmentária do Brasil. Mais tarde, eles iriam adotar práticas contraculturais posicionadas contra as construções dominantes da "cultura nacional" ou à margem dessas construções. O envolvimento dos tropicalistas com o reggae, o soul, o funk, o hip-hop e a música dos blocos afro-baianos aliou-os aos fenômenos culturais que salientavam a especificidade da experiência afro--brasileira em um contexto de acentuada desigualdade racial. Algumas composições de Tom Zé apresentam ressonâncias similares na forma como o artista denuncia a discriminação racial e de classe contra os migrantes nordestinos em São Paulo.

Os tropicalistas, porém, também manifestaram um profundo comprometimento com a "tradição moderna" da cultura brasileira, demonstrando largo conhecimento da música popular brasileira, desde os anos dourados do rádio nas décadas de 1930 e 1940 até o hip-hop contemporâneo de São Paulo; da tradição do samba à onda do rock da década de 1980; da bossa-nova ao pop contemporâneo afro-baiano. Apesar de teorizar a pratica e "antropofagia" da cultura internacional, a Tropicália e seu legado não

Brutalidade jardim

poderiam se limitar a uma celebração da globalização. Segundo Marcelo Ridenti, os tropicalistas, especialmente Caetano, oscilaram como um pêndulo entre "o internacionalismo crítico", enfatizando um envolvimento produtivo com tendências culturais contemporâneas no exterior, e o "nacionalismo radical", concentrado na afirmação das culturas de expressão brasileiras (Ridenti, 2000, p.284-8). O movimento desse pêndulo marca os contornos do que Ridenti chama de "brasilidade tropicalista", uma reformulação do nacionalismo cultural com vistas à renovação estética, à expansão da mídia de massa e aos movimentos culturais na esfera internacional.

Nos últimos anos, as dimensões nacionalistas do projeto tropicalista tornaram-se mais evidentes, particularmente no discurso de Caetano Veloso. Ele chegou a expor um posicionamento sobre a raça e a nacionalidade que teria agradado Gilberto Freyre. Em 1999, ele disse a um jornalista norte-americano que "uma nação não pode existir sem um mito. Acho que Freyre foi muito importante para a elaboração do nosso melhor mito como nação, o mito da democracia racial".[29] Para muitos ativistas afro-brasileiros e críticos das relações raciais, essa afirmação provavelmente soou ingênua, se não perigosa. É possível argumentar que esse é o pior mito, justamente por ser cúmplice na manutenção da hegemonia da elite branca por meio da camuflagem da desigualdade racial. No entanto, Caetano se mostra ciente das implicações da adoção do mito da democracia racial e não demonstra interesse em manter o status quo racial. O posicionamento de Caetano é um gesto utópico compatível com suas ideias sobre a relação do Brasil com a modernidade ocidental e sua contribuição específica para esse projeto, na qualidade de nação americana multirracial e lusófona. Caetano escreveu que seu desejo de esboçar novas utopias compensa sua "participação na criação de um sentimento de desencanto" durante a época do movimento tropicalista. Segundo ele, "nunca canções disseram tão mal do Brasil quanto as canções tropicalistas, nem antes, nem depois".[30]

Como movimento cultural surgido durante um período de crise política e cultural, a Tropicália manteve uma relação ambígua, se não antagônica, com a brasilidade na forma como esta foi articulada nos anos 30. A própria noção de uma "cultura brasileira" unificada tornou-se indefensável, devido, em parte, à intervenção tropicalista. Ao questionar as noções predominantes de autenticidade, o movimento abriu novos direcionamentos na música popular e introduziu várias práticas contraculturais que dialogavam com fenômenos correlatos na esfera internacional. Com isso, a Tropicália ajudou a redefinir as prioridades culturais e políticas de uma geração que atingiu a maturidade em tempos sombrios.

---

29 Veja Ben Ratliff, The Fresh Prince of Brazil, *Spin* 15, n.6 (jun. 1999).
30 Veja o artigo de Veloso, Utopia 2, *Folha de São Paulo*, Mais!, 25 set. 1994.

Brutalidade jardim

BIBLIOGRAFIA

PERIÓDICOS

Bondinho (Rio de Janeiro)
Correio da Manhã (Rio de Janeiro)
O Estado de São Paulo
Folha de São Paulo
Jornal da Bahia (Salvador)
Jornal da Tarde (São Paulo)
Jornal de Brasília (Brasília)
Jornal do Brasil (Rio de Janeiro)
The New York Times (Nova York)
O Pasquim (Rio de Janeiro)
O Sol (Rio de Janeiro)
Suplemento Literário de Minas Gerais (Belo Horizonte)
A Tarde (Salvador)
Última Hora (edições no Rio de Janeiro e São Paulo)
The Village Voice (Nova York)

REVISTAS

Américas
The Beat
Billboard
Caros Amigos
O Cruzeiro
Imprensa
IstoÉ
Manchete
The New York Times Magazine
Pulse
Raygun
Rhythm Music Magazine
Spin
Veja
Visão
Wire

LIVROS E ARTIGOS

ADORNO, T. W.; HORKHEIMER, M. The Culture Industry: Enlightenment as Mass Deception (1944). In: ADORNO, T. W.; HORKHEIMER, M. *Dialectic of Enlightenment.* John Cumming (trad.). Nova York: Seabury Press, 1972. p.120-67.

AGOSTINHO, G.; FRANCISCO, C. T. da S. *Vencer ou morrer: futebol, geopolítica e identidade nacional.* Rio de Janeiro: Mauad, 2002.

AGRIPPINO DE PAULA, J. *Panamérica 1967.* São Paulo: Max Limonad, 1988.

AGUIAR, J. A de. Panorama da música popular brasileira: da bossa-nova ao rock dos anos 80. In: SOSNOWSKI, S.; SCHWARTZ, J. (eds.). *Brasil: O trânsito da memória.* São Paulo: Editora da Universidade de São Paulo, 1994, p.141-74.

ALBUQUERQUE JR., D. M. de. *A invenção do nordeste e outras artes.* Recife: Fundação Joaquim Nabuco; São Paulo: Cortez Editora, 1999.

ALVES, M. H. M. *State and Opposition in Military Brazil.* Austin: University of Texas Press, 1985.

ANDERSON, R. The Muses of Chaos and Destruction of Arena conta Zumbi. *Latin American Theater Review,* 29, n.2, 1996, p.15-28.

ANDRADE, M. de. *Ensaio sobre a música brasileira.* 1928. São Paulo: Livraria Martins Editora, 1962.

ANDRADE, O. de. *Obras completas.* Rio de Janeiro: Civilização Brasileira, 1972. v.2.

_____. *Pau-Brasil.* 1925. São Paulo: Globo, 1990.

_____. *O rei da vela.* 1937. São Paulo: Globo; Secretaria de Estado da Cultura, 1991.

_____. *Serafim Ponte Grande.* São Paulo: Globo; Secretaria de Estado da Cultura, 1990.

_____. *A utopia antropofágica.* São Paulo: Globo; Secretaria de Estado da Cultura, 1990.

APPIAH, A.; GATES JR., H. L. (eds.). *Africana: The Encyclopedia of the African and African American Experience.* Nova York: Basic Civitas, 1999.

APPLEBY, D. P. *The Music of Brazil.* Austin: University of Texas Press, 1983.

ARMSTRONG, P. *Third World Literary Fortunes: Brazilian Culture and Its International Reception.* Lewisburg: Bucknell University Press, 1999.

ARTAUD, A *Antonin Artaud: Collected Works.* Londres: Calder & Boyars, 1974. Victor Corti (trad.), v.4.

AVELAR, I. *The Untimely Present: Postdictatorial Latin American Fiction and the Task of Mourning.* Durham: Duke University Press, 1999.

ÁVILA, C. Tom Zé: Poemúsica. *Minas Gerais Literary Supplement,* 8, n.361, 20 jul. 1973, p.4-5.

BAHIANA, A. M. et al. *Anos 70: Música popular.* Rio de Janeiro: Europa, 1980.

_____. *Nada será como antes: MPB nos anos 70.* Rio de Janeiro: Civilização Brasileira, 1980.

BARBOSA, A. et al. Que caminho seguir na música popular brasileira? *Revista Civilização Brasileira,* 1, n.7, maio 1966, p.375-85.

BARY, L. Civilization, Barbarism, 'Cannibalism': The Question of National Culture in Oswald de Andrade. In: REIS, R. (ed.). *Toward Socio-Criticism.* Selected Proceedings of the Conference "Luso-Brazilian Literatures, A Socio-Critical Approach". Tempe: Center for Latin American Studies at Arizona State University, 1991. p.95-100.

BÉHAGUE, G. Bossa and Bossas: Recent Changes in Brazilian Urban Popular Music. *Ethnomusicology,* 17, n.2, maio 1973, p.209-33.

_____. Brazilian Musical Values of the 1960s and 1970s: Popular Urban Music from Bossa Nova to Tropicália. *Journal of Popular Culture,* 13, n.3, 1980, p.437-52.

BENJAMIN, W. *The Origin of German Tragic Drama.* 1925. Nova York: Verso, 1998.

BERLINCK, M. T. *O Centro Popular de Cultura da UNE.* São Paulo: Papirus, 1984.

BOAL, A. Que pensa você do teatro brasileiro?, *Arte em Revista,* 1, n.2, maio-ago. 1979, p.40-4.

BORHEIM, G. et al. *Cultura brasileira: Tradição/contradição.* Rio de Janeiro: Jorge Zahar, 1987.

BOSI, A. *História concisa da literatura brasileira.* São Paulo: Cultrix, 1970.

BOURDIEU, P. The Field of Cultural Production, or: The Economic World Reversed. In: JOHNSON, R. (ed.). *The Field of Cultural Production: Essays on Art and Literature.* Nova York: Columbia University Press, 1993, p.29-73.

BRAGA PINTO, C. "How to Organize a Movement: Caetano Veloso's Tropical Path." *Studies in Latin American Popular Culture,* 19, 2000, p.103-12.

_____. *Brazil: Nunca Mais.* Petrópolis: Vozes, 1985. In: WRIGHT, J.; DASSIN, J. (eds., trads.). *Torture in Brazil: A Report by the Archdiocese of São Paulo.* Nova York: Vintage Books, 1986.

BRETT, G. et al. *Hélio Oiticica.* Rio de Janeiro: Projeto Hélio Oiticica; Paris: Galerie Nationale du Jeu de Paume; Rotterdam: Witte de With, 1993.

BRITTO, J. M. de. *Bordel Brasilírio Bordel: antropologia ficcional de nós mesmos.* Recife: Comunicarte, 1992.

BROWNING, B. *Infectious Rhythms: Metaphors of Contagion and the Spread of African Culture.* Nova York: Roucledge, 1998.

_____. *Samba: Resistance in Motion.* Bloomington: Indiana University Press, 1995.

BUARQUE DE HOLLANDA, H. *Impressões de viagem: CPC, vanguarda e desbunde: 1960/70.* Rio de Janeiro: Rocco, 1992 [1980].

_____; GONÇALVES, M. A. *Cultura e participação nos anos 60.* São Paulo: Brasiliense, 1986.

CALADO, C. *A divina comédia dos Mutantes.* Rio de Janeiro: Editora 34, 1995.

_____. *Tropicália: A história de uma revolução musical.* São Paulo: Editora 34, 1997.

CALLADO, A. *Quarup.* Rio de Janeiro: Civilização Brasileira, 1967.

CAMPOS, A. de et al. *Balanço da bossa e outras bossas.* São Paulo: Perspectiva, 1974.

_____. *Música e invenção.* São Paulo: Perspectiva, 1998.

_____. *Teoria da poesia concreta.* São Paulo: Livraria Duas Cidades, 1975.

CAMPOS, C. de A. *Zumbi, Tiradentes.* São Paulo: Perspectiva e Editora da Universidade de São Paulo, 1988.

CAMPOS, H. The Rule of Anthropophagy: Europe under the Sign of Devoration. *Latin American Literary Review,* 14, jan.-jun. 1986, p.42-60.

CAPINAM, J. C. Tropicalismo eppur si mueve. *Revista da Bahia,* 32, n.26, maio 1998, p.46-59.

CARDOSO, F. H.; FALETTO, E. *Dependência e desenvolvimento da América Latina.* Rio de Janeiro: Zahar, 1970.

CARVALHO, M. de U. Tupi or not Tupi MPB: Popular Music and Identity in Brazil. In: HESS, D.; DAMATTA, R. *The Brazilian Puzzle: Culture on the Borderlands of the Western World.* Nova York: Columbia University Press, 1995, p.159-79.

CASTRO, R. *Chega de saudade: A história e as histórias da bossa-nova.* São Paulo: Companhia das Letras, 1990.

_____. Eu fui a Geração Paissandu. *Correio da Manhã,* 6 fev. 1968a.

_____. Uma geleia geral de vanguarda. *Correio da Manhã,* 21 set. 1968b.

CHAMIE, M. O trópico entrópico de Tropicália. *O Estado de São Paulo,* Suplemento Literário, 4 abr. 1968.

CHAUÍ, M. *Conformismo é resistência: Aspectos da cultura popular no Brasil.* São Paulo: Brasiliense, 1986.

CHAVES, C. L. "Memórias do passado no presente: a fenomenologia de transa". *Studies in Latin American Popular Culture,* 19, 2000, p.73-82.

COQUEIJO, C. Bossa-Nova no Vila Velha. *Jornal da Bahia,* 6-7 dez. 1964.

CORBISIER, R. *Formação é problema da cultura brasileira.* Rio de Janeiro: Instituto Superior de Estudos Brasileiros, 1960.

COUTINHO, C. N.; NOGUEIRA, M. A. (eds.). *Gramsci e a América Latina.* São Paulo: Paz e Terra, 1988.

COUTINHO, W. "Esse teu olhar quando encontra o meu". In: GERCHMAN, R. *Gerchman.* Rio de Janeiro: Salamandra, 1989.

CROOK, L. Black Consciousness, samba-reggae, and the Re-Africanization of Bahian Carnival Music in Brazil. *The World of Music,* 35, n.2, 1993, p.90-108.

DAMASCENO, L. *Cultural Space and Theatrical Conventions in the Works of Oduvaldo Vianna Filho.* Detroit: Wayne State University Press, 1996.

DIAWARA, M. The Song of the Griot. *Transition: An International Review,* 75, 1998, p.16-30.

DUARTE, R. *Tropicaos.* Rio de Janeiro: Azougue Editorial, 2003.

DUNN, C. Afro-Bahian Carnival: A Stage for Protesto *Afro-Hispanic Review,* 11, n.1-3, 1992, p.11-20.

_____. *Brutality Garden: Tropicália and the Emergence of a Brazilian Counterculture.* Chapel Hill: University of North Carolina Press, 2001.

_____. Caetano Veloso: Tropicalismo revisitado. *Brasil/Brazil,* 11, n.7, 1994, p.99-110.

_____. In the Adverse Hour: The Denouement of Tropicália. *Studies in Latin American Popular Culture,* 19, 2000, p.21-34.

_____. The Relics of Brazil: Modernity and Nationality in the Tropicalista Movement. Tese de Doutorado. Brown University, 1996.

_____. Tom Zé: o elo perdido do tropicalismo. *Brasil/Brazil 11,* n.7, 1994, p.110-20.

_____. Tropicália: modernidade, alegoria e contracultura. In: BASUALDO, C. *Tropicália: Uma revolução na cultura brasileira.* São Paulo: Cosac Naify, 2007.

_____. Tropicália, Counterculture, and the Diasporic Imagination in Brazil. In: PERRONE, C. A.; DUNN, C. *Brazilian Popular Music and Globalization.* Gainesville: University Press of Florida, 2001, p.72-95.

_____. Tropicalism and Brazilian Popular Music under Military Rule. In: LEVINE, R.; CROCITTI, J. *The Brazil Reader.* Durham: Duke University Press, 1999, p.241-7.

_____. The Tropicalista Rebellion: A Conversation with Caetano Veloso. *Transition* 70,1996, p.116-38.

DZIDZIENYO, A. The African Connection and the Afro-Brazilian Condition. In: FONTAINE, P. M. (ed.). *Race, Class, and Power in Brazil.* Los Angeles: University of California Press; Center for Afro-American Studies, 1985, p.135-53.

ENCICLOPÉDIA da música brasileira: erudita, folclórica e popular. 2.ed. São Paulo: Arte Editora, 1998.

ESTEVAM, C. *A questão da cultura popular.* Rio de Janeiro: Tempo Brasileiro, 1962.

FAVARETTO, C. *A invenção de Hélio Oiticica.* São Paulo: Editora da Universidade de São Paulo, 1992.

_____. *Tropicália: Alegoria, alegria.* 1979. São Paulo: Ateliê, 1996.

FERREIRA, N. P. Tropicalismo: retomada oswaldiana. *Revista de Cultura Vozes,* 66, n.10, dez. 1972, p.763-77.

FONSECA, H. *Caetano: esse cara.* Rio de Janeiro: Rivan, 1993.

FRANK, T. *The Conquest of Cool: Business Culture, Counterculture, and the Rise of Hip Consumerism.* Chicago: University of Chicago Press, 1997.

FREYRE, G. *Casa-grande & senzala,* 1933. Rio de Janeiro: José Olympio, 1981. [*The Masters and the Slaves.* Samuel Putnam (trad.). Nova York: Alfred Knopf, 1946.]

_____. *New World in the Tropics.* Nova York: Alfred Knopf, 1959.

_____. *O luso é o trópico.* Lisboa: Commissão Executiva das Comemorações do V Centenário da Morte do Infante D. Henrique, 1961. [*The Portuguese in the Tropics.* Helen M. D'O Matthew e F. de Mello Moser (trads.).]

GABEIRA, F. *O que é isso, companheiro?* Rio de Janeiro: Codecri, 1980.

GALVÃO, L. *Anos 70: Novos Baianos.* São Paulo: Editora 34, 1997.

GALVÃO, W. N. As falas, os silêncios (Literatura e imediações: 1964-1988). In: SOSNOWSKI, S.; SCHWARTZ, J. (eds.). *Brasil: O trânsito da memória.* São Paulo: Editora da Universidade de São Paulo, 1994, p.185-96.

_____. MMPB: Uma análise ideológica. In: *Saco de gatos,* 93-119. São Paulo: Livraria Duas Cidades, 1976.

GARCIA CANCLINI, N. *Culturas Híbridas: Estrategias para entrar y salir de modernidad.* México D.F.: Editorial Grijalbo, 1990.

GEORGE, D. *The Modern Brazilian Stage.* Austin: University of Texas Press, 1992.

GERCHMAN, R. *Gerchman.* Rio de Janeiro: Salamandra, 1989.

GIL, G. *Gilberto Gil: Expresso* 2222. Antônio Risério (ed.). Salvador: Corrupio, 1982.

_____. *Songbook.* Almir Chediak (ed.). Rio de Janeiro: Lumiar, s.d. v.1-2.

_____. *Todas as letras.* Carlos Rennó (ed.). São Paulo: Companhia das Letras, 1996.

GILROY, P. *The Black Atlantic: Modernity and Double Consciousness.* Cambridge: Harvard University Press, 1993.

GUERREIRO, G. *A trama dos tambores: a música afro-pop de Salvador.* São Paulo: Editora 34, 2000.

GULLAR, F. *Cultura posta em questão.* Rio de Janeiro: Civilização Brasileira, 1965.

_____. *Vanguarda é subdesenvolvimento*. Rio de Janeiro: Civilização Brasileira, 1969.

HANCHARD, M. *Orpheus and Power: The Movimento Negro of Rio de Janeiro and São Paulo, Brazil, 1945-1988*. Princeton: Princeton University Press, 1994.

HARVEY, J. Cannibals, Mutants, and Hipsters: The Tropicalist Revival. In: PERRONE, C. A.; DUNN, C. (eds.). *Brazilian Popular Music and Globalization*. Gainesville: University Press of Florida, 2001, p.106-22.

HELENA, L. *Totens e tabus da modernidade brasileira: Símbolo e alegoria na obra de Oswald de Andrade*. Rio de Janeiro: Tempo Brasileiro, 1985.

_____. *Uma literatura antropofágica*. Fortaleza: Universidade Federal do Ceará, 1983.

HERRERA, A. Triste Bahia: No íntimo de uma cidade quem sabe da alegria?, *Exú*, 5, n.30, nov.-dez. 1992, p.22-7.

HOISEL, E. *Supercaos: Os estilhaços da cultura em Panamérica e Nações Unidas*. Rio de Janeiro: Civilização Brasileira; Salvador: Fundação Cultural do Estado da Bahia, 1980.

_____. Tropicalismo: Algumas reflexões teóricas. *Brasill/Brazil*, 12, n.7, 1994, p.39-63.

HOLSTON, M. *The Modernist City: An Anthropological Critique of Brasilia*. Chicago: University of Chicago Press, 1989.

HOMEM DE MELO, J. E. *Música popular brasileira*. São Paulo: Melhoramentos, Universidade de São Paulo, 1976.

HUYSSEN, A. *After the Great Divide: Modernism, Mass Culture, Postmodernism*. Bloomington: Indiana University Press, 1986.

IANNI, O. *O colapso do populismo no Brasil*. 1968. Rio de Janeiro: Civilização Brasileira, 1994.

JAMESON, F. Periodizing the 60s. In: SAYRES, S. et al. (eds.). *The 60s without Apology*. Minneapolis: University of Minnesota Press, 1988, p.178-209.

_____. *Postmodernism; or The Cultural Logic of Late Capitalism*. Durham: Duke University Press, 1991.

_____. Third World Literature in the Era of Multinational Capitalism. *Social Text*, 15, 1986, p.65-88.

JOHNSON, R. Brazilian Modernism: An Idea Out of Place? In: GEIST, A. L.; MONLEÓN, J. B. (eds.). *Modernism and its Margins: Reinscribing Cultural Modernity from Spain and Latin America*. Nova York: Garland, 1999, p.186-214.

_____. *Cinema Novo X 5: Masters of Contemporary Brazilian Film*. Austin: University of Texas Press, 1984.

_____. The Institutionalization of Brazilian Modernism. *Brasil/Brazil*, 4, n.3, 1990, p.6-23.

_____. Tupy or Not Tupy: Cannibalism and Nationalism in Contemporary Brazilian Literature and Culture. In: KING, J. (ed.). *On Modern Latin American Fiction*. Nova York: Hill and Wang, 1987, p.41-59.

JOHNSON, R.; STAM, R. (eds.). *Brazilian Cinema*. 2.ed. Nova York: Columbia University Press, 1995.

JOSEPH, M. Soul, Transnationalism, and Imaginings of Revolution: Ujamma and the Politics of Enjoyment. In: GUILLORY, M.; GREEN, R. C. (eds.). *Soul: Black Power, Politics and Pleasure*. Nova York: New York University Press, 1998, p.126-38.

LARSEN, N. *Reading North by South: On Latin American Literature, Culture and Politics*. Minneapolis: University of Minnesota Press, 1995.

LEITE, J. R. T. et al. *Gente nova, nova gente*. Rio de Janeiro: Expressão e Cultura, 1967.

LEMOS, T. de. A guinada de José Celso. *Arte em Revista*, 1, n.2, maio-ago. 1979, p.45-50.

LEVINE, R.; CROCITO, J. *The Brazil Reader: History, Culture, Politics*. Durham: Duke University Press, 1999.

LIMA, M. A. *Marginália: Arte e cultura "na idade da pedrada"*. Rio de Janeiro: Salamandra, 1996.

LIPSITZ, G. *Dangerous Crossroads: Popular Music, Postmodemism, and the Poetics of Place*. Nova York: Verso, 1994.

LUCCHESI, I.; Dieguez, Gilds Korff. *Caetano. Por que não?: uma viagem entre a aurora e a sombra*. Rio de Janeiro: Leviatã, 1993.

MACIEL, L. C. *Geração em transe: Memórias do tempo do tropicalismo*. Rio de Janeiro: Nova Fronteira, 1996.

MAGALDI, C. Adopting Imports: New Images and Alliances in Brazilian Popular Music of the 1990s. *Popular Music* 18, n.3, 1999, p.309-29.

MALTZ, B. F. et al. *Antropofagismo e tropicalismo*. Porto Alegre: Editora Universidade/UFRGS, 1993.

MAMMÍ, L. João Gilberto e o projeto utópico da bossa-nova. *Novos Estudos Cebrap*, 34, nov. 1992, p.63-71.

MARTÍN-BARBERO, J. *Communication, Culture and Hegemony: From the Media to Mediations*. Elizabeth Fox e Robert A. White (trads.). Londres: Sage Publications, 1993.

MARTINS, L. A geração AI-5. *Ensaios de Opinião*. Rio de Janeiro: Paz e Terra, 1979.

MARTINS, W. *The Modernist Idea*. Nova York: New York University Press. 1970.

MATTOS, S. O impacto da Revolução de 1964 no desenvolvimento da televisão. *Cadernos Intercom*, 1, n.2, mar. 1982, p.29-43.

MCGOWEN, C.; PESSANHA, R. *The Brazilian Sound: Samba, Bossa Nova, and the Popular Music of Brazil*. 2.ed. Philadelphia: Temple University Press, 1998.

MEDEIROS, P. de T. C. *A aventura da Jovem Guarda*. São Paulo: Brasiliense, 1984.

MELLO E SOUZA, G. *O tupi e o alaúde: uma interpretação de Macunaíma*. São Paulo: Duas Cidades, 1979.

MENDES, G. *Uma odisseia musical: dos mares do sul à elegância Pop/Art Déco*. São Paulo: Editora da Universidade de São Paulo, 1994.

MILLER, S. Os festivais no panorama da música popular brasileira. *Revista Civilização Brasileira*, 4, n.17, jan.-fev. 1968, p.235-43.

MOBY, A. *Sinal fechado: A música popular brasileira sob censura*. Rio de Janeiro: Obra Aberta, 1994.

MOEHN, F. In the Tropical Studio: MPB Production in Transition. *Studies in Latin American Popular Culture*, 19, 2000, p.57-66.

MOORE, R. D. *Nationalizing Blackness: Afrocubanismo and Artistic Revolution in Havana, 1920-1940*. Pittsburgh: University of Pittsburgh Press, 1997.

MOSTAÇO, E. *Teatro e política: Arena, Oficina e Opinião*. São Paulo: Proposta Editorial, 1982.

MOTA, C. G. *Ideologia da cultura brasileira (1933-1914)*. São Paulo: Ática, 1977.

MOTTA, N. *Noites tropicais: Solos, improvisos e memórias musicais*. Rio de Janeiro: Objetiva, 2000.

NAPOLITANO, M. A invenção da música popular brasileira: um campo de reflexão para a história social. *Latin American Music Review*, 19, n.1, 1998, p.92-105.

NETO, T. *Os últimos dias de Paupéria*. Rio de Janeiro: Eldorado, 1973.

NUNES, B. Antropofagia ao alcance de todos. In: ANDRADE, O. de. *A utopia antropofágica*. São Paulo: Globo; Secretaria de Estado da Cultura, 1990, p.5-39.

ORTIZ, R. *A moderna tradição brasileira*. São Paulo: Brasiliense, 1988.

_____. *Cultura brasileira e identidade nacional*. São Paulo: Brasiliense, 1985.

PAIANO, E. *Tropicalismo: bananas ao vento no coração do Brasil*. São Paulo: Scipione, 1996.

PEREIRA, A. W. Persecution and Farce: The Origins and Transformation of Brazil's Political Trials, 1964-1979. *Latin American Research Review*, 33, n.1, 1998, p.43-66.

PEREIRA, C. A. M.; BUARQUE DE HOLLANDA, H. (eds.). *Patrulhas ideológicas, marca registrada: arte e engajamento em debate*. São Paulo: Brasiliense, 1980.

PERRONE, C. A. From Noigandres to 'Milagre da Alegria': The Concrete Poets and Contemporary Brazilian Popular Music. *Latin American Music Review*, 6, n.1, 1985, p.58-78.

_____. *Masters of Contemporary Brazilian Song*. Austin: University of Texas Press, 1989.

_____. *Seven Faces*. Durham: Duke University Press, 1996.

PERRONE, C. A; DUNN, C. 'Chiclete com Banana': Internationalization in Brazilian Popular Music. In: PERRONE, C. A; DUNN, C. (eds.). *Brazilian Popular Music and Globalization*. Gainesville: University Press of Florida, 2001, p.1-38.

POLARI, A *Em busca do tesouro*. Rio de Janeiro: Codecri, 1982.

REILY, S. A. Macunaíma's Music: National Identity and Ethnomusicological Research in Brazil. In: STOKES, Martin (ed.). *Ethnicity, Identity, and Music: The Musical Construction of Place*. Oxford/Providence: Berg Publishers, 1994, p.71-96.

RICARDO, S. *Quem quebrou meu violão: uma análise da cultura brasileira nas décadas de 40 a 90*. Rio de Janeiro: Record, 1991.

RIDENTI, M. *Em busca do povo brasileiro: artistas da revolução, do CPC à era da TV*. São Paulo: Record, 2000.

_____. *O fantasma da revolução brasileira*. São Paulo: Editora da Universidade Estadual de São Paulo, 1994.

RISÉRIO, A. *Avant-garde na Bahia*. São Paulo: Instituto Lina Bo Bardi e P.M. Bardi, 1995.

_____. *Carnaval ijexá*. Salvador: Corrupio, 1981.

_____. *Caymmi: Uma utopia de lugar*. São Paulo: Perspectiva; Salvador: COPENE, 1993.

_____. O nome mais belo do medo. *Minas Gerais Literary Supplement*, 8, n.360, 21 jul. 1973, p.4.

_____. Tropicalismo. *Revista do Bahia*, 32, n.26, maio 1998, p.8-12.

RODRIGUES, G. *Glauco Rodrigues*. Rio de Janeiro: Salamandra, 1989.

ROSNAK, T. *The Making of a Counterculture*. 1968. Berkeley: University of California Press, 1995.

RUBIM, A. et al. Salvador nos anos 50 e 60: Encontros e desencontros com a cultura. *Rua*, 3, n.4-5, 1990, p.30-38.

SALOMÃO, W. *Armarinho de miudezas*. Salvador: Fundação Casa Jorge Amado, 1993.

SANSONE, L.; SANTOS, J. T. dos. *Ritmos em trânsito: socioantropologia da música baiana*. São Paulo: Dynamic Editorial; Salvador: Programa A Cor da Bahia e Projeto S.A.M.B.A., 1997.

SANTAELLA, L. *Convergências: Poesia Concreta e Tropicalismo.* São Paulo: Nobel, 1986.

SANT'ANNA, A. R. de. *Música popular e moderna poesia brasileira.* Petrópolis: Vozes, 1986.

SANTIAGO, S. Fazendo perguntas com o martelo. In: Vasconcellos. *Música popular: de olho na fresta.* Prefácio. Rio de Janeiro: Graal, 1977.

_____. *Uma literatura nos trópicos.* São Paulo: Perspectiva, 1978.

_____.*Vale quanto pesa: ensaios sobre questões político-culturais.* Rio de Janeiro: Paz e Terra, 1982.

SANTOS, L. Kitsch e cultura de massa no Brasil: Reescrevendo as identidades nacionais. *Studies in Latin American Popular Culture,* 19, 2000, p.35-50.

SARTRE, J. P. A Plea for Intellectuals. In: *Between Existentialism and Marxism: Sartre on Philosophy, Politics, Psychology and the Arts.* Joan Matthews (trad.). Nova York: Pantheon, 1983.

SCHIVARTCHE, F. "Doutor" Caetano recebe título sobre trio elétrico, *Folha de São Paulo,* 20 fev. 1998.

SCHWARZ, R. Cultura e Política, 1964-1969. In: *O pai de família e outros estudos.* Rio de Janeiro: Paz e Terra, 1978.

_____. Nacional por subtração. In: *Cultura Brasileira: Tradição/Contradição.* Rio de Janeiro: Jorge Zahar/Funarte, 1987.

_____. Nota sobre vanguarda e conformismo. *Teoria e Prática,* 2, 1968, p.127-32.

SEVERIANO, J.; HOMEM DE MELO, Z. *A canção no tempo: 85 anos de músicas brasileiras.* 2v. São Paulo: Editora 34, 1998.

SILVA, A. S. da. *Oficina: do teatro ao te-ato.* São Paulo: Perspectiva, 1981.

SKIDMORE, T. E. *Black into White: Race and Nationality in Brazilian Thought.* 1974. Durham: Duke University Press, 1993.

_____. *Politics in Brazil, 1930-1964: An Experiment in Democracy.* Nova York: Oxford University Press, 1967.

_____. *The Politics of Military Rule in Brazil, 1964-1985.* Nova York: Oxford University Press, 1988.

SODRÉ, N. W. *Introdução à revolução brasileira.* Rio de Janeiro: Civilização Brasileira, 1963.

SOSNOWSKI, S.; SCHWARTZ, J. (eds.). *Brasil: O trânsito da memória.* São Paulo: Editora da Universidade de São Paulo, 1994.

SOUZA, T. de. *Rostos e gostos da música popular brasileira.* Porto Alegre: L&PM Editores, 1979.

SOVIK, R. L. Ponha seu capacete: uma viagem à tropicália pós-moderna. *Revista da Bahia,* 32, n.26, maio 1998, p.60-67.

_____. Tropicália, Canonical Pop. *Studies in Latin American Popular Culture,* 19, 2000, p.113-28.

_____. Vaca Profana: teoria pós-moderna e tropicália. Tese de doutorado, Universidade de São Paulo, 1994.

STAM, R. Palimpsest Aesthetics: A Meditation on Hybridity and Garbage. In: JOSEPH, M.; FINK, J. N. (eds.). *Performing Hybridity.* p.59-78. Minneapolis: University of Minnesota Press, 1999.

_____. *Tropical Multiculturalism: A Comparative History of Race in Brazilian Cinema and Culture.* Durham: Duke University Press, 1997.

TATIT, L. *O cancionista: composição de canções no Brasil.* São Paulo: Editora da Universidade de São Paulo, 1996.

TAYLOR, T. *Global Pop: World Music, World Markets.* Nova York: Routledge, 1997.

TELES, G. M. *Vanguarda europeia e modernismo brasileiro.* Petrópolis: Vozes, 1982.

TINHORÃO, J. R. *Música popular: do gramofone ao rádio e TV.* São Paulo: Ática, 1981.

_____. *Música popular: um tema em debate.* Rio de Janeiro: JCM, 1969.

_____. *Pequena história da música popular: da modinha à lambada.* 6.ed. São Paulo: Art Editora, 1991.

TORGOVNICK, M. *Gone Primitive: Savage Intellects, Modern Lives.* Chicago: University of Chicago Press, 1990.

TREECE, D. Guns and Roses: Bossa Nova and Brazil's Music of Popular Protest, 1958-1968. *Popular Music,* 16, n.1, 1997, p.1-29.

TREVISAN, J. *Devassos no Paraíso: a homossexualidade no Brasil, da colônia à atualidade.* 4. ed. Rio de Janeiro: Editora Record, 2000.

_____. *Tropicália: 20 anos.* São Paulo: SESC, 1987.

TURNER, J. M. Brown into Black: Changing Racial Attitudes of Afro-Brazilian University Students. In: FONTAINE, P.-M. (ed.). *Race, Class, and Power in Brazil.* Los Angeles: University of California Press and Center for Afro-American Studies, 1985, p.73-94.

UNRUH, V. *Latin American Vanguards: The Art of Contentious Encounters.* Berkeley: University of California Press, 1994.

VARELA, D. Da tropicália ao lamê. *Revista de Cultura Vozes,* 3, 1972, p.189-94.

VASCONCELLOS, G. *Música popular: de olho na fresta.* Rio de Janeiro: Graal, 1977.

VELOSO, C. *Alegria, alegria.* Waly Salomão (ed.). Rio de Janeiro: Pedra Q Ronca, 1977.

_____. Carmen Mirandadada. In: PERRONE, C. A.; DUNN, C. (eds.). *Brazilian Popular Music and Globalization*. Gainesville: University Press of Florida, 2001, p.39-45.

_____. *Songbook*. Almir Chediak (ed.). Rio de Janeiro: Lumiar, s.d., v.1-2.

_____. *Verdade tropical*. São Paulo: Companhia das Letras, 1997.

VENTURA, Z. *1968*: *o ano que não terminou*. Rio de Janeiro: Nova Fronteira, 1988.

VIANNA, H. *O mistério do samba*. Rio de Janeiro: Jorge Zahar/Editora UFRJ, 1995.

VILARINO, R. C. *A MPB em movimento: música, festivais e censura*. São Paulo: Olho d'água, 1999.

WISNIK, J. M. Um minuto e o milênio ou Por favor, professor, uma década de cada vez. In: BAHIANA, A. M. et al. *Anos 70: Música popular*. Rio de Janeiro: Europa, 1980, p.7-23.

WISNIK, J. M.; SQUEFF, E. *O nacional e o popular no cultura brasileira: música*. São Paulo: Brasiliense, 1983.

XAVIER, I. *Alegorias do subdesenvolvimento: cinema novo, tropicalismo, cinema marginal*. São Paulo: Brasiliense, 1993.

_____. *Allegories of Underdevelopment: Aesthetics and Politics in Modern Brazilian Cinema*. Minneapolis: University of Minnesota Press, 1997.

_____. From the Religious Moral Sense to the Post-Freudian Common Sense: Images of National History in the Brazilian Tele-Fiction. *Studies in Latin American Popular Culture,* 17, 1998, p.179-95.

YÚDICE, G. A funkificação do Rio. In: HERSCHMANN, M. *Abalando os anos 90: funk e hip-hop: globalização, violência e estilo cultural*. Rio de Janeiro: Rocco, 1997.

ZOLOV, E. *Refried Elvis: The Rise of the Mexican Counterculture*. Berkeley: University of California Press, 1999.

DISCOGRAFIA

Arena conta Zumbi (1966). RGE 3206021, 1989.

BECK. *Mutations*. Geffen 25309, 1998.

BEN, J. *O Bidú: Silêncio em Brooklyn* (1967). Beverly 81490, 1991.

_____. *Jorge Ben* (1969). Philips 518119, 1993.

_____. *A tábua de esmeralda* (1974). Philips 5181112, 1993.

_____. *África/Brasil* (1976). Philips 5181162, 1993 Bethânia, Maria. Maria Bethânia. RCA Victor 1339, 1965.

_____. *Recital na boite barroco*. Odeon 3545, 1968.

BROWN, C. *Alfagamabetizado*. EMI 72438, 1996.
BUARQUE, C. *Chico Buarque V.3* (1968). RGE 40302, 1997.
_____. *Chico Buarque* (1978). Philips 518220, 1993.
_____. *Sinal fechado* (1974). Philips 5,8217, 1993.
CARLOS, R. *Jovem Guarda* (1966). Columbia 850045, s.d.
CHICO SCIENCE E NAÇÃO ZUMBI. *Da lama ao caos*. Sony 850224, 1994.
_____. *Afrociberdélia*. Sony 850278/2479255, 1996.
COSTA, G. *Gal Costa* (1969). Philips 514992, 1993.
_____. *Gal Costa* (1969). Philips 514993, 1993.
_____. *Gal a todo vapor* (1971). Philips 514991, 1993.
Doces Bárbaros (1976). Philips 8429202, 1989.
DUPRAT, R. *A banda tropicalista do Duprat*. Philips 765048, 1968.
GETZ, S. e GILBERTO, J. Getz/Gilberto (1964). Verve 314521414-2, 1997.
GIL, G. *Louvação* (1967). Philips 824681, 1998.
_____. *Gilberto Gil* (1968). Philips 518121,1998.
_____. *Gilberto Gil* (1969). Philips 518122, 1998.
_____. *Gilberto Gil* (1971). Philips 518123, 1998.
_____. *Expresso* 2222 (1972). Philips 848939, 1998.
_____. *Refazendo* (1975). WEA M995136, 1994.
_____. *Refavela* (1977). WEA 994642, 1994.
_____. *Realce* (1979). WEA 53068, s.d.
_____. *Nightingale*. Elektra/Asylum 6E-167. 1979.
_____. *Parabolic* (1991). WEA 76292, 1992.
_____. *Quanta*. Warner Brasil 063018644, 1997.
GIL, G. e BEN, J. *Gil e Jorge* (1975). M8464022, 1993.
GILBERTO, J. *The Legendary João Gilberto*. World Pacific 93891, 1990.
LEÃO, N. (1968). *Nara Leão*. Philips 4320, s.d.
MENDES, G. *Surf bola na rede, um pente de Istanbul e a música de Gilberto Mendes*. Eldorado 584008, s.d.
MUTANTES. *Os Mutantes* (1968). Philips 829498, s.d.
_____. *Mutantes* (1969). Philips 835886, s.d.
_____. *The Best of Os Mutantes: Everything is Possible!*, Luaka Bop/Warner Bros. 947251, 1999.
OLODUM. *O movimento*. Warner Brasil 107800521, 1993.
PORTASTATIC. *De mel, de melão*. Merge 180, 2000.
REGINA, E. *Elis Regina no fino da bossa*. Velas 11-V030, vols.I-3, 1994.

SANTTANA, L. *EletroBenDodô.* Natasha 789700903112, 1999.

SEIXAS, R. *Gita* (1974). Polygram 838288-2. 1989.

SUELY E OS KANTIKUS. *"Que bacana."* Philips 365258, 1968.

Tropicália essentials. Hip-O/Universal 3145469322, 1999.

Tropicália, ou panis et circensis (1968). Phillips 512089, 1993.

Tropicália 30 anos. Natasha 289122, 1997.

VANDRÉ, G. *Canto geral.* Odeon MOFE 3514, 1968.

_____. *20 Preferidas.* RGE 56132, 1997.

VELOSO, C. *Caetano Veloso* (1968). Philips 838557, 1990.

_____. *Caetano Veloso* (1969). Philips 838556, 1990.

_____. *Caetano Veloso* (1971). Philips 838561, 1990.

_____. *Transa* (1972). Philips 838511, 1989.

_____. *Araçá azul* (1972). Philips 824691, s.d.

_____. *.Joia.* Philips 6349132, 1975.

_____. *Bicho* (1977). Philips 838562, 1989.

_____. *Muito* (1978). Philips 836012, s.d.

_____. *Cinema transcendental* (1979). Verve 3145120232, 1989.

_____. *Estrangeira.* Elekua 60898, 1989.

_____. *Circulada.* Elektra Nonesuch 79277, 1991.

_____. *Circuladô vivo.* Philips 510459, 1992.

_____. *Livro.* Philips 536584, 1997.

_____. *Prenda minha.* Philips 538332, 1998. Caetano Veloso: Singles. Philips 1090, 1999.

VELOSO, C. e BUARQUE, C. *Caetano e Chico juntos e ao vivo* (1972). Philips 8125222, 1993.

VELOSO, C. e COSTA, G. *Domingo* (1967). Philips 838555, 1990.

VELOSO, C. e GIL, G. *Tropicália 2.* Philips 518178, 1993.

ZÉ, T. *Tom Zé* (1968). Sony 495712, 2000.

_____. *Tom Zé* (1970). KGB 3476007, 1994.

_____. *Todos os olhos.* Continental 10121, 1973.

_____. *The Best of Tom Zé: Massive Hits.* Luaka Bop/Warner Bros. 26396, 1990.

_____. *The Hips of Tradition.* Luaka Bop/Warner Bros. 945118, 1992.

_____. *Fabrication Defect: Com defeito de fabricação.* Luaka Bop/Warner Bros. 946953, 1998.

_____. *Imprensa cantada.* Trama 549, 1999.

_____. *Jogos de armar.* Trama 5512, 2000.

ÍNDICE REMISSIVO

Academia Brasileira de Letras, 118, 151, 242

Afoxé, 196, 203

Agrippino de Paula, José, 125, 127, 175, 177

AI-5. *Veja* Atos institucionais

Alegoria:

  definição de, 109

  e Tropicália, 20, 96, 120-122

  em *Terra em trame,* 98

  em "Tropicália", 111, 112

  no "Manifesto Antropófago", 36

"Alegria geral", 238

"Alegria, alegria", 88, 89, 218, 236-239

Alencar, José de, 35, 39, 111, 151

"Alfômega", 135

Amado, Jorge, 17, 70, 120, 222, 239

Amaral, Tarsila do, 34

América Latina, 21, 32, 45, 58, 59, 181, 204

Andrade, Joaquim Pedro de, 38

Andrade, Mário de, 22, 31, 38-41, 44 e *Macunaíma,* 38, 39

  e nacionalismo musical, 41

Andrade, Oswald de, 22-24, 29-39, 44-47, 51, 53, 55, 96, 99-104, 112, 118-120, 128, 139, 142, 151, 154, 175, 196, 229, 234, 244

  e modernismo, 32-38

  e O *rei do vela,* 99, 100

  e poetas concretos, 51, 53, 128

e Tropicália, 22, 24, 51, 104, 112, 118, 139, 142, 234, 244

  Veja também Manifestos

Anistia, 26, 209, 214, 237

Anos rebeldes, 236, 237

Anta, 34, 35, 37, 44

Antropofagia:

  e modernismo, 23, 34, 36, 37, 44

  e Tropicália, 96, 230, 244

  Veja também Manifestos: Antropófago

Antunes, Arnaldo, 240

"Apesar de você", 189

"Aquarela do Brasil", 45, 151

"Aquele abraço", 182-185, 192, 235

"Araçá azul", 196, 197, 200

Araújo, Guilherme, 157, 167

Arena (Teatro de Arena), 74, 100, 105, 106, 184

"Argonautas, *Os",* 178

"Arrastão", 84

Artaud, Antonin, 100

Atos institucionais:

  Ato Institucional Número 5 (AI-5), 18, 19, 25, 174, 175, 202

"Atrás da verde-e-rosa só não vai quem já morreu", 237

"Atrás do trio elétrico", 178, 237

"Augusta, Angélica e Consolação", 227

Autenticidade, 40, 47, 49, 52, 77, 108, 118, 182, 184, 185, 208, 245

Autoritarismo, 96, 175, 182, 202, 209, 214, 215, 237. *Veja também* Regime militar

Avant-garde. *Veja* Vanguarda

"Babá Apalá", 213

"Baby", 132, 165, 235

"Babylon", 194

Bahia:
e consciência negra, 207, 238
e contracultura, 199, 203
história da, 66, 67, 194-196
na música, 90, 213, 222, 223
no imaginário nacional, 70, 71
vida universitária da, 71, 72

Baião, 78, 141, 171, 193,199, 220, 222, 228, 231, 240

"Banda, A", 84, 88,114

Banda Black Rio, 207, 208, 211, 212
Barreto, Luís Carlos, 24

Barroso, Ary, 45, 70, 73

"Batmacumba", 127, 128, 164, 169

Beatles, The, 19, 79, 82, 86, 94, 96, 105, 116, 139, 177, 194, 197, 204, 234

Beck, 235

Béhague, Gerard, 22, 116

Ben, Jorge (Jorge Benjor), 81, 169, 171, 176, 177, 206, 220, 235

Benjamin, Walter, 109-112, 121

Bethânia, Maria, 67, 72-77, 109, 187, 203, 223, 237,
e Doces Bárbaros, 203

Bilac, Olavo, 102, 111, 119

Black Power, 18, 156, 158, 208

Black Rio, 207, 208, 211, 212. *Veja também* Soul (música)

Bloco afro, 213, 221, 228

Boal, Augusto, 74, 105, 106
e crítica aos tropicalistas, 105, 106

Bosi, Alfredo, 31

Bossa-nova:
e desenvolvimentismo, 48, 51-52
e influência sobre os tropicalistas, 52, 53, 67, 73, 171, 172
e jazz, 47, 48, 232
e modernidade, 24, 46, 47, 112
segunda geração da, 77-79, 113

Bourdieu, Pierre, 20, 163, 164

Brasília, 48-50, 72, 111, 112, 166, 219

Brasilidade:
e afro-brasileiros, 206, 241
e tropicalistas, 95, 185, 240, 243, 245
no governo Vargas, 45

Brown, Carlinhos, 239, 240

Brown, James, 156

Brutalidade jardim:
importância, 19, 120, 121

Buarque de Hollanda, Chico, 77, 82, 84, 86, 88, 104, 113, 114, 132-134, 161, 164, 165, 178, 179, 183, 189-192, 237, 242, 243
e conflito com os tropicalistas, 164, 178, 179
e festivais, 84-86, 161

Buarque de Hollanda, Heloísa, 21, 75, 202

Byrne, David, 224, 232, 233, 241

Cabral, Pedro Álvares, 110

"Cademar", 226

Cage, John, 71, 93

Calado, Carlos, 21

"Cálice", 190

Callado, Antônio, 134
Caminha, Pero Vaz de, 95, 111, 151
Caminhando", 160-163, 172, 174, 192, 237
Campos, Augusto de, 20, 22, 50-53, 79, 80, 86, 87, 112, 116, 127, 141, 226
Campos, Haroldo de, 37, 50, 125
Candomblé, 70, 84, 110, 195, 196, 203, 204, 208-213, 238
Capinam, José Carlos, 18, 70, 77, 78, 85, 115, 116, 136, 140, 141, 150, 151, 175
Capoeira, 70, 195, 199, 220
"Carcará", 75
Carlos, Roberto, 79-82, 84, 111, 114, 132, 176
  e Jovem Guarda, 79-82
  e "Tropicália", 114
Carnaval, 17, 26, 33, 43, 45, 52, 97, 111, 112, 150, 165, 177, 178, 199, 202, 203, 208, 212-215, 237-239
"Carolina", 132, 178, 179
Carvalho, Martha, 81
Castelo Branco, Humberto, 64, 65
Castro, Ruy, 47, 76, 148
"Catecismo, creme dental e eu", 129
Caymmi, Dorival, 17, 67, 70, 80, 182, 194, 203, 204
Caymmi, Nana, 133, 134
Celestino, Vicente, 117, 151
Censura, 103, 104, 162, 163, 167
  aos tropicalistas, 168, 169, 172, 173
  após o AI-5, 183, 188-190
Centro Popular de Cultura (CPC): e crítica das vanguardas, 60, 61
  e cultura nacional-popular, 60-62, 73, 74

desmantelamento do, 62, 63
"Cérebro Eletrônico", 180
César, Chico, 241
Chacrinha, 149-151, 174, 183
Chamie, Mário, 25, 90, 153
"Chega de saudade", 47, 54, 171, 172
"Chiclete com banana", 228
Chico Science & Nação Zumbi, 240, 241
"Chuck Berry Fields Forever", 204, 205
Cinema Novo, 22, 24, 71, 134, 198, 221
"Clever Boy Samba", 72, 73
Cliff, Jimmy, 169, 213, 215
Comando de Caça aos Comunistas (CCC), 104, 134
"Complexo de épico", 227
Contracultura:
  e Atlântico Negro, 206
  e Doces Bárbaros, 202, 203, 205
  e Tropicália, 20, 21, 26, 136, 153, 188, 198-202, 215, 232, 240, 244, 245
  na Bahia, 199, 203
"Coração materno", 117
"Coragem para suportar", 125
Corbisier, Roland, 48, 49
Costa e Silva, Artur da, 102, 133, 174
Costa, Gal, 18, 70, 77, 78, 109, 115, 116, 130, 132, 137, 157, 162-165, 171, 172, 176, 180, 187, 192, 198, 199, 203, 223, 232, 237, 239, 241
  como a voz da contracultura, 176, 180, 198
  e estilo de apresentação, 132, 136, 137, 163, 164
Costa, Lúcio, 49, 50
Cozzela, Damiano, 93, 128
"Crioula", 177

Cultura afro-brasileira:
  e contracultura, 177, 188, 195, 196, 210-214
  e nacionalismo, 42, 46
  e Tropicália, 18, 25, 127, 184
"Cultura e Civilização", 180
"Curso intensivo de boas maneiras", 129

Danduran, John, 159
Departamento de Ordem Política e Social (DOPS), 170, 173
" Desafinado", 47, 171
Desbunde, 198,215. *Veja também* Contracultura
Desenvolvimentismo, 48, 49, 51-55, 59, 66, 92, 111, 132
Deus e o diabo na terra do sol, 85, 86, 97
Dias, Antônio Gonçalves, 119, 141, 142, 161, 184
Diáspora africana, 194,210
  e cultura afro-baiana, 208
  na obra de Gil, 89, 90, 205, 212, 213
Diegues, Carlos, 60, 206, 209, 221
"Disparada", 84, 85, 88
"Divino maravilhoso":
  música, 137, 162, 165, 166, 172
  programa de televisão, 137, 168, 171, 172, 176
Doces Bárbaros, 202-206, 237
"Dois mil e um" ("2001"),166
"Domingo no parque", 87-90, 220
Duarte, Rogério, 118, 175, 180, 181
Duprat, Rogério, 18, 89, 93, 94, 109, 115-119, 146, 174, 178, 180, 196
  arranjos em *Tropicália,* 116-119
Dylan, Bob, 139, 159, 174, 219, 226

"É proibido proibir", 158, 160, 169, 174
"Enquanto seu lobo não vem", 136
Eichbauer, Hélio, 102, 218
Escola de Frankfurt, 145
Esquerda festiva, 76
Estado Novo, 44, 45, 99
Estados Unidos:
  apoio ao governo militar, 63, 64
  contracultura dos, 156, 174
  e Tropicália, 233-236
Estevam, Carlos, 61, 62. *Veja também* Centro Popular de Cultura
"Estrangeiro, O", 219
"Etnia", 241
Exilados, 26, 191, 192, 194, 209, 214, 237
Exílio, canções do, 190-194

"Falência do café, A", 154
Favaretto, Celso, 20, 112, 115, 138
Favela, 9, 43, 52, 74, 108, 169, 177, 183, 212
"Festa imodesta", 190
Festivais de MPB:
  como uma oportunidade de protesto, 83, 160, 161
  crítica aos, 83, 84
  da TV Globo (Festival Internacional da Canção, FIC), 153-163
  da TV Record (Festival de Música Popular Brasileira), 84-88
  declínio dos, 167
Festivais de música. *Veja* Festivais de MPB
Festival Mundial de Artes e Cultura Negra (FESTAC), 210
"Filhos de Gandhi", 203

"Fora de ordem", 219
Freire, Paulo, 60, 122
Freyre, Gilberto, 25, 41-44, 66, 95,
152,153,207,241,245
e luso-tropicalismo, 25, 95, 152.
e mestiçagem, 41
Futurismo, 31-34, 126
"Futurível", 180

Gabeira, Fernando, 135, 209
Galvão, Walnice Nogueira, 61, 84, 85
García Canclini, Néstor, 58, 120
"Geleia geral", 25, 117, 118, 130, 159,
198, 238
"Gente", 211
George, David, 22, 100
Gerchman, Rubens, 106, 128, 138
Gil, Gilberto, 17, 25, 59, 67, 68, 72,
77-82, 87-89, 95, 105, 109, 113, 117,
125, 133, 135, 141, 154, 155, 160,
164-167, 172, 177, 179, 182, 184,
188-193, 205, 213-215, 221, 230,
234, 235, 241-243
e consciência negra, 67, 156-158,
209-215
e crítica ao paternalismo, 182, 183
e Doces Bárbaros, 203-205
e festivais de música, 90, 153-155,
161, 167
e "Geleia geral", 117, 118
e MPB, 80, 81
e música de protesto, 78, 190
e política, 134, 135, 200, 201
e tecnologia, 179, 180, 220
exílio, 176, 191-194
formação, 67

na prisão, 172, 173, 176, 205
Gilberto, João, 24, 47, 48, 52, 53, 67,
73, 79, 94, 116, 165, 171, 174, 182,
192, 232
e bossa-nova, 24, 47, 48, 73, 171,
182, 232
e tropicalistas, 54, 116, 165, 182
Gilroy, Paul, 206, 212
Godard, Jean-Luc, 90, 139
Golfinho de Ouro (prêmio), 183
Gomes, Carlos, 102, 119, 151
Gonçalves, Eros Martim, 71
Gonzaga, Luiz, 78, 151, 171, 187, 193
Goulart, João, 48, 60, 61, 63, 181
Grupo baiano, 18, 24, 70, 77, 78, 94,
109, 175, 187, 203, 205, 237
Gullar, Ferreira, 60

"Haiti", 222, 223
Happenings, 87, 93, 147, 151, 158, 160,
168-172
Hendrix, Jimi, 96, 139, 156, 221, 226
Hibridismo, 19, 23, 30, 42, 197
"Hino ao Senhor do Bonfim", 117

Iê-iê-iê. *Veja* Jovem Guarda
Ilê Aiyê, 208, 212
"In the Hot Sun of a Christmas Day", 193
Índios, 33, 34, 37, 39, 41, 110, 124,
151, 241
Indústria cultural:
crítica à, 60, 129-132, 145, 146
e poetas concretos, 51
e Tropicália, 90, 126
sob o governo militar, 57, 64, 65
"It's a Long Way", 194

Instituto Brasileiro de Opinião Pública e Estatística (IBOPE), 80, 82, 83, 84, 86, 88

Instituto Superior de Estudos Brasileiros (ISEB), 48, 49, 60

Jackson do Pandeiro, 228

Jameson, Fredric, 114, 121, 143, 181

"Jimmy rende-se", 226

Jobim, Antônio Carlos, 47, 48, 52, 54, 126, 161, 171, 214, 232, 237, 243

John, Elton, 54

Joplin, Janis, 137, 165, 199, 226

Jovem Guarda, 24, 79-82, 83, 86, 88, 89, 94, 113, 128, 139, 176, 188. *Veja também* Rock (música)

Juliano, Randal, 170, 173

Keti, Zé, 74, 174

Kitsch, 106, 138, 146, 147, 173-175, 185, 236, 239, 244

Koellreutter, Hans Joachim, 72, 92, 225

Kubitschek, Juscelino, 48, 50, 51, 59

Leão, Nara, 74, 75, 77, 109, 115, 116, 138

Lee, Rita, 125, 157, 164, 166, 167

"Lindoneia", 138, 139, 151

Lindoneia, a Gioconda dos subúrbios, 107, 138

Lindsay, Arto, 218

Lispector, Clarice, 67, 134

Lobo, Edu, 84, 85, 88, 105, 113, 133, 134

"Love, love, love", 124

Lukács, György, 121

Luso-tropicalismo, 25, 95, 152. *Veja também* Freyre, Gilberto

Lyra, Carlos, 48, 60, 75, 77, 192

Macalé, Jards, 176, 199

Machado de Assis, Joaquim Maria, 118

Machado de Carvalho, Paulo, 82, 145

Maciel, Luiz Carlos, 59, 148, 179

Macunaíma, 38, 39

Magaldi, Christina, 240

Maia, Tim, 81, 188, 207

Malandro, 148, 169, 190

"Mamãe coragem", 125

Mangue beat, 240

Manifestos:

Antropófago, 23, 34, 35, 38, 39, 101, 119, 151

Pau-Brasil, 23, 33-35, 118

Veja também Modernismo

"Maracaru atômico", 241

"Marginália II", 141, 142, 151

Marighella, Carlos, 135, 193

Marinetti, Felippo Tomaso, 32

Marley, Bob, 214

Martinez Corrêa, José Celso, 96, 99

Martins, Luciano, 202

Matogrosso, Ney, 200

Matos, Gregório de, 194-197

Mautner, Jorge, 194, 241

Medaglia, Júlio, 93, 112, 164

Médici, Emílio Garrastazu, 176, 184, 190

Meirelles, Vitor, 110

Mendes, Gilberto, 93, 94

"Menino do Rio", 210, 223

Mestiçagem, 41, 45, 158, 184

Midani, André, 146

Mídia de massa. *Veja* Indústria cultural

Miranda, Carmen, 23, 42, 45, 46, 54, 55, 111, 114, 115, 148, 157, 233, 239 e "Tropicália", 114, 115 importância para os tropicalistas, 23, 54, 55, 233

"Miserere Nobis", 136

Modernismo, 22, 23, 29-32, 34, 38, 42-44, 114, 243, 244

e nacionalismo cultural, 30-32

institucionalização do, 44

Modernização:

na Bahia, 65, 67, 70

sob o governo Kubitschek, 48, 49

sob o governo militar, 64, 65, 121, 137, 138

Veja também Desenvolvimentismo

Moraes, Vinícius de, 47, 75, 84, 171, 192, 243

Mota, Carlos Guilherme, 184

Motta, Nelson, 148, 154, 173

Movimento de Cultura Popular (MCP), 60

Movimento Negro Unificado (MNU), 207, 208, 214, 215

Movimentos de guerrilha, 89, 122, 134-137, 174, 176

Música Nova:

e crítica ao nacionalismo, 91, 92

e música popular, 92, 93

Música Popular Brasileira (MPB): definição, 23, 24, 77

e Jovem Guarda, 79, 81, 82, 188

Música Viva, 41, 72, 92

Mutantes, Os, 18, 21, 87, 89, 109, 115, 116, 124-127, 157-166, 169-172, 177, 199, 233-235

Nacionalismo:

e anti-imperialismo, 59, 60

e CPC, 60-63

e ISEB, 48, 49

em Mário de Andrade, 40, 41

em Oswald de Andrade, 32-38,

no modernismo, 22, 29-32, 243

sob o governo Vargas, 41-44

"Não chore mais", 214

"Não identificado", 178

Nascimento, Abdias do, 210

Nascimento, Milton, 134, 187, 239, 243

Neto, Torquato (Torquato Pereira de Araújo Neto), 18, 70, 77, 115-119, 141, 142, 150, 151, 175, 198

Niemeyer, Oscar, 49

"Nine out of Ten", 194

"No dia que eu vim-me embora", 125

Nordeste do Brasil, 42, 66, 75, 200, 240. *Veja também* Bahia

Nova Objetividade, 107

Novos Baianos, 199

"Objeto semi-identificado", 180

"Odara", 211

Oficina (Teatro Oficina), 24, 96, 99, 100, 103, 104, 105, 108, 109, 110, 125, 134, 174, 191, 218

Oiticica, Hélio, 24, 25, 95, 107-109, 156, 167, 169, 170, 175, 191, 198

Olodum, 208, 221-223, 238

Opinião *(Show Opinião),* 74-77, 85, 125

"Oriente", 201

Ortiz, Renato, 29, 45, 58

"Pai e mãe", 209

"Paisagem útil", 126, 130

"Panis et circensis", 116, 159

"Parabolicamará", 220

Parnasianismo, 30
Paródia, 114, 116, 117, 229
"Parque industrial", 130, 132, 151
Partido Comunista Brasileiro (PCB), 60
Pasquim, O, 179, 183, 192, 211
Passeata dos cem mil, 133, 134
Pastiche, 26, 114, 115, 117, 147, 179, 175, 229, 233, 242
Pastinha, Vicente, 195
Paulinho da Viola, 134, 174, 183
"Pela internet", 220
Perrone, Charles, 22
Pessoa, Fernando, 158, 178
Pignatari, Décio, 50, 51, 93, 117, 153
"Pipoca moderna", 215
Poesia concreta:
    e desenvolvimentismo, 50, 51
    e tropicalistas, 92, 127, 197, 221, 226, 230, 244
Polari, Alex, 134-136
Política da Boa Vizinhança, 45
"Ponteio", 85, 86, 88
Portastatic, 235
Pós-modernismo, 114, 143, 182, 233, 236, 241, 244
Primeira missa no Brasil, 110
Primitivismo:
    na Tropicália, 111, 158
    no modernismo, 31, 32
"Procissão", 78
"Profissão ladrão", 140

"Que bloco é esse?", 212
"Quero que vá tudo pro inferno", 81
"Quero sambar meu bem", 227
"Questão de ordem", 154-156, 159, 182

Raça:
    e Ben, Jorge, 176, 177
    e Black Rio, 206, 207
    e cultura nacional, 40-42, 153, 154, 206
    e Gil, 184, 185, 210, 211
    e Veloso, 182, 196, 197, 208, 222, 245
Rádio, 30, 42, 43, 58
"Refavela", 212
Reggae, 26, 169, 193, 194, 208, 212-218, 220-223, 228, 238-240, 244
Regime militar:
    como objeto de sátira tropicalista, 148, 150, 151
    e cultura, 63, 64
    e discurso patriótico, 190, 191
    e festivais de música, 162, 163
    e repressão aos tropicalistas, 169, 170, 172, 173, 175
    Veja também Autoritarismo; Censura
Regina, Elis, 77, 80-83, 113, 187, 188
Rei da vela, O, 24, 96, 99, 100, 101, 102, 103, 104, 105, 108, 109, 110, 154, 218
Rei do mau gosto, O, 106
Ricardo, Cassiano, 34, 117, 142
Ricardo, Sérgio, 60, 77, 86, 87, 105, 145
Ridenti, Marcelo, 59, 245
Rio de Janeiro, 42, 133, 218
    e bossa-nova, 46, 47, 51
    e movimento soul, 206, 207
    na música tropicalista, 89, 126, 127, 133, 134
Risério, Antônio, 71, 108, 109, 203
Rocha, Glauber, 17, 24, 71, 85, 86, 96-99, 102, 108-110, 141, 150, 175, 191
Rock (música), 204, 217, 219, 232, 239, 240

da Jovem Guarda, 80-82

e contracultura, 199, 200

oposição ao, 78, 80

"Roda", 78

"Roda viva" (música), 86

Roda viva (peça de teatro), 104

Rodrigues, Glauco, 110

Rodrigues, Jair, 77, 85, 174

Romantismo:

e modernistas, 33, 34, 35

e tropicalistas, 110

revolução, 59

Rosa, Noel, 73, 130

Salgado, Plínio, 31, 34, 44

Salomão, Waly, 198, 199

Salvador. *Veja* Bahia

Samba:

e bossa-nova, 46, 51, 52, 78

e música nacional, 30, 42, 43, 45, 206

e tropicalistas, 112, 181, 183, 184, 195, 196, 227

"Samba do avião", 214

"Sampa", 125

Sant'anna, Affonso Romano de, 157, 158

Santiago, Silviano, 21, 34, 123, 124, 202

Santos, Edgard, 71

Santtana, Lucas, 240

São Paulo, 18, 49, 50, 218, 222

na música tropicalista, 124, 125, 165, 166, 227, 228

"São Salvador", 70

"São São Paulo", 165, 172, 228

Sartre, Jean-Paul, 122, 139

"Saudosismo", 171, 172, 194

Schwarz, Roberto, 20, 21, 37, 63, 64, 93, 105, 120-124

Seixas, Raul, 199

Seja marginal, seja herói, 170

"Sem entrada, sem mais nada", 129

Sertão. *Veja* Nordeste do Brasil

Sganzerla, Rogério, 175

Sinatra, Frank, 47, 119

Skidmore, Thomas, 48

Smetak, Walter, 72, 226

Sodré, Nelson Werneck, 49

Som universal, 24, 59, 88-91, 94, 95, 153, 220, 236

Soul (música), 26, 81, 154, 177, 188, 206-208, 214, 215, 217, 220, 244

Sovik, Liv, 182, 242, 243

"Soy loco por tí, América", 135, 140, 141, 151

"Sr. Cidadão", 227

Stam, Robert, 27, 196

"Sugarcane Fields Forever", 197, 204

"Superbacana", 127

"Super-homem", 210

"Take it easy my brother Charles", 177

Tatit, Luiz, 58

"Tatuarambá", 228

Televisão:

expansão da, 66

TV Globo, 64, 89, 125, 149-153, 168, 169, 187, 237

TV Record, 80-88, 91, 95, 125, 137, 145-147, 153, 157, 162-167, 177, 179

TV Tupi, 124, 137, 168, 171, 172, 192

Veja também Festivais de MPB

Terra em transe, 24, 96-102, 108-110, 141

Tinhorão, José Ramos, 51-53, 83, 142, 143, 167, 243
Tortoise, 225, 231, 234, 235
Treece, David, 47
"Três caravelas", 117
Trio elétrico, 17, 203, 239
"Triste Bahia", 194-196
"Tropicália":
  cantada por Beck, 235
  cantada por Caetano Veloso, 24, 25, 95, 104, 108, 111-115, 173, 219, 240
Tropicália 2, 21, 26, 220, 222
Tropicália (instalação de Oiticica), 24, 25, 95, 107-109
Tropicália, ou panis et circencis, 115-117, 136, 146
Tropicália:
  Artistas da:
  e conflito com a esquerda, 181, 182 e contracultura, 20, 21, 26, 136, 153, 188, 198-202, 215, 232, 240, 244, 245
  e estilos sartoriais, 156-158, 214
  e indústria cultural, 90, 126
  e movimentos de guerrilha, 135
  e vanguardas, 25, 108, 117, 142, 196, 197, 224, 243
  desenlace da, 172, 173
  e artes visuais, 106-108
  e cinema, 97, 98
  e kitsch, 148-152
  e luso-tropicalismo, 152, 153
  e teatro, 97-99
  Música da:
  e alegoria, 20, 96, 120-122
  e capas de discos, 115, 116, 118, 127, 128

  e carnaval, 202, 203, 238, 239
  e cultura de massa, 124-132
  e impacto sobre a MPB, 26, 27, 163, 164, 187, 188, 236, 239-241
  e pós-modernismo, 243, 244
  e público internacional, 232-236
  e o Terceiro Mundo, 139-142
  e violência política, 133-139
  significado do nome, 24, 25, 95
"Two Naira Fifty Kobo", 211

União Nacional dos Estudantes (UNE), 60, 64, 134. *Veja também* Centro Popular de Cultura

Vandré, Geraldo, 60, 77, 82, 84, 85, 135, 160-163, 172, 192, 218, 237
Vanguarda:
  e modernismo, 23, 31, 32
  e poesia concreta, 50, 51, 62, 79, 228
  e Tom Zé, 223, 224, 225, 228
  e Tropicália, 25, 108, 117, 142, 196, 197, 224, 243
"Vapor Barato", 199
Vargas, Getúlio, 23, 43, 99
  e modernismo, 23
Vasconcellos, Gilberto, 118, 242, 243
Veloso, Caetano, 17, 22, 46, 52, 54, 58, 59, 67, 68, 72, 77-80, 88, 91, 95, 99, 104-107, 113, 131-136, 139, 140, 146, 149, 150, 157, 158, 163-166, 171-175, 182, 188, 192, 198, 200, 215, 218-221, 230-237, 241-245
  cosmopolitanismo de, 72, 91, 125
  e crítica à esquerda, 124, 181, 182
  e Doces Bárbaros, 203-205

e evolução da MPB, 116
e festivais de música, 90, 153-155, 161, 167
e mídia de massa, 20, 88, 90, 128, 132, 138, 159
e política, 134, 135, 200, 201
e raça, 181, 197, 209, 245
e sexualidade, 67, 200
e "Tropicália", 24, 25, 95, 104, 108, 111-115, 173, 219, 240
e *Verdade tropical*, 22, 233, 242
formação, 67, 68, 71, 72
na prisão, 172, 173, 176, 205
no exílio, 176, 191-194
Verde-amarelismo. *Veja* Anta
Vianna Filho, Oduvaldo, 60
Vianna, Hermano, 42, 43, 236, 241
"Vida, paixão e banana do tropicalismo", 150-152, 173
Vilarino, Ramon Casas, 173
Villa-Lobos, Heitor, 31, 40, 42, 44, 92, 151

Warhol, Andy, 106, 114, 127

Widmer, Ernst, 72
Wisnik, José Miguel, 41, 189
World music, 224, 232, 236

Xavier, Ismail, 244
"Xica da Silva", 206

"You Don't Know Me", 194

Zé, Tom (Antonio José Santana Martins):
    e anti-imperialismo, 140
    e bossa-nova, 53, 67, 241
    e colaborações internacionais, 224, 231, 232, 235
    e crítica ao consumismo, 128-132
    e festivais de música, 165, 166, 224,
    e intertextualidade, 229-231
    e revitalização, 223, 236
    e tradição musical, 227
    experimentalismo de, 188, 223, 226, 232
    formação, 67, 72,
Zumbi, 184, 241
"Zumbi" (música), 206

SOBRE O LIVRO

Formato: 16 x 23
Mancha: 29 x 44 paicas
Tipologia: Adobe Garamond 11/15
Papel: Off-set 75g/m^2 (miolo)
1ª edição: 2009
2ª reimpressão: 2023

EQUIPE DE REALIZAÇÃO

Edição de texto
Maria Silvia Mourão Neto (Copidesque)
Célia Arruda (Revisão)
Paula Mendes (Atualização Ortográfica)

Editoração Eletrônica
Casa de Ideias (Diagramação)

Impressão e acabamento: